世界史纵览
A Survey of World History

世界的分裂：冷战的兴起

谢伟良　著

長春出版社

图书在版编目(CIP)数据

世界的分裂:冷战的兴起 / 谢伟良著.—长春:长春出版社,2011.12

(世界史纵览/侯建新顾问)

ISBN 978-7-5445-2061-4

I. ①世… II. ①谢… III. ①冷战—研究 IV. ①D801

中国版本图书馆CIP数据核字(2011)第262808号

世界史纵览

世界的分裂:冷战的兴起

著　　者:谢伟良

责任编辑:张耀民　程秀梅

封面设计:徐力坚

版式设计:王国擎

插图作者:尹小光

出版发行:長春出版社　　总编室电话:0431—88563443

发行部电话:0431—88561180　邮购零售电话:0431—88561177

地　　址:吉林省长春市建设街1377号

邮　　编:130061

网　　址:http://www.cccbs.net

制　　版:长春出版社美术设计制作中心

印　　刷:北京尚唐印刷包装有限公司

经　　销:新华书店

开　　本:787毫米×1092毫米　1/16

字　　数:175千字

印　　张:18.5

版　　次:2012年3月第1版

印　　次:2012年3月第1次印刷

定　　价:25.00元

编委会

总　　序

中国需要世界史知识的普及，因为她正在走向世界。

中国从没有像现在这样与世界频繁交往，交往的广度与深度超过了以往任何历史时期。根据我国外交部的统计资料，截至2009年7月，与我国建交的国家总数达到171个，遍及全球。中国与世界的人员往来也更加频繁。根据国家旅游局的统计，2008年我国出入境旅游总人次接近1亿（其中，入境5305万，出境4584.44万）。据教育部的统计，从1978年以来，中国各类出国留学人员总数已达139.15万，2008年创了历史新高，达到17.98万；其实，早在2006年，联合国教科文组织公布的统计数字就已显示，中国已成为世界上出国留学生人数最多的国家，全世界几乎每7个外国留学生就有1个中国学生。中国也受到了海外留学生的青睐，新中国成立60年以来，我国累计接收来华留学生146万人次，2008年首次突破20万，共有来自189个国家和地区的22.3万来华留学生。经济交往更为繁盛。据中国对外经济贸易统计学会的统计分析，改革开放三十年，特别是自2001年加入世界贸易组织以来，中国对外经济实现了从封闭、半封闭到全方位的开放，2004年货物进出口贸易总额首次超过日本，成为仅次于美国和德国的世界第三大贸易国。中国对外贸易的依存度迅速提高，2003年就突破了50%，2006年达到67%，2008年尽管开始受到国际金融危机的影响，仍超过60%。伴随着中国融入世界的步履，世界也在迅速走进中国。中国与世界各国的交融与冲突也日益加深。2008年金融危机以及随之而来的经济危机，不但加速了中国从货物输出国向资本输出国的转变，而且还使中国日益卷入国际贸易纠纷之中。所有这些，都要求我们更多地了解我们所打交道的对象，了解他们的历史文化，尤其是西方发达国家的发展历程与文化特征。

了解外界，学习世界历史是眼前现实的需要，从更深远的意义上讲，则是培养21世纪国民基本素质的需要，很明显，现代国民一定要有世界眼光。古人云："知己知彼，百战不殆。"其实，不仅是在战场上、在商场上、外交谈判桌上，乃至日常友好交往中，概莫能外。优雅、良好的国民和政府形象，既需要经济实力，又需要优良的文化素养，其中中外历史文化知识当然不可或缺。此外，学习外界文明与文化，也是改善我们自己文明与文化的需要。应当承认，上述对外交往和对外商贸的成绩本身就是改革开放的重要成果。古人亦云，"择善而从""从善如流"，似指个人修养的一个重要原则，何尝不能用于不同民族、不同文化之间的关系。历史证明，没有任何一种文明是铁板一块，完全的、纯粹的原生型。交往促进发展，共融产生文明。但凡文明，特别是有生命力、有影响力的文明，都是在碰撞和交往中产生，又在不断交往中发展与共生。现代国民和国家尤其应当有一种开放和自信的心态。开放不会失去自己，只能使我们更加丰富，更加健康。

人类社会不同地区的交往很早就开始了，但真正把世界逐渐连为一体的还是新航路开辟以后。此前不同地区、不同民族的交往大多是局部的、暂时的，有一定的偶然性；然而世界市场的形成使各地人们不可避免地发生联系，不管你愿意还是不愿意，是主动还是被动。中国最初与现代世界的交往就是被动的，甚至是屈辱的，那是每一个中国人都不能忘记的鸦片战争。从此自以为天朝大国的政权再也不能无视外面世界的存在。林则徐自觉"睁眼看世界"，表达了那一代中国仁人志士最明智的判断和认知。此乃痛定思痛后的反思：泱泱大国败于远渡重洋而来的蕞尔小国，气难咽，恨难消；可为什么会输掉？又如堕烟雾，一筹莫展，开战前林则徐甚至认为英国士兵“腰腿僵硬，一仆不能复起”，（参见鸦片战争前林则徐在道光十九年七月奏折《请严谕将英船新到烟土查明全缴片》）遑论对手的军事火力、武器性能、游戏规则乃至心理与文化！林则徐之痛，是国人之痛，民族之痛！痛苦促发顿悟，从而记录了中国人的一次惊醒，弥足珍贵，事实上它也的确影响了几代中国人。

在“睁眼看世界”的过程中，中国人逐渐认识世界，同时重新审视自己和自己的过去。我们有悠久的历史，有不曾间断的文明，很久以来即以天下之“中”自居；然而，此时发现我们的武器库中两样家什至为罕见，甚至不曾拥有，那就是“科学”与“民主”。这是天大的发现，是经过剧烈的文化碰撞和苦难洗礼后迸发出的社会思潮，大概也是五四运动产生的历史背景。依当下的看法，对西方的这种认识未必准确，对自己文化传统的评判亦不无偏颇之处，但无论如何，比之前辈的认识水准无疑大大迈进了一步。这是真正历史性的进步，面对“实惟数千年来未有之变局”，产生了数千年来未有之眼光。或者说，面对一个不同的文化参照体系，直面自身，重新评估了自己的形象。在这里，我们发现了解外来文化的另一个重要价值：在比较中产生鉴别，更深刻地认识自己，从而试图改善自己。

对外界文化的研究，我国学术界曾问世过一些相当不错的著述，如前不久人民出版社以《西洋史系列丛书》方式再版了9种专著，可见一斑。不过，系统的世界史学科体系的建设和世界史教育的普及，总体讲还是在新中国成立以后。尤其近三十年改革开放以来，打破旧的思想樊篱，走出一片新天地：大量的国外研究成果被译介，许多研究领域被开拓，陈旧的知识体系和概念被更新。世界史学科正在成为我国现代化建设事业重要的思想和学术资源。而且，世界史教学和研究的成果也正在逐渐缩短与国际水准的距离。每年，应该说每天，都有从研究对象国归来的学人，一些原始资料开始能从网络上直接获取，一些领域甚至可以做到与国外学者直接对话。毫不溢美地说，世界史学科的进步是出类拔萃的，中国世界史学科进入了春天。

一线的研究成果需要系统地梳理，细细地消化，而且应该为更多的人所接受和吸纳。世界史学者有这样的责任，中国也存在相应的文化市场需求。近些年，已经有一些简明的世界史读本面世，这些著作图文并茂，为传播世界史知识做出了贡献。但总体而言，我们的世界历史知识的普及工作仍然比较薄弱，尚存相当大的发展空间。《世界史纵览》这套丛书，试图向大众传播鲜活的世界史知识，注重世界历史的主线与全局，注重社会生活史元素，注重行文风格的灵活轻盈。这套丛书的作者大多为中青年学者，他们有自己的优势，也不可避免地有着很多缺陷。真诚地希望前辈学人对这些年轻学者予以指教，使之更好地成长；更真诚地希望他们的劳动成果为更多的国人分享。

侯建新

于天津师范大学欧洲经济—社会史研究中心

2009年10月25日

写在前面

东西方两大阵营问题是战后世界历史、战后国际关系史和东西方关系的核心内容之一。在战后东西方尖锐对抗时期，两大阵营被看做社会主义和资本主义两大意识形态价值体系、两大社会制度、两大阶级集团进行大决战的载体；在冷战缓和时期和冷战结束之后，两大阵营则通常被视为以美国为首的西方资本主义国家和以苏联为首的社会主义国家之间的对抗形态，但仍强调其本质是资本主义和社会主义两种意识形态价值体系的对抗。不论是在西方国家还是在中国，这种认知从一开始就不是建立在学术研究的学理框架上，而是直接从冷战理论植入到学术领域，并且长期形成为思维定式。中外一些论者和观察者甚至置身于这种对立之中去论是非，这种方式与学术研究的客观性与专业性的要求是有出入的。

本书根据第二次世界大战结束前后的历史事实来揭示东西方两大阵营产生的历史根源和形成的历史轨迹，从而认定东西方两大阵营的真实本源是源自美国和苏联从战时合作转化为战后对抗，并且在冷战成为趋势的过程中，构建两大排他性的联盟体系进行集团化的对峙。美苏两极对抗是原发性因素，两大阵营是这种对抗的产物和集团化了的对抗形态，也就是说，首先是雅尔塔体制以美苏合作而面世，接着是该体制以美苏翻脸对抗而“催生”了冷战，伴随着冷战“孕育”了两大阵营，最后在冷战结束时三者同时“涅槃”。这一历史演变过程恰好说明了美苏对抗与两大阵营之间的“血脉派生”关系。

毫无疑问,冷战时代在意识形态问题上的冲突是激烈且无处不在的,但是我们认为这只是浅表的现象,是冷战的表面特征,不是问题的本质。导致美苏冲突并且进行冷战的根本原因不是意识形态问题而是现实的国家利益争夺,但是在现实对抗中,美苏都偷梁换柱地把意识形态信条变成它们之间进行利益争夺的保护色;美苏都把它们之间势同水火的利益冲突和争夺,掩盖在两大意识形态价值体系、两大社会制度的冲突之下,这正是刻意凸显两大阵营的意识形态性质的奥妙之处。这种浓厚的意识形态色彩其实是由展开冷战之需要所赋予的, 历史的真相被蒙蔽在先,再被曲解在后。本书在对两大阵营产生、形成的来龙去脉进行梳理的基础上,做出一个大胆的判断,即两大阵营的性质是美苏主导下两个国家集团所形成的联盟体系,它与资本主义和社会主义之间在意识形态上的对立在本质上没有直接关系,即资本主义和社会主义在意识形态上的对立产生不了历史上的两大阵营。

本书是一本专题性的学术性读物,涉及的历史背景广泛而复杂,对于与本书主题关系密切的史实会力求加以较为详尽清晰的揭示, 而在一些关联性内容方面只能采取化繁为简的处理方式,简明提示。

本书如果能够帮助读者开拓有关东西方两大阵营问题的思路与视野,那正是本书作者的本意与真实的期望。本书的整个框架是探析性质的,不足之处显而易见,尚望读者不吝斧正赐教。

目 录

第一章　两大阵营问题的定位

第二次世界大战后东西方两大阵营的产生、形成,在冷战时期通常被认为是社会主义和资本主义两大意识形态价值体系、两大社会制度、两大阶级集团以及分别以苏联为首的东方社会主义国家和以美国为首的西方资本主义国家之间作为载体的对抗格局。这一表述主要包含两个迥然相异的学理层面,即两种意识形态价值体系的对立以及两个不同的国际政治联盟体系的对立。迄今为止,现有的中外出版物,比较规范的教科书和学术专著已经较少大肆渲染学理上无法对接的两种典型的意识形态观点,但是仍有不少学术性专著和普通读物以及各类文章继续持有冷战时代的见解。值得注意的是,在冷战时代结束后的中外学术界,普遍地还是把东西方两大阵营问题的根源及本质定位在两大意识形态价值体系以及由此衍生的国家制度、对外政策与行为的对抗上。这种定位存在明显的学理阻滞,求证于战后初期的历史演化过程并且进行相应的学理分析,则其正当性与准确性就值得质疑和商榷了。

属性定位问题解读上的歧义

首先,能否就战后东西方两大阵营问题给予恰当而经得起推敲的属性定位，这是一大关键问题，它涉及如何认识、分解、把握雅尔塔体制——美苏两极体制以及战后冷战时代的整个国际体系问题；同时也关系到如何分析、评判两大阵营本身的建立、存在以及发挥什么样的作用和产生什么样的现实的和历史的影响等问题。

两大阵营问题是一个第二次世界大战后国际政治体系框架下的国家间关系问题，即是国际关系问题，今天来看就是一个有特定环境和时空条件下的历史问题；它在战后世界历史中不应该是一个哲学问题，也不是一个直接的意识形态价值理论运用问题。既然必须定位在国际关系的层面上，那么，对它的表述，对它的认识、分析和评判就应该使用一套相应的语汇和相应的学科理论与原理。迄今为止，无论在中国还是在西方国家的学术界，现状则是意识形态语言体系与有关对外关系方面的学科语言体系混杂在一起，这往往难于经受逻辑梳理与学术性推敲。对于某些论者来说，"好处"是左右逢源，在需要进行充分逻辑论证的地方往往使用几个意识形态术语就对付过去了，而对于读者来说则意味着不得要领乃至被误导。

或许有人会争辩说，在经历了冷战时代之后的当今国际社会，意识形态因素已经明显渗入并且寓于国际政治领域，故意识形态问题本身就是国际政治机体的组成部分了。这确实令我们感到颇为困扰与无奈。那么我们是认可并且接纳这种渗入呢，还是有必要加以正本清源地厘清而予以适当的阻隔呢？本书自然是选择后者，但这将是一件艰难的事情，我们不敢奢望能达到这一目标，不过仍将表明我们的立场。

就东西方两大阵营问题来说，不论在西方世界还是在社会主义国家之中对其定位上，都已经打上浓厚的意识形态色彩的烙印，时至今日，这种思维定式仍然非常普遍，深入人心。问题尤其严重的是，许多人本来应该是作为观察者而不是自觉或不自觉地把自己作为两大阵营对抗的当事方，然后置身于其中去论是非。

有某些近期的论著仍然认为意识形态支配着、制约着两大阵营关系是理所当然的事,这是值得商榷的。本书认为,这种浓厚的色彩其实是由展开冷战之需要所赋予的,历史的真相被蒙蔽在先,再被曲解在后。这种意识形态色彩事实上只不过是两股角力的国际政治力量的保护色而已。

尽管有学者认为,第二次世界大战后的主要国际政治矛盾在冷战期间曾发生过重大变化,即由意识形态对抗转向美苏争霸,而不是在冷战时代自始至终都是意识形态对抗。(阎学通:《冷战后的继续——冷战后的主要国际政治矛盾》,载《战略与管理》,2000年第3期。)在战后历史的演化过程中,是否存在这样的转变,以及这样的立论与思维方式是否恰当,同样值得商榷。但是,这种观点还是认同了导致冷战和在冷战局面形成后一个时期内,以美苏为首的东西方关系是建立在双方的意识形态对抗之上。

本书在此进一步明确宣示,战后东西方两大阵营问题是国际关系框架之下,由美苏两大强权的外交战略冲突而派生的国家利益主导下的国家集团化问题,美国和苏联分别作为主导型大国在外交层面上的对抗是构建两大阵营的原发性因素,两大阵营则是这种对抗的派生物,即美苏在国家关系的层面上已经形成并且正在展开中的对抗是导致产生东西方两大阵营的逻辑前提,其中的主次关系不容颠倒;它是国际政治学、国际战略学、外交学中的国家联盟体系问题,或称为国家集团化问题。在排除意识形态含义的条件下,两大阵营问题本质上类似于第一次世界大战前的协约国与同盟国的框架,即在同一个国际体系之下构筑的两个次一级的对立联盟体系,尽管它们在名称、规模与波及面、或在结构与运作模式上有很大的不同。

或许人们会指出,战后东西方两大阵营存续时期的意识形态对立是如此显而易见,怎能试图排除它呢!没错,本书并不否认这种现象与基本事实的存在,但是却认为它是浅表的、第二位的因素,是对抗双方决策层刻意加以渲染出来的,由此影响并且引导着国际舆论和人们的思维，成为堂而皇之的保护色，这层保护色被赋予什么功能呢?那就是为有史以来实力最雄厚的大国较量可能出现惊天动地的碰撞而预先抢占道德制高点，在对外交往中粉饰其道德优越感与欺世的使命感。这种国家交往中的意识形态对抗，是外交领域中缺乏法理和学理支撑的战线延伸，相对于实力政治的现实较量——例如军备竞赛或领土扩张而言，由于它表面上具有低资源投入和低消耗的低廉成本优势以及本身甚低的战争风险（即使发生战争，本质上肯定不是由于意识形态对立引起的），一旦对抗双方摆开了架势，就会很快发展为愈演愈烈而难于遏制的趋势。但是鉴于在外交领域展开意识形态对抗，将严重恶化双方在政治、经济、文化的实质利益关系，所以，事实将最后证明国家间的意识形态对抗的总成本和代价是极为高昂的。

战后几十年来，外交领域的意识形态纷争已经司空见惯，一些论者试图论证和揭示其合理性及必然趋势。但是我们强调，这不是外交较量的实质层面，尤其是把它摆放在特定的历史环境这面“照妖镜”之下去考察，人们就会看到真相。

自1648年欧洲三十年战争结束后首次形成国际关系体系以来的三百年国际交往史中，意识形态因素极不寻常地在冷战时代成为外交战略的所谓决策依据，并经常被用来解释为国家行为的终极依据。

这是一种因应超级大国面世的真实的时代变迁呢，抑或是一种障眼法下不真实的异化？美国老资格的参议员、担任过十几年参议院外交委员会主席的威廉·富布赖特曾经这样指出：“我们绝大多数人深深地依恋着自己的价值观念，并笃信自己的优势和长处。但是当你查看一下外交政策，就会发现政治领袖们的慷慨陈词，坦诚地谈论理想，却很少描述他们的真实政策，而更常见的印象是模糊他们的真实政策。我们通常是在掩饰我们的激烈争夺和私利。”(威廉·富布赖特:《帝国的代价》,简新芽等译,世界知识出版社,1991 年,8 页。)通过对战后初期美苏有关的外交战略决策的历史事实详加梳理,本书可以给出一个明确的判断。

评判规范问题的界定

我们需要明晰东西方两大阵营的确切定位,是由于它在论证体系上首先牵涉到至关重要的使用一套什么样的分析方法与评判规范问题。

人们都知道,在文明与文化问题上,尤其是在意识形态价值观上,无论是在国际社会还是在一个国家内部,都会产生激烈的论战和严重分歧,个中原因太复杂了,探究起来也是见仁见智,莫衷一是,归根结底是由于对立的各方未能寻求确立和使用一套获得彼此认同与尊重的评判规范。当然,从人类思想史的沿革过程来看,试图在意识形态领域确立一套可以折中的评判规范是徒劳而不现实的。对此,近代以来的国际关系最明智而且也值得称道的做法就是求同存异,和平共处,在外交渠道中避免以己之所欲强加于人而伤及国家关系。国际社会在制定国际法原则时,历来主张不同社会制度和不同发展水平的国家和平共处,即使在战后东西方两大阵营严重对立的时期,亦是坚持这种主张。1957 年 12 月 14 日,联合国大会专门通过并发表了《关于国家间和平共处宣言》,其中强调:联合国大会“考虑到加强国际和平及国家间发展和平与睦邻关系的迫切性和重要性,无论它们处在何种意见分歧或利害相关的时期,无论它们的政治、经济和社会发展的性质如何,”都应该依照《联合国宪章》“促成这些目标并发展国家间和平宽容关系。”宣言呼吁各国“扩大国际合作和以和平方式缓和紧张局势,解决国家间不和及争吵。”(齐世荣主编:《当代世界史资料选辑》第一分册,北京师范学院出版社,1990 年,230 页。)这种处理方式也可视为长期以来正规的“国际惯例”,在国际社会有着较高的认同度。凡逾此规矩者,是为霸道之行径。至于其中导致严重分歧的对立见解,显然难有客观性可言。如果人们再以意识形态的理论与视角去作分析,同样也难有客观性可言。

东西方两大阵营问题在表象上看,源自极为敏感的意识形态纷争。可是,究竟这些意识形态纷争本身仅仅是表面现象呢,抑或它就是导致当时全球最强势的美苏和大部分欧洲国家卷入大规模国际对抗的本质?如果认为这是最本质的东西,那么,非常现实的一个问题——人们就无法从中确定一套可以对接交流的具有客观性的且有较高国际认同度的评判规范,即使强调这是大是大非的立场问题也于事无补。需要厘定清晰的是,作为参与两大阵营对立的有关当事方,与对这一课题进行考察分析的研究者,是两种不同的行为主体。故我们考察与研究的切入方向,不能选择置身于这种纷争之中去论是非。我们不能指望在质问研究者你是哪个阵营的同时又要求他立论公允兼具客观性。

事实上,问题的实质远不止如此。作为实力政治发源地的欧洲,在其主导的欧洲中心时代,并未把意识形态价值观正式引入到外交战略决策之中,即使在俄国苏维埃政权建立以后亦是如此。

显然,要人们相信第一次世界大战结束前后西方国家与苏俄的外交对抗,并非完全源自意识形态冲突很不容易。尽管苏俄一直有把俄国革命推向欧洲其他国家的企图以及一些言论和政策上的宣示,甚至以共产国际的决议形式做出部署,(张盛发:《20世纪上半叶“世界革命”的理论和实践问题》,载《东欧中亚研究》,1998年第3期。)但是我们要提醒人们注意下列事件:

一是从国家行为来说,十月革命发生后不久,苏俄立即单方面宣布退出所谓帝国主义战争。退出战争,此举确实符合当时苏俄的现实国家利益,却在客观上伤害到英法等协约国的战争利益。俄国内部的政权更替,对在战争较量中本来已经逐渐取得优势的协约国一方造成了巨大的冲击。

二是苏维埃政权的国有化政策,执行中把俄国境内产权属于西方各国的外资企业及其财产也都予以没收和国有化。俄国在近代欧洲的工业化进程中,启动不算太迟,但是进展却相当缓慢,故而外资、外企的进入,直至十月革命前在支撑俄国仍然不太发达的工业经济中居于重要地位。苏俄单方面实施国有化政策涵盖这部分外资、外企是违背相关国际法规则的,并且严重损害外国投资者的利益。

三是新政权不承认也不打算承担沙俄政府和二月革命后临时政府多年累积的巨额外债的偿还义务,至于其他条约义务也通通予以废止,这也是西方国家所无法接受的,如此等等。

虽然我们不能完全排除西方各国敌视苏俄的意识形态因素,但是协约国在付出巨大消耗与沉重代价的第一次世界大战结束后不久就在外交行为上对苏俄挑起大规模的武装干涉,当源自实实在在的国家利益报复与抗争,当然,从动机上来说也包括阻止苏俄以“革命方式”所进行的渗透。在冲突缓和之后,苏联领导人列宁最终还是制定、推行了与资本主义国家争取和平共处的外交原则;西方国家虽然对此一直存有疑问,但也基本接受了这一原则。这就是说,革命会严重冲击原有的国家关系,但是始终都要回到受国际交往规则约束的轨道上来。

那么,在第二次世界大战前后崛起成为有史以来第一个超级大国的美国,战争结束后不久就酝酿提出对苏遏制战略,并且“开拓性”地把意识形态价值观正式引入到外交战略决策范畴。而作为综合国力已经上升为全球第二强国的苏联,立即在外交战略和意识形态领域同时做出应战并加以反制,针锋对麦芒的对峙局面渐次形成。如果要揭示产生这种局面的现实根源,我们就不能循着美苏两强的任何一方的意识形态思路去作探究,否则就只会落入冷战思维的圈套里打转。

不难发现,战时美国总统富兰克林·罗斯福极力营造美苏之随着1945年4月12日罗斯福的去世和哈里·杜鲁门继任总统，温情脉脉的家庭氛围就烟消云散了，仿佛苏联一下子从“家人”变成了“插足者”。

间的“家庭成员”关系，（美国版：《德黑兰 雅尔塔 波茨坦会议记录摘编》，本书编译组译，上海人民出版社，1974年，12页。）

美苏关系的恶化本来是由现实的国家战略利益引起的，吵架的内容却是上升到“国格”（类似于人与人之间的“人格”？）的相互指责。美苏的相互攻讦与争吵，诚如粤港方言之俗称——鸡同鸭讲（意指缺乏共同语言而无法沟通），我们如果不脱离意识形态的视觉与思维方式，就无法从这样的国家关系里去进行具有法理依据和有准绳的学理分析与判断。

西方冷战理论提出者、美国对苏遏制战略的倡导者与初期设计者乔治·凯南，在他出任美国驻莫斯科大使馆临时代办期间的1946年2月22日发给美国国务院的八千字电文中，宣称“克里姆林宫对世界事务的神经质的看法，其根源在于俄国人那种传统的和本能的不安全感。”“布尔什维克们为他们天生对外部世界的恐惧，为他们的独裁制度，为他们使用的酷刑，以及为了要求人们做出牺牲，找到了理论依据（按：指马克思主义）。”（齐世荣主编：《当代世界史资料选辑》

美国总统罗斯福为战后勾画了美好的“世界蓝图”。

第一分册,北京师范学院出版社,1990 年,55~56 页。)凯南在次年7月公开发表的《苏联行为的根源》一文中,这样描述苏联:"保持苏联政权的这种模式,即在国内追求无限的权力,同时制造外国持无情的敌对态度的半神话,对于形成我们今天所知道的苏联政权的现行政府机构起了很大的作用……确保苏联政权的安全要靠党的铁的纪律,靠秘密警察的严密组织和无所不在,还要靠国家推行不妥协的经济垄断制度。"(乔治·凯南:《美国外交》增订本,葵阳等译,世界知识出版社,1989 年,90 页。)显然,这样的言论遗弃了一个职业外交官的专业素养,倒颇似司空见惯的报刊社论撰稿人的风格,我们不管凯南所描述的苏联内部社会的状况有多少事实根据,但它的确出自一个参与政府外交决策的外交官员之口就是极不寻常的,在外交领域这样肆意而草率地抨击一个主权国家是不可理喻的。

打开冷战之门的美国总统杜鲁门。

社会主义国家的执政者对于资本主义的意识形态和实行这种制度的国家的尖锐批判及否定,众所周知,已经毋庸赘述了。但是社会主义国家通常把这种做法归纳为政治路线而不是直接等同于外交路线。按照苏联及其他社会主义国家的主流意识形态价值尺度,对于来自欧美的攻击,自然也是一轮炮轰,脸红耳赤是免不了的。

耐人寻味的是，已经下野的英国战时领导人温斯顿·丘吉尔在1946年3月5日的富尔顿演说和3月13日苏联领导人斯大林以答《真理报》记者问的方式做出的反应，双方所使用的经典的冷战语言，如芒在背令对方深受刺激。此时的杜鲁门则以“舞台监督”的身份欣赏、鼓励丘吉尔表演。丘吉尔在演讲中不是使用外交辞令与外交原则，而是使用意识形态语言与观点来看待苏联问题。他强烈指责苏联在东西欧之间，从波罗的海的什切青到亚得里亚海边的里亚斯特，降下一幅横贯欧洲大陆的铁幕，并在其势力范围内进行高压的控制和统治；与此同时，他力挺美国，做出唯美国马首是瞻的样子，鼓动美国带领英语国家和“自由世界”对苏联实施遏制围堵。斯大林则着力抨击丘吉尔是一个战争的挑拨者，称丘吉尔和他的朋友非常像希特勒及其同伴。（齐世荣主编：《当代世界史资料选辑》第一分册，北京师范学院出版社，1990年，66，68页。）颇有讽刺意味的是，从冷战全面展开至今，欧美的学术体系一直都把希特勒的法西斯主义和斯大林的共产主义归入极权主义的框架，他们甚至把共产主义称为“红色法西斯主义”。（托马斯·帕特森等：《美国外交政策》下册，李庆余译，中国社会科学出版社，1989年，604页。）而出乎人们意料的是，七个多月以前的波茨

1946年3月5日，丘吉尔在美国富尔顿发表“铁幕”演说。

构筑战后国际体系的主角之一苏联领袖斯大林。

坦会议上,杜鲁门、斯大林和丘吉尔三巨头还在以同事相称。从表面上看,似乎意识形态的情绪化对实力雄厚的大国关系和整个国际关系产生了严重的毒化,然而在这团日益弥漫的毒雾背后,真相是什么?我们将会看到,是不折不扣的现实国家战略利益的追求与铺排。

这种各执一词的言论与看法,放在早已存在的哲学及思想观念领域,或者放在一个国家内部的制度设计的争论上,虽然无法调和,却也可泰然处之。因为国际社会在近代的外交实践中确立了尊重主权国家在其管辖范围内独立自主的原则。但是,如果一个国家以对其他国家的意识形态价值观的好恶应对国家间关系并且作为制定相应对外政策的所谓决策依据,那就是不可理喻了。所谓国家间关系,关系者,打交道也。在国际交往的漫长实践中,1576 年法国法学家让·博丹提出了主权理论;1625 年荷兰法学家雨果·格劳秀斯发表力作《战争与和平法》,开拓性地提出主权国家之间的关系必须由法律形式加以规范与调整。格劳秀斯由此获得了“国际法之父”的称谓。于是,国际交往和对外关系从此有了一套不断充实的行为规范与准则。国际社会首先在欧洲于 1648 年的威斯特伐利亚(近代地名,在今德国西北部地区)和会上,与会各国无论是信奉新教的或者天主教的都表示不再服从罗马教皇的旨意,而是要求国家无论大小均以主权平等地位参加谈判,即在国际多边交往中首次确立了主权平等原则。早期苏联虽然给当时的国际法规则贴上了“西方资产阶级国际法原则”的标签,但是在外交实践的磕磕碰碰中还是逐步接受了这些国际惯例和规则。一言以蔽之,国家间的相互交往必须建立在得到尊重的有普遍认同度的行为规范的基础之上。

所以,面对以美苏为首的所谓资本主义阵营和社会主义阵营问题,无论是在表现形态上还是在实质结构上,都是应该定位于国际关系的框架之下的国家集团化层面上,并由此产生一个逻辑对接(或曰逻辑要件)的唯一必要选项——以具有较高国际认同度的国际政治学或外交学的理论与原理,以及国际法原则和国际惯例作为相应的评判规范。而对于冷战时代和冷战结束后仍然寓于国际政治学和外交学之中的意识形态见解,加以适当的梳理是必要的。唯有如此,国际社会的人们和中外学术界才能在两大阵营问题上,并进而在国家间关系问题上,力图追求一种立论较为公允、分析与评述较为客观的可以交流和经得起反复推敲的学理效果。也唯有如此,社会科学研究的科学精神和学术的责任感与专业性才能得到体现。

两大阵营问题阐释上的相关学理考察

两大阵营问题的学理阐释还反映在理论范畴的运用方面,即究竟是以意识形态的理论模式还是以较为规范的国际政治学或外交学的理论模式来做研判是截然不同的。

在意识形态价值观上,人们往往强调的是阶级、制度的生死存亡,还有价值体系上的理想目标的推进;而在国际关系上,人们追求的是国家与民族现实的核心利益。前者如行云飘浮不定,难于把握,后者则如此功利,实在而赤裸裸,并成为各国对外交往的强劲驱动力。

那么,冷战时代会不会是人类文明史上的一块“调色板”呢?

即把上述两个范畴的泾渭分明的色彩加以调和,使得意识形态价值观的对外张扬成为在国际舞台上获取国家利益的利器,同时也让国家利益追求从此拥有了"崇高的道德力量"。对此,我们在现有的评判规范上尚难获得学理上的充分认知。西方社会近几十年的一些学术流派流行"道德主义",并在政治学和外交理论中对现实主义的批判似乎显示出存在这样的倾向和迹象。但是,冷战时代的外交实践表明,利用强势的国家实力"推销"其意识形态价值观来谋取国家现实利益,还有在国家的外交行为的政策宣示上大肆渲染其道德力量与单方面自以为是的使命感,都是有违现行的国际交往规则的,都有着严重的负面效果与作用。这恰恰是后冷战时代的国际关系需要加以正本清源予以廓清的课题。

从国际政治领域的角度来看,意识形态价值观具有极其复杂的多样性与非主权属性,在国际交往中缺失章法及对接渠道,例如它通常不可谈判,一般也不接受妥协。因此,事实上很难在国家间关系中赋予其应有的约束力。而以一般的道义原则和理想主义的境界来看待现有的国际关系运行模式,显然是不尽如人意的,强权政治与唯利是图的国家行为比比皆是。但问题是这种运行模式是在漫长的外交实践中形成的,最本质之处在于它自身有一套获得国际认同的运行秩序和运行规则。没有一套获得广泛而且相互认同的游戏规则,这样的博弈必定是无序的、无趣的,也必定伴随着一系列的狂躁与过激反应。由于至今为止,国际社会都不存在任何超国家力量,期待在现有的国际关系中彰显"超人"的理性与崇高的普世正义特质是不现实的。值得关注的是,在国际多边关系中倡导一般的道义原则是可取的,但是这并不意味着代入特定的意识形态信条;至于把某一特定的意识形态原则视为国际正义的化身是不具公信力的。

国际关系的运行模式与驱动力

我们能够区别和强调国际关系领域与意识形态领域在运行

模式上的本质差异吗？应该是可以的，或者说我们能够给国际关系的运行模式做出比较明确的揭示，而我们却很难勾勒出意识形态体系的运行模式，尤其是无法揭示它在对外关系中的运作模式，关键就在于国际关系领域有一套明确的国际规则、章法和比较成熟的原理。我们把国际关系的运行模式概括为四个方面：

第一，基本状态——竞争状态。

综观整个国际关系史的演变，我们可以发现在国际关系中，国家之间的竞争状态是最为普遍的基本状态。这种竞争关系的核心层面，在近现代史上是列强建立于军事实力和工业实力基础上的国家利益物化权（例如势力范围、土地、资源、市场等）的争夺，在全球化的当代则是建立于科技水平、军事实力、经济实力和软实力等综合国力基础上的对国际规则的制定权和国际事务的话语权的争夺。国家之间的意识形态之争，尽管在第二次世界大战之后被引入外交领域，并且在冷战时代不断的强化，但仍不宜确立为国家间关系的有效、正当的范畴，最根本的原因就在于现有的国际规范完全无法约束所谓意识形态性质的国家行为。当然，国与国之间可以在互相尊重的基础上，鼓励以非官方的文化或学术交流的方式，展开意识形态问题的对话与切磋。

第二，基本表现——冲突与合作。

国际竞争状态下国家关系往往表现为冲突与合作，这是国际关系中的普遍现象。冲突，说到底只能是利益冲突，但在特定层面上有时也可以表现为文化、文明的冲突。利益冲突的表现几乎无处不在，资源之争、市场之争、边界之争、规则制定权与话语权之争，甚或面子之争等。“大多数国家在大多数时候自然会有不同的利益……外交工作的任务是缓和抑或加深这些分歧，则取决于其目的是合作还是对抗。”（小查尔斯·米：《幕前交易——三巨头波茨坦会晤纪实》，扈春生译，香港天地图书有限公司，1979年，1页。）

在一般情况下，外交活动的主要功能还是为了缓和冲突、谋求妥协,目标还是最大化地维护本国自身利益;当外交努力归于失败时，诉诸武力经常被当做解决冲突的主要手段。但是历史经验表明,战争总是埋下新的冲突及下一次战争的种子，加深民族之间的仇恨与夙怨。

战后的法德是幸运的，两国人民尽管费了很大的精力，最终还是得以化解他们之间的民族世仇。但是,用将近两个世纪的时间来塑造一段“邻里”关系,这不是一段“佳话”,而是深刻的教训。

法国和德国，两国之间从 18 世纪末的拿破仑战争到第二次世界大战的一百五十年间，四次展开殊死搏斗,每一次战争都有一方要为前一次战争报仇雪耻，结果在两个民族之间结下了深重的民族仇恨。

除了司空见惯的国家冲突之外，在国际关系中，即使在不同社会制度和不同意识形态的国家之间,寻求合作的努力也是常见的。国际法的产生与发展本身就是寻求展开有序的国际合作的产物,而非对抗性质的均势外交、协调外交本身也是在追求某种平衡与合作；第一次世界大战结束后建立的国际联盟、第二次世界大战末期建立的联合国这类全球性国际组织创建之时，虽然其中包含着大国企图以之为工具来主导世界事务的嫌疑，但是却不能否认它们在国际交往与国际合作中所起的积极作用;至于通过国际贸易、国际生产分工、相互投资、技术交流和文化交流等内容的国际合作,不仅使各国之间的相互依存度不断提高,而且也使众多人口从中受惠。

第三,基本驱动力——国家利益追求。

不以现实利益追求为基本目标的对外交往几乎是不存在的。难道仅仅出于道义上的、理想主义的、完全非功利的对外交往行为都没有吗？也许有,但是肯定不是国际关系基本行为主体的行为,本质上不属于官方的行为。随着人类自身文明程度的提高，出于人道主义和某种普世价值观（其内涵是什么需要国际社会共同探讨和界定）的所谓正义感存在于一些民间人士和一些非政府组织以及国际舆论之中，但是其行为不构成国家间法律上的约束力。历史上，现实主义的外交思想和外交理念的经典名句——在19世纪第一、二次鸦片战争期间，先后担任过英国外交大臣和首相的帕默斯顿（鸦片战争时期的中文史料译为巴麦尊）说过："国无常敌，国无恒友，不变者唯国家利益耳！"当代的外交思想与外交理念在道德意识的刻意粉饰之下，表面上似乎不再接受这个说法，但是实践中，国家行为的功利考量是掩盖不了的。

第二次世界大战后美国的人权外交、输出所谓民主制度的外交，在政府行为这个层面来看，并不是一个普世价值观的文明、文化理念问题，而是出于确立美国的国际主导权的重大国家战略利益考虑。它与历史上苏联的输出革命一样，有着某种战略动机。

第四，基本规范——国际法和国际惯例。

国际社会在任何情况下，都离不开国家之间的相互往来。那么，如何规范国家行为，使这些相互交往顺利进行呢?这就需要一套具有公信力的国际行为准则与行为规范。这些准则、规范，既有正式的国际组织或国际多边会议的国际法律文件所规定的条文，也有长期国际交往实践中形成的习惯，这就是国际法和国际惯例。在涉及重大国家利益问题的法律纠纷上，一些自认为有理而又实力较弱的当事国会寻求国际司法维权，但是作为当事国另一方的大国和强势国家会加以抵制。同时大国和强势国家还会利用国际司法来钳制弱小国家。因此，国际法的存在并不能确保真正的国际法律平等，国家综合实力才是决定一国的国际地位的根本因素。这么说，国际法的威严性是不是大打折扣了呢?事实上，所有国家的大部分对外行为，通常还都得依法行事，为所欲为的违法代价可能得不偿失而遭到国际制裁，只有涉及重大国家利益的时候，强权政治才会出现。所以，国际规范对于维护国际交往的正常秩序还是不可或缺的。

总之,国际交往中的国家利益竞争关系是多维的、复合的,它所表现的两大特征——冲突与合作,在基调是冲突时,仍然可以在一些相关领域谋求合作;在基调是合作时,也会存在冲突与摩擦。

在各种社会制度中,当意识形态价值观被局限于外交层面之外的领域时,无论是相互认同还是相互对立,通常都不会严重影响国家间关系而处于和平共处的状态。但是,如果把其中的对立关系引入外交领域,往往就会迅速毒化全面的国家关系,原有处理国家间关系的规则就会逐渐失效,并且丧失回旋余地。因此,鼓动和强化外交领域中的意识形态之争,实际上是主导型国家以人们不易觉察的隐晦方式作为追求自身国家利益的手段,借以掩盖其难言高尚的现实国家利益的索取。而主导型国家借助其号召力在国际社会中拉成门派、结成阵营的做法,制造了国际紧张局势,其对正常国际交往秩序的冲击是显而易见的。

冷战时代的东西方两大阵营关系,充斥弥漫着意识形态对抗的氛围,这种氛围就像团团层叠的迷雾一样,掩盖着许多事情的真实面目。但是我们仍然能够通过历史事实的演进过程拨开这层迷雾,揭示美苏两大主导国和两大阵营的其他成员均是出于维护自身的现实国家利益而构建两大联盟体系的实质。

人们不必过分在乎所谓存在于各国人民中间的不同意识形态观念与对待特定国家的看法,因为这种客观存在的不一而足的观念和看法,对一个国家的对外政策的影响是非常有限的,民众的各类情绪并不是左右政府外交政策的重要因素。那些宣称西方各国人民在第二次世界大战以前就存在反苏的情绪和对布尔什维克的恐惧的说法,是企图打“民意牌”来混淆是非。人们应该在乎和只相信官方的外交政策和外交立场,像罗斯福政府不制定和实施反苏外交政策,美国民众的所谓反苏情绪和恐惧就根本不成问题,甚至在战时的合作中可以被友好的情绪所取代;而杜鲁门执政以后的历届美国政府何以就如此重视这种“民众情绪”呢?

难道说，在美国历史上创纪录连任四届美国总统的罗斯福根本就没有"民意基础"和履行总统的宪法职责？同样的，在斯大林执政时期的苏联人民，存在于他们中间的反西方和反"美帝国主义"的情绪就能够左右战前和战时的斯大林对美国和西方的外交政策吗？

战后冷战时代的美苏关系，存在着企图以各自的意识形态价值观凌驾于国际交往规则之上的倾向，由冷战语言和冷战思维揉合起来的冷战宣传铺天盖地笼罩着整个国际社会，营造出两大阵营对垒的震慑威力并且持续压迫着人们的神经。它不但使东西方两大阵营问题的观察与逻辑推理和学理阐释产生阻滞，而且在现实中强化了普罗大众壁垒分明的冷战意识与官方的冷战决策，其大谬之处则是掩盖了历史的真相和扭曲了历史的逻辑。

第二章　两大阵营产生的本源

社会主义作为一种实践哲学出现于18世纪后期，也就是紧随着英国工业革命的发生。英文“社会主义”一词则出现于19世纪初。马克思时代,科学社会主义成为社会主义运动的正规军。在苏联建立以前,社会主义运动以非主权国家的形态在众多国家和地区存在和展开。而十八九世纪是资本主义制度和资本主义生活方式在资本主义发源地的欧洲及欧化区——北美、南美与大洋洲确立的主要年代。尽管资本主义的社会变革在上述地区具有更高的现实性与更高的成功几率,但是两种革命还是在大体相同的年代展开了竞争甚至对决。因此,如果说历史上曾经形成过意识形态意义上的两大阵营的话,那么,它在19世纪就存在了;如果说这种意识形态阵营的高级形式的建构必须附着于主权国家形态的话,那么,在苏俄建立后至第二次世界大战前,就应该存在了。按照这一历史逻辑推理,资本主义和社会主义作为两种“泛社会意识形态”主张的阵营对决在19世纪就已经存在了,迟至第二次世界大战结束后才产生、形成这种性质的两大阵营在立论上是不能成立的。今天许多论者与多年受到濡染的普罗大众均是以笼统的“泛社会意识形态”的两分野思维定式去看待资本主义和社会主义两种典型的价值体系的对立,并且经常把思想观念的范畴与国家交往关系的特定层面混为一谈。诚然,人们并不质疑、也不否定战后东西方两大阵营的存在这一事实,因此现实中的这个命题只能是非意识形态方面的命题，只能从意识形态之外的其他主题，或即本书所强调的国际政治领域去寻找根源和加以论证。

那么，作为国际政治形态的东西方两大阵营的本源，应该如何去探讨揭示呢?显然只有从发起构建两大阵营的主导型国家的战略利益和相关的外交方略中去寻找；在时空范畴上，则唯有从第二次世界大战结束前后的特定环境中去探求。

鉴于美国总统罗斯福本来有一套战后的“世界蓝图”，并且在战争结束前就已经开始实施，他在战争末期的去世就发生了领导人更替的重大变数，以及美国已经崛起成为一个超级大国并且奉行积极主动的进攻性对外战略，所以下文将侧重从美国及西方的政策层面来加以分析。因为在西方，对于国际关系的运行机理有一个很经典的表述：国际关系不单单是各类角色或行为主体的行动过程，而且是它们之间不断做出反应并发生相互作用的过程。（引自陈汉文编著：《在国际舞台上》，四川人民出版社，1985年，6页。）苏联在战前受到了孤立和排挤，国际活动空间有限，但是在战争中获得了难得的战略契机，战争结束阶段在其周边地区确实有较多动作，然而这些动作本身并不直接针对英美和西方国家。而战争结束后，发生在英美身上的种种行动过程，却有不少是直接针对苏联的。这样，通常就表现为苏联由此有了一系列的反应。

罗斯福的“大国合作”战略本已排除美苏对抗

苏联，作为人类历史上第一个社会主义国家，也是政治学上的一个新型国家。这个国家拥有一套虽然源自马克思主义、却仍是独特的意识形态价值观，奉行了一套不同于国际社会大多数国家的政治、经济、文化制度和不同的内外政策。这个在西方世界中引起长期争议、通常是予以诟病的另类国家，是一个地道而典型的20世纪国家，从1917年11月7日诞生到1991年12月25日消亡,一共生存了74年;这个年代,它有过列宁、斯大林、马林科夫、赫鲁晓夫、勃列日涅夫、安德罗波夫、契尔年科和戈尔巴乔夫共8位最高领导人;它前后遭遇了威尔逊、哈定、柯立芝、胡佛、罗斯福、杜鲁门、艾森豪威尔、肯尼迪、约翰逊、尼克松、福特、卡特、里根和老布什共14位美国总统。

克里姆林宫与白宫,74年岁月的恩恩怨怨又岂止是意识形态的陌路人之争!

罗斯福在二战前开拓对苏务实外交

美苏之间建立较为正常的国家关系始自富兰克林·罗斯福担任美国总统（1933年3月4日~1945年4月12日在任）的时代。罗斯福被认为"既是现实主义者又是理想主义者;既是调停人又是布道者;既是君主又是士兵。"（詹姆斯·麦格雷戈·伯恩斯:《罗斯福:自由战士》,转引自托马斯·帕特森等:《美国外交政策》下册,李庆余译,中国社会科学出版社,1989年,522页。）罗斯福究竟是一个现实主义者还是一个理想主义者，这显然很难精确界定,但是罗斯福作为一个理想主义者,却在内政与对外关系的决策方针及策略上颇为务实与灵活应变;而作为一个现实主义者,尤其是在国际政治领域，他又有着区别于其他政治家的胸襟与理想化的目标创新。或许,就把罗斯福称做一个现实的理想主义者吧。需要指出的是,罗斯福的理想主义品性并不是意识形态斗士的风范与形象，这种品性更多的是源于他的不墨守成规的创新意识。当然,罗斯福在其12年的总统生涯中指点国际舞台上的外交风云，依托的是美国已经崛起成为一个超级大国。实力是其自信的源泉,实力也是他超前地或称具有理想化色彩地试图构建近代以来外交体系中从未出现过的“大国合作”模式。正是罗斯福执政的这12年，美苏的意识形态分歧和社会制度差异在领导人及政府交往中明显淡化了，甚至在世界大战中几乎被遗忘了。欧洲的德国和亚洲的日本两个战争策源地的形成，使得罗斯福执政时期的美苏关系在战略上产生了重大蜕变，不但在战争过程中，而且在战后有了携手打造旷古未有的大国合作关系的构想。

人们会注意到，十月革命发生16年之后的1933年底，执政不久的罗斯福政府终于率领“厌恶”苏联也达16年之久的美国给予了外交承认。许多人在解读这一历史现象的时候，往往宁愿相信是由于苏联的制度和意识形态导致此前历届美国政府决定采取不予外交承认的政策。但是，有必要强调，“罗斯福政府之前，美国外交政策的制订和执行过程的特点是：总统的领导软弱无力……沃伦·G. 哈定总统和卡尔文·柯立芝总统很少注意外交事务……”（托马斯·帕特森等：《美国外交政策》下册，李庆余译，中国社会科学出版社，1989年，433页。）除此之外，我们从16年里美苏各自的政策宣示中不难看到两国的现实国家利益争执才是主要障碍。这些障碍的存在，使得外交承认没有成为这几届美国政府的现实选择。其中的一个主要障碍就是美国反复要求苏联切实承担它的“国际义务”——俄国旧政权所遗留的“条约义务”与债务问题，还包括苏联政府在革命初期国有化过程中没收的在俄国境内的美国财产赔偿问题。一个新型国家因为革命而拒绝遵守和执行原有对外交往秩序，其中的是是非非，仁者见仁，智者见智，长期存在的争议很自然也很容易被卷入意识形态的漩涡中而难以解脱。

总之，1933年初，罗斯福一入主白宫就决定把“整个俄国问题从后面的厨房移到前面的客厅来”。出任罗斯福政府财政部长的亨利·摩根索和参议员威廉·博拉，还有伍德罗·威尔逊总统执政时的智囊人物爱德华·豪斯上校等人也积极敦促国会和政府有关部门调整对苏的外交方针。1933年10月10日，罗斯福派他的亲信威廉·布利特秘密会晤当时苏联新闻局驻华盛顿办事处主任鲍里斯·斯克维尔斯基。布利特把一封罗斯福写给苏联名义上的国家元首、最高苏维埃主席团主席米哈伊尔·加里宁关于希望美苏之间开始举行“结束现在不正常关系” 会谈的信件交给了斯克维尔斯基。苏联方面立即做出了正面的响应。罗斯福在他的信件中热诚邀请苏联派代表同他本人亲自举行“坦率、友好的会谈”。10 月 17 日加里宁则在回信中表示,他也期望结束“不承认”这一不正常状态,称这种状态“不仅对有关两国的利益,而且对总的国际形势都有不利的影响,增加了不安定的因素,使巩固世界和平的进程复杂化,并鼓励了各种可能会破坏这种和平的努力。”(美国国务院:《1933 年美国对外关系》Ⅱ,794~795 页。)1933 年 10 月 20 日,罗斯福举行记者招待会,特意向外界公开了这两封信件内容。

当 1933 年 10 月底苏联外交人民委员(外交部长)马克西姆·李维诺夫到达华盛顿商谈双方建交事宜时,美国国务院方面仍然要求苏联首先承诺履行其外交“义务”,这涉及几百项“细节与数字”。据美国的记录,沙皇俄国欠美国政府 1.92 亿多美元的债务,美国公民共持有沙皇政府及十月革命前临时政府的债券 1.07 亿多美元,苏俄新政权没收美国人 3.36 亿美元的财产,故苏联必须承担总额约 6.36 亿美元的债务,在那个时代,这是一个庞大的数额。很明显,苏联政府仍然拒绝这种约束,李维诺夫为此感到不耐烦和扫兴。罗斯福最后做出了让步,接受先建交后谈判的原则。促使美国官方在建立正常国家关系的障碍明显存在的情况下,仍然决定自 1933 年 11 月

直至苏联解体,苏联政府最终都未偿付上述债务。

17日起美苏正式建立外交关系的原因，首先是罗斯福的外交战略思维方式的特点及务实的执政风格，“对一个大国不予承认完全没有外交意义。它没有改变苏联的制度或外交政策。”其次是罗斯福政府希望通过扩大对苏贸易，争取尽快步出大萧条的艰难时期。再次就是因应日本发动“九·一八”事变且不断扩大对华侵略的事态，美苏谋求外交上的协调以牵制乃至阻止日本在远东地区的进一步扩张，这一层具有明显的外交战略意义。（托马斯·帕特森等：《美国外交政策》下册，李庆余译，中国社会科学出版社，1989年，429页。）

罗斯福以超越意识形态的思维去审视美苏关系

在罗斯福执政前期，从建立外交关系到苏德战争爆发，美苏双方的一些政府官员、外交官和媒体在交往中尽管仍然互不信任对方，期间的关系也存在一些波折，但是双方高层都避免去渲染他们之间的歧见，也不再刻意挑动意识形态的对立情绪。总体上，这个时期罗斯福以低调的姿态去应对美苏之间没有实质性突破的双边关系。

1941年6月22日，希特勒对苏联的进攻，促成了苏英美三大反法西斯主力捐弃前嫌，鼎力合作，美苏、英苏关系都出现了突破性转机。6月24日，罗斯福在华盛顿的记者招待会上明确表示，美国将“予苏联一切可能的援助”。通过7月30日到达莫斯科的罗斯福政治顾问哈里·霍普金斯的访问，美苏双方高层增进了相互的了解和信任，并且决定采取实质性的措施提升双方的合作力度。

客观地说，大量的资料表明，罗斯福除了对1940年的苏芬战争有较激烈的指责（J.布卢姆：《美国的历程》下册第二分册，杨国标，张儒林译，商务印书馆，1988年，442，449页。）之外，倒是基本上未站在意识形态的立场去讨厌和攻击斯大林。相反，罗斯福以他在那个时代颇为难能可贵的战略家风度和务实作风与斯大林建立起互信的合作关系。我们可以从美国方面公布的德黑兰会议和雅尔塔会议的记录文件中,饶有兴趣地看到罗斯福与斯大林在会晤中,坦诚而又亲密的交谈风格。当一方提出问题并且陈述了看法之后,另一方在做出回应时经常都会表示同意或者赞成,即使有不同的看法也都会使用“我部分地同意这种看法”这样委婉而友好的语气。也许是美国记录员受到两位或三位领袖融洽交流氛围的感染之故,记录文件读起来颇为生动而轻松流畅。这种阅读感受在同样由查尔斯·波伦现场记录的波茨坦会议记录文件上就逊色许多。值得一提的是,在美国和苏联分别公布的德黑兰会议记录文件中,都相同地记述了罗斯福数次使用他“百分之百地同意斯大林元帅的意见”这样的表达方式。(美国版:《德黑兰雅尔塔波茨坦会议记录摘编》,本书编译组译,上海人民出版社,1974年,9,41页;苏联版:《德黑兰雅尔塔波茨坦会议文件集》,北京外国语学院俄语专业学员译,生活·读知·新知三联书店,1978年,37,72页。)

1943年11月30日在德黑兰会议期间为庆祝丘吉尔69岁生日而举行的宴会上,罗斯福有一段耐人寻味的发言,他说:虹有很多颜色,各不相同,但它们混成一条灿烂夺目的彩练。我们各个国家也是如此,我们有不同的习惯、哲学和生活方式。我们每一个国家都按本国人民的愿望和理想,来拟定我们处理各种事情的计划。可是我们在德黑兰会议上已经证明,我们各国不同的理想是可以汇合成一个和谐的整体,团结一致地为我们自身和全世界的利益而采取行动。所以当我们离开这次历史性的聚会时,“我们第一次可以在天空中看到希望的传统象征——彩虹。”(转引自托马斯·帕特森等:《美国外交政策》下册,李庆余译,中国社会科学出版社,1989年,550页。)

罗斯福在西方所受到的质疑与否定

罗斯福去世后的西方政治家与学者有许多言论和著述,对罗斯福在第二次世界大战期间同斯大林的良好私人交往和极不寻常的合作关系采取了冷战时代的特有而典型的视角与思维方式，即以意识形态的偏见代替事实来加以评判。

例如，英国学者保罗·约翰逊在其近期作品《现代：从1919年到2000年的世界》中宣称，罗斯福为了使苏联成为美国的盟国，设计了绕过国会和大使馆而与斯大林直接交涉的程序，说罗斯福还想绕过丘吉尔，认为丘吉尔是个不可救药的老帝国主义者，根本不能理解理想主义的意识形态。约翰逊提及这样一条资料：1942年3月18日罗斯福写信给丘吉尔说："我告诉你我认为我自己和斯大林打交道比你的外交部或者我的国务院都强。我知道你不会介意我这么直言不讳。斯大林讨厌你们所有高层人士的作风。他更喜欢我，我希望他会继续这样看待我。"（保罗·约翰逊：《现代：从1919年到2000年的世界》下卷，李建泽等译，江苏人民出版社，532页。）约翰逊由此评论说，这种虚荣总令人想起张伯伦以为自己"一个人"就能对付希特勒。罗斯福除了虚荣心，还有令人惊讶的天真。约翰逊所说的天真，是指罗斯福在写给丘吉尔的信中还这样提到斯大林："像他这样位高权重的人一定会信守诺言，不吞并土地，并且和我一起为一个民主、和平的世界而努力。"（保罗·约翰逊：《现代：从1919年到2000年的世界》下卷，李建泽等译，江苏人民出版社，533页。）

显然，经过数十年的东西方冷战对峙之后，罗斯福当年以超越意识形态的思维方式去处理美国与苏联的关系，却在冷战形成后的欧美政界和学术界中常常遭到质疑。然而，罗斯福没有受到其身后近几十年来在欧美普遍流行的厌恶苏联的意识之羁绊，而是志存高远地试图把美苏的战时大国合作关系延续到战后一个可以预见的较长时期，这个基本历史事实是不容忽略与抹杀的。

雅尔塔会议是盟国三巨头塑造这种关系的标志性杰作，可是在战后冷战局面形成之后，这个标志却逸出人们的视角；作为雅尔塔会议的核心人物和雅尔塔体制的主要设计者，罗斯福在欧美不断遭到批评与指责。"在许多人眼中，'雅尔塔'一词和'慕尼

战时的盟友即将成为冷战的对手。

黑’一样,意味着背叛与投降的耻辱。”(塔德·舒尔茨:《昨与今——战后世界的变迁》,中国军事科学院外国军事研究部译,东方出版社,1991 年,49 页。)冷战结束后,至今质疑与否定之声仍然不绝于耳。最令人觉得不可思议的是,保罗·约翰逊竟然认为“冷战可以说是雅尔塔会议的直接后果……当然某种意义上是苏维埃俄国在 1917 年 10 月的诞生引起了冷战。”(保罗·约翰逊:《现代:从 1919 年到 2000 年的世界》下卷,李建泽等译,江苏人民出版社,535 页。)这种违背常识的不可理喻的偏见,使得任何摆事实、讲道理的做法都显得多余了。

在罗斯福和丘吉尔的孙辈身上同样濡染着西方在冷战时代偏离事实的对雅尔塔会议及罗斯福的评价。罗斯福的外孙柯蒂斯说:“雅尔塔大会上,只有俄国人得到了他们想要的。”丘吉尔的孙子对此表示赞同。温斯顿说:“会议召开前,斯大林就已经控制了半个欧洲,这是丘吉尔和罗斯福都没能做到的。”朱加什维利则不同意这样的见解。(http://news.xinhuanet.com/world/2005-10/02/content_3574397.htm.)

2005 年 10 月 1 日,第二次世界大战反法西斯盟国三巨头的后人罗斯福的外孙柯蒂斯·罗斯福、丘吉尔的孙子温斯顿·丘吉尔以及斯大林的孙子叶夫根尼·朱加什维利在雅尔塔会议六十年之后于荷兰马斯特里赫特市政治研究生院聚首,再次辩论雅尔塔会议的功过得失及其对欧洲发展的影响。

2005 年的 5 月,美国总统小乔治·布什在赴欧洲参加纪念反法西斯战争胜利六十周年活动并访问多个国家时，对战时欧洲所发生的一些事情和雅尔塔会议做了同历史事实颇有出入的判断与评价。布什在5月7日所发表的讲话中谴责苏联在战后对东欧的占领，称这是“历史上最大的错误之一”。在拉脱维亚访问时，布什说，波罗的海国家在第二次世界大战结束后受到前苏联统治是“不可原谅的错误”。一些布什政府的共和党人还认为，罗斯福总统在雅尔塔协议中把东欧出卖给了斯大林。所以，布什明确表示，冷战结束后，“雅尔塔的遗产终于被永远地埋葬”。(http://www.qingdaonews.concom/tent/2005-05/15/content_4703735.htm.)这种观点是典型的冷战时代的美国观点。

然而，美国人必须清楚，东欧大部分地区当年是由苏军浴血奋战解放的，这一行动本身是苏联对反法西斯战争的重大贡献的一个组成部分。这个地区此前是处在纳粹的占领下，并非是美英的囊中之物，可以随意用来“出卖”给苏联。杜鲁门在1947年3月12日的“杜鲁门主义”演说中，声称“美国为了世界自由及世界和平投资了3410亿美元”，这里说的是美国在战争中的军事总开支，那么谁又能说清楚苏联五六百万军人的阵亡和一千多万平民的死难价值几何？事情只不过是苏联作为解放者由此在东欧享有了特权，就如同美英盟军解放了西欧而拥有了特权一样。另一位美国共和党人罗纳德·里根总统在1984年8月以较有分寸的方式表示：“对于任何把雅尔塔协议解释成美国默许欧洲分裂的说法，美国都拒绝接受，相反，雅尔塔协议是三大巨头重新恢复国家独立的努力，让从纳粹手中解放的国家有民主选举的权利。”当然里根认为，问题在于后来苏联并没有履行雅尔塔协议中的承诺，如在波兰举行自由选举。(http://www.qingdaonews.com/content/2005-05/15/content_4703735.htm.)持有里根总统这种比较接近事实和比较理性的见解，在美国还不普遍。不过，冷战开始以来的政治家和各个层次的观察者，到今天都仍然太钟情与执著于从意识形态的偏见去观察与评判国际关系。

最为离奇的还数借医学科学之名所进行的冷战视角“论证”。据英国《独立报》报道,正值雅尔塔会议六十周年之际,美国联邦调查局(FBI)的一名前资深精神病学家艾伦·萨勒里安曝出“秘闻”。他在2005年2月22日出版的《法医检查者》刊物上撰文称,罗斯福也许在雅尔塔与斯大林会晤期间神志就有些错乱,这一病症导致他对战后的安排犯下了许多代价昂贵的错误。据说萨勒里安是美国的一位权威精神病学家。他指出,罗斯福的病情导致他不断犯下外交和政治上的错误,诸如未能阻止斯大林占领满洲(即中国东北地区)、确保波兰不受前苏联的控制。这名以前意志坚强的总统没有阅读会议的重要文件,总体上未能与这名前苏联领导人抗衡。(http://news.163.com/05/0222/06/1D63P2VU0001122C.html.)

这颇似说书坊里拍脑袋现编出来的故事。萨勒里安也许确实是一名权威的精神病学家,但他的推断毫无根据且一点儿新意也没有,这件事反过来对他的“专业水准”和“专业操守”有负面影响。他对第二次世界大战的历史和这个时期的国际关系竟是如此无知,其论断根本不足采信。

美国自己解密公布的雅尔塔会议记录文件表明,当时罗斯福的精神状态是清晰而明快的,更何况罗斯福有着一个非常精明得力的智囊与顾问班子。罗斯福的私人军事顾问、美国第一位海军五星上将、有白宫参谋长之称的威廉·李海在其回忆录中,记述了罗斯福于1945年1月23日离开弗吉尼亚的纽波特纽斯港乘坐巡洋舰“昆西”号前往地中海马耳他,再转乘飞机抵达雅尔塔出席会议的生活与工作的全过程,“在我们为雅尔塔会议做最后准备阶段,我也没有发现总统的身体状况有任何严重的下降趋势。”“在历时10天的航行中,总统每日在船上召开会议,讨论在雅尔塔会议上可能遇到的各种问题。”“1月30日又正好是他的63岁生日。为此,我们在他的房间里举行了一个小型的但却充满欢乐气氛的生日聚会。”“富兰克林·罗斯福惊人的记忆力真是令人赞叹不已。在（雅尔塔）每日的会议上，总统总是习惯性地突然提出我们好久甚至一年多以前曾经提及的某个问题，来征求我的意见……不止一次他几乎是以嘲弄般的眼光看着我说：'比尔，一年前你可不是这样对我说的。'我自然为之一惊……"（威廉·李海：《我在现场》，马登阁等译，华夏出版社，1988年，311，313，315，320页。）

类似萨勒里安的质疑早在罗斯福逝世后就出现了。当年陪伴罗斯福出席了德黑兰和雅尔塔会议的驻莫斯科大使艾夫里尔·哈里曼在回忆录里指出："对雅尔塔决议吹毛求疵的人，不断提出疑问：举行这次会议时，罗斯福的体力和智力是否足以胜任。"1951年8月17日，这是一个冷战已经黑云压顶和麦卡锡主义在美国肆虐的日子，哈里曼应参议员布里恩·麦克马洪的要求向参议院军事和外交联合委员会提交一份声明做证道："毫无疑问，他的健康状况不佳，漫长的会议使他精疲力竭。然而，他对要讨论的事务充分考虑过好几个月。而且，通过与政府中许多官员的商谈，他已拟订出明确的目标，并牢记于心头。他来到雅尔塔，决心尽最大努力实现这些目标，并且抱着这个目的，以他惯有的能耐和洞察力进行谈判。"（艾夫里尔·哈里曼，伊利·艾贝尔：《哈里曼回忆录》，吴世民等译，东方出版社，2007年，465页。）哈里曼回忆录第十七章的标题，大概是最好的结论："雅尔塔——'如果身体尚好，罗斯福或许会坚持得久些，但我不能相信这会产生任何重大差别'。"

总之，冷战时代及冷战结束后，任何以冷战思维方式看待罗斯福时期的美苏关系和德黑兰会议及雅尔塔会议的做法，都是偏颇而不公正的，并且与历史事实的真相有很大出入。对罗斯福本人的批评与质疑也普遍地与冷战的思维视角有关联。

罗斯福与斯大林打造战后美苏的"大国合作"关系

1943年11月28日下午3时，罗斯福与斯大林在德黑兰的苏联大使馆首次会面，两人以一见如故的神态寒暄之后，罗斯福以老练的技巧主动提及他希望在力所能及的范围内迫使德国人从苏德战场转移三十个或四十个师,以及在战争结束时让出一部分商船队给苏联使用。头一个话题是当前迫在眉睫的现实军事利益问题,第二个话题是延续到战争结束后的经济利益问题,从中释出与苏联谋求长期合作的善意与愿望。这样的话题顿让斯大林兴致盎然,他表示“这将是有很大价值的”,并且憧憬战后苏美由此展开的合作:“一支适当的商船队不仅对苏联,而且对战后发展苏、美两国之间的关系也是有很大价值的。”他“希望两国的关系会大大地扩大……如果美国向苏联提供装备,苏联就可以供应大量的原料,以满足美国的需要。”(美国版:《德黑兰雅尔塔波茨坦会议记录摘编》,本书编译组译,上海人民出版社,1974年,5页。)

一个小时之后,德黑兰会议第一次全体会议举行,罗斯福被推为会议主席。罗斯福首先致辞说,他想对苏联代表团加入到这个家庭圈子里来表示欢迎。又称:“我们三大国不仅会在战时密切合作,而且还会世世代代保持密切联系。”接着罗斯福希望丘吉尔就这次会议的重要性及其对人类的意义讲几句话,丘吉尔强调:“这是世界上从未见过的力量的最大集中……绝对可以肯定的,是我们掌握了人类幸福的命运。”斯大林也表达了这样的看法:“我想,我们是历史的宠儿,历史赋予我们极大的力量和极好的机会。”并把这次会议称为兄弟般的会议。(美国版:《德黑兰雅尔塔波茨坦会议记录摘编》,本书编译组译,上海人民出版社,1974年,12~13页;或参见苏联版:《德黑兰雅尔塔波茨坦会议文件集》,北京外国语学院俄语专业学员译,生活·读书·新知三联书店,1978年,39~40页。)

在会议最后发表的《德黑兰宣言》中,正式向全世界宣示:“我们表示决心,我们三国在战时及战后的和平时期,都将进行合作。”“关于和平,我们确信,我们之间现存的协同一致,必将保证持久和平。我们充分认识我们及所有联合国家对实现这种和平负有崇高的责任,这种和平将获得全球绝大多数人民的拥护,并在未来世世代代,消除战争的祸患与恐怖。”(苏联版:《德黑兰雅尔塔波茨坦会议文件集》，北京外国语学院俄语专业学员译，生活·读书·新知三联书店，1978年，125页。）

德黑兰的三巨头聚会让罗斯福对未来的美苏关系和战后的世界事务充满着期待，他从德黑兰一回到华盛顿就发表了广播讲话，告诉美国民众："我同斯大林元帅'相处得很好'……我相信，我们同他以及俄国人民将会很好相处——确实会很好。"（托马斯·帕特森等:《美国外交政策》下册，李庆余译，中国社会科学出版社，1989年，551页。）

德黑兰会议期间，罗斯福亲自向斯大林介绍了关于战后维护和平的机构问题，罗斯福在美苏交往场合首次把四大国在这个普遍性国际安全组织的职能叫做"四个警察"。

在稍早举行的莫斯科外长会议上，美国就正式倡议建立一个维护未来国际安全的普遍性国际组织。于是，美苏英中四大国最终通过并发表了关于普遍安全的宣言。在1943年8月举行的英美第一次魁北克会议上，罗斯福已经向丘吉尔提出其设想并且交换过意见。

1944年8月至10月的美苏英中四大国分两个阶段举行的敦巴顿橡树园会议基本拟定了定名为"联合国"的国际安全组织的框架。但是美苏双方在安全理事会的表决机制和联合国创始会员国的组成名单上存在意见分歧。雅尔塔会议期间，罗斯福和斯大林就此问题找到了解决办法。这就是"雅尔塔公式" 和增加苏联的乌克兰及白俄罗斯两个加盟共和国作为联合国的创始会员国协议的达成。增加苏联的两个投票权是为了平衡英国的几个海外自治领地和一批未参战的南美"亲美"国家都被安排作为创始会员国的做法。美苏在一系列重要问题上，达成了令双方寄予厚望的框架协议，因为"无论如何，战后世界的形态将依赖于两国能否在击败轴心国之后保持继续合作”。[孔华润(沃伦·科恩)主编:《剑桥美国对外关系史》下册,周桂银等译,新华出版社,2004年,190页。]

罗斯福为何如此高度重视以美苏为核心的大国合作?一切皆源于罗斯福在战争期间规划出来的战后“世界蓝图”。太平洋战争爆发后不久,罗斯福决定在国务院设立一个战后对外政策咨询委员会的新机构,分别由国务卿和副国务卿出任正副主任。这个委员会于1943年3月拟出了一项建立战后普遍性国际组织的方案。委员会认为:“击败轴心国后的维持秩序与安全的主要框架是要恢复国际合作的原则,而不是过时的均势。”[孔华润(沃伦·科恩)主编:《剑桥美国对外关系史》下册,周桂银等译,新华出版社,2004年,182页。]同年4月,在罗斯福的授意下,其亲信雷斯特·戴维斯在《星期六晚邮报》上发表了《罗斯福的世界蓝图》一文,首次公开透露了美国对战后世界安排的一些设想。罗斯福的世界蓝图,核心层面规划了哪些内容呢?简言之就是打造两大基石,一个是经济基石,即构建布雷顿森林货币体系;一个是政治基石,即构建联合国。总体上来说,就是在美国的主导之下,建立涵盖全球事务的制度化的权力系统。罗斯福执政时期,不但总统本人,美国的一些政治势力和政客,还有新闻媒体,都开始把领导世界视为美国的“国际道义责任”。美国传媒巨头亨利·卢斯创办了《时代》周刊、《生活》杂志等刊物,1941年2月他在《生活》杂志上发表了一篇社论,标题就是此后广为传颂的“美国世纪”,声称领导世界,这已经是历史赋予美国的责任。罗斯福视此为责无旁贷。他在规划美国的世界蓝图时,确实抱着某种“国际道义的责任感”,詹姆斯·麦格雷戈·伯恩斯在其所写的《罗斯福:自由战士》一书中,称罗斯福“既是调停人又是布道者”,可是,这位在国际关系中并不鼓动意识形态对抗的布道者,又能吸引多少信众呢?罗斯福有一个非常重要的信念,至今并未引起人们的高度关注而加以强调——那就是为战后世界营造一个至少五十年的和平环境。

1945年2月6日下午4时，黑海克里米亚半岛雅尔塔度假区里瓦基亚宫白厅，美英苏三国代表团第三次全体会议在此讨论未来世界安全组织问题。美国总统罗斯福表达了他对这个世界安全组织的深切厚望，用威廉·李海的话来说就是“罗斯福提出了他最欣赏的、维护世界和平的计划——联合国组织。”（威廉·李海：《我在现场》，马登阁等译，华夏出版社，1988年，326页。）当年现场的记录员是这样记述的：“总统说……他强烈地感到，世界上所有国家都希望至少在今后五十年内能消除战争。他说，对于永久和平，他并不那样乐观，但他相信五十年的和平是可行的，也是可能的。”（美国版：《德黑兰雅尔塔波茨坦会议记录摘编》，本书编译组译，上海人民出版社，1974年，125页。）

斯大林做出了正面的回应，但是他表达了对三巨头身后能否维持这样的合作的担心。现场这样记述斯大林的话：“他们全都明白，只要他们三个人还在世，他们之中没有一个人会让他们的国家卷进侵略行动，但是毕竟十年以后，他们之中或许没有一个人还在世上……因此，他认为，有责任为未来的一代建立这样一个能够保证至少五十年和平的组织。他说，最重要的是防止将来三大国之间发生争吵。因此，我们的任务是保证三大国将来能够团结一致。”（美国版：《德黑兰雅尔塔波茨坦会议记录摘编》，本书编译组译，上海人民出版社，1974年，134页。）于是，三大国领导人都表达了他们之间将努力团结一致。

在2月8日斯大林宴请三国代表团的晚餐会上，斯大林显然对于三国大同盟的合作状况有一种大喜过望的感受，他说：“我要为我们的同盟关系而干杯，希望这一同盟保持着亲密无间和坦率发表意见的特点。在外交史上，我从未见过像这样密切的三大国同盟，而且盟国之间有机会这样坦率地交换意见。”（温斯顿·丘吉尔：《雅尔塔：世界和平计划》，见《第二次世界大战回忆录》，吴万沈译，商务印书馆，1975年。）

给战后国际社会至少五十年和平的保证，这是一个发生在大国身上的崇高目标。罗斯福在开罗和德黑兰会议之后曾声言他与其他三大国领导人讨论的是国际关系中重大的主要目标:“英国、俄国、中国和合众国及其盟国,代表了全世界3/4以上的人口,只要这四个军事大国团结一致,决心维护和平,就不会出现一个侵略国再次发动世界大战的可能。”(《罗斯福选集》,商务印书馆,1982年,454页。)德黑兰会议和雅尔塔会议反复为国际社会描述和规划了这样一个令人期待的前景。而一个世界安全组织就能够给国际社会这样的保障吗?显然,关键还是美苏这样的大国关系的形态如何。因为除了有效阻止德意日这样的轴心国再度给世界和平带来灾难之外,实际上真正能够给未来世界和平带来保证或威胁的只有美国、苏联或英国这样的战胜国。所以,罗斯福把美苏英中引入一个长期合作框架,实际上就从根本上消除了威胁未来世界和平的最主要的不确定因素。这一战略构想的实施本来就排除了战后相当长一个时期内美苏的对抗。美国学者入江昭就认为,罗斯福极为重视以美苏为核心的美苏英中四大国的合作框架,致力于“维持战时同盟并将之作为战后世界秩序的关键。”[孔华润(沃伦·科恩)主编:《剑桥美国对外关系史》下册,周桂银等译,新华出版社,2004年,181页。]

那么,罗斯福如何才能确保苏联会留在大国圈子里与美国长期合作呢?一是建立良好的首脑个人互信关系,这种最高层次的人际关系实际上对国家关系有着非常重大的影响力。二是对苏联谋求战后的国家安全利益和地缘政治利益持充分谅解和“迁就”立场,这其中主要是认可苏联在其周边地区、重点在东欧和东北亚建立势力范围,尽管罗斯福本质上并不主张划分势力范围。三是满足苏联的一些特殊权益的要求,例如波罗的海沿岸不冻港的获得、《雅尔塔秘密协定》的若干条款,联合国安理会表决机制的调整等,罗斯福为此不惜以他国的权益进行利益输送。四是承诺在战后苏联的经济重建中提供巨额援助并发展双方的持续经济合作,这一点或许是长期“拴住”苏联的最有效措施。1945年1月3日,莫洛托夫向美国大使哈里曼提交了一份照会，提出了60亿美元用于向美国订货的长期贷款要求。而美国财政部长摩根索也于同年1月10日向总统提交了一份数额高达100亿美元的对苏贷款计划，摩根索此举包含着希望苏联在对德索取战争赔款问题上配合美国政策的用意。“关于战后贷款问题，助理国务卿威廉·克莱顿于1月27日通知哈里曼道，总统对此想法有强烈的兴趣。”（艾夫里尔·哈里曼，伊利·艾贝尔：《哈里曼回忆录》，吴世民等译，东方出版社，2007年，463页。）

对于苏联，我们又能说些什么呢？从国际政治的常理来分析，苏联在第二次世界大战的反法西斯中付出了巨大的代价、承受了巨大的牺牲、做出了巨大的贡献，这是苏联在战争结束前后获得一系列特权的前提与基础。斯大林利用这些特权谋求什么样的国家战略利益呢？总体上就是在苏联国境的周边地区构筑、布设一道战略缓冲地带，以之作为苏联本土之外的未来国家安全屏障，与此相应的是必须确保战略缓冲地带的有关国家建立有长期保证的对苏“友好”政权。这样的战略构想与目标，从追求国家的安全利益的角度来说，有其一定的合理性，但是这样的战略目标的实现途径，必然是巧取豪夺的强权政治举措，必然会违背某些国际关系准则。我们还提醒人们注意一个状况，即苏维埃政权从建立之日开始，不管出于何种原因，一直陷于被排斥、压制与被孤立的境地，作为一个大国，国家权益拓展上的长期缺失，一旦获得了突破的机遇，就会产生苏联这样的对外扩张“饥渴症”，更何况30年时间里坐拥两次世界大战的战火洗劫的惨重教训。而美苏的长期合作将使苏联的上述目标的实现获得一个较高的安全系数。

就“大国合作”的内涵而言，必然包含强权政治和霸权行径。在德黑兰会议上，当三巨头在讨论战后苏联在远东获得不冻港问题时，丘吉尔说：“应当使战后管理世界的国家和战后受托指导世界的国家得到满足，使它们没有领土和别的野心。如果……大国感到满意，那么他（记录文件指丘吉尔）认为世界也许可以保持和平。他说，得不到满足的国家和有野心的国家都是危险的……”

(美国版:《德黑兰雅尔塔波茨坦会议记录摘编》,本书编译组译,上海人民出版社,1974年,60页。)大国有权优先获得满足,这就是丘吉尔的信条,实际上也是斯大林和罗斯福的信条。鉴于大国的综合实力及其资源配置与投放的巨大能量,若使用这些能量进行大国间的对抗,必然会给国际社会和全人类带来巨大的伤害。因此,两害相权取其轻,即使存在霸权行为的大国合作,仍是大国关系形态的较佳模式。另外,随着大国合作领域的拓展,也能增进国际社会在经济、科技、人文社会方面的合作,并由此改善全人类的福利。

综上所述,罗斯福的“大国合作”构想,若能以现实而平和的视角看待它,那么我们就完全可以抱着欣赏的态度肯定它。而它最重大的历史预期价值则是排除了全球实力最强大的美国与苏联之间的潜在对抗而让国际社会在战后拥有“一个世界”。

丘吉尔和杜鲁门祭起遏制大旗

在罗斯福打造战后大国合作关系的框架过程中,丘吉尔只不过是一个跟随者而已,斯大林则是战后大国合作的响应者,但又不是主动地设计建构者。罗斯福的去世成为大战结束前后大国关系的最微妙的变故和不确定因素。这使得杜鲁门在大国合作、特别是美苏合作问题上的立场与取向成为关键。

我们首先关注英国,它在战时的战略目标是重构欧洲均势格局来保全英帝国的原有利益,丘吉尔由于在战争末期与苏联争夺中欧、东欧和巴尔干地区的势力范围而产生日益严重的利益冲突,因而不断鼓动美国遏制苏联的势力扩张,但是罗斯福不愿意接受这一战略代价。

杜鲁门一方面缺乏罗斯福那样的战略思路,他从未承诺会继续致力于给世界争取五十年和平,另一方面他对苏联的看法与罗斯福有抵触。在眼前现实利益的诱导之下,杜鲁门主导的美国决策集团最终重落欧洲时代的政治圈套——遗弃了前述美国国务院战后对外政策咨询委员会所主张的“主要框架是要恢复国际合作的原则,而不是过时的均势。”杜鲁门后来走上丘吉尔为其指引的遏制苏联的道路,恰恰追求的就是欧洲“老皇历”的“过时的均势”中的相对优势。于是,主要大国的和平合作无望,威胁世界和平的态势却很快形成。

英国传统的欧洲大陆政策——“挫强扶弱”

前一章我们提及帕默斯顿的现实主义外交的名言,用今天的语言来表达就是:国家没有一成不变的敌人,国家也没有永恒的朋友,不变的只有国家利益而已!近现代的英国外交,一再实践着这句格言。“崇高的道德与国格”从来就不是英国外交追求的目标。

近现代的欧洲是世界上发生国际战争的频密度最高的地区,因应不同的国家利益争夺,欧洲各国家之间的敌友关系经常转换。显然,社会制度及意识形态价值观方面的考量在制约这种国家关系中无足轻重。

以18世纪末法国大革命发生后的事态来看,一般认为,革命对欧洲各国原有的统治秩序带来了巨大冲击,引起奥地利、普鲁士、西班牙和俄罗斯等欧洲主要封建帝国和英国的外交封杀与军事干涉;英国首相小威廉·庇特(1783~1801年和1804~1806年两度出任英国首相)扮演了撮合奥地利与普鲁士组成奥普反法同盟和策划全欧反法同盟的角色。或许人们会把这些国家对法国大革命的武装干涉视为乃由于革命而引起的“反革命”战争,但是稍加分析就会发现,革命的法国推行一套新的外交原则和新的对外军事政策,人们后来对这些新外交原则在国际法发展史上和外交实践上给予了正面的肯定,(刘德斌主编:《国际关系史》,高等教育出版社,2003年,89页。)但是大革命时期的法国在当时的外交舞台上并不因此就拥有了道义上的优势;革命之前的法国几乎与所有的欧洲列强都有着深刻的国家矛盾,这是导致欧洲主要强国群起围攻的主要原因。武装干涉法国革命及随后的拿破仑战争，实际上仍是欧洲列强延续 18 世纪一系列国家利益争夺这一进程而演进的高潮。至于英国,早在 1756~1763 年以英普为一方,法奥为另一方,而主要在英法之间展开的七年战争,较量的结果以法国失败告终。一直到法国大革命爆发及随后的拿破仑战争,英国都视法国为首要敌人。一般认为,导致英国发起并加入反法同盟的直接原因是 1792 年法国军队为攻击奥普反法联军而进占奥属尼德兰“直接威胁到英国的安全与商业利益,这是英国政府绝对不能接受的。”(王绳祖主编:《国际关系史》第一卷,世界知识出版社,1995 年,306 页。)于是在此后的二十几年里,英国高调充当了全欧反法同盟的策划者与旗手。法国大革命造就了英法从此有了性质相同的社会制度和基本一致的意识形态价值观,却无助于它们成为利益攸关的盟友。英法结成外交上的盟友要等到 1904 年签订了英法协约才成为事实，因为德国此时已经成为英法现实国家利益的最大威胁。

自 1713 年欧洲列强在一番战争较量之后签订了《乌得勒支和约》，该条约第一次以法律条文形式将保持欧洲势力均衡即“均势”写进了国际条约。(袁明主编:《国际关系史》,北京大学出版社,1994 年,37 页。)在此后的两个多世纪里,均势理论与均势外交在欧洲的国际关系中受到重视和运用。

英国人成为经营均势外交的佼佼者。由于英国的非欧洲大陆国家的地理位置,从而避免了大陆国家经常发生的边界纠纷及大陆列强谋求控制邻近国家所引起的纷争,由此在欧洲内部的地缘政治角逐中,英国居于较为超然的有利地位,外交斡旋与调停仲裁给了英国诸多机会来选择和寻求外交战略上的抑制对象。两个多世纪的均势外交实践,造就了英国的欧洲大陆政策,形成非常鲜明的外交思维与外交风格——“挫强扶弱”,这里所说的“强”“弱”,指的是欧洲大陆列强中的相对强弱,即欧洲大陆实力最强大的那个国家,自然而然就成为英国外交战略上的对手与抑制对象；其他列强则是英国进行争取和扶持的对象，以促使它们与之抗衡。18 世纪下半叶到拿破仑战争结束时的法国，俾斯麦执政时期的普鲁士及统一后的德国，两次世界大战之间的纳粹德国，都曾经是英国的头号敌人。推行均势外交的英国，一直演奏着“挫强扶弱”的永恒主题，只要英国一息尚存掌控着欧洲事务的主导权，就以此不变应对世间之万变。对政策传统的如此执著，在外交领域中照样表现得可圈可点。

尽管经过第二次世界大战的大清洗，全球的地缘政治结构已经发生了巨大的变化，欧洲中心时代的终结及英国的国际主导权的丧失，使得大不列颠“国势顿挫”，在欧洲的传统优势地位也从此不复存在。可是面对欧洲大陆的新强势国家北极熊苏联，已经变得虚弱不堪的约翰牛，仍然以“挫强扶弱”为己任。欧洲战事还未正式结束，丘吉尔就立即发动和营造遏制苏联的国际氛围，但是罗斯福洞悉丘吉尔的“老帝国主义者”的用心，不与丘吉尔玩这种猫腻。可叹罗斯福作为斯大林的“福星”，天不假其年，竟在德日两个法西斯被埋葬前夕撒手人寰。于是丘吉尔找到了自己绝处逢生的“知遇之星”——新上任的美国总统杜鲁门，原本就讨厌苏联的杜鲁门，奉行了逐步疏远的方针，不久之后他就表达了对苏强硬立场，并且显然正在终止罗斯福的对苏合作政策。

丘吉尔及英国在对苏遏制中的角色

1940 年 5 月 9 日，因顽固坚持绥靖政策的张伯伦众叛亲离而辞去首相职务，丘吉尔临危之际受命组建战时联合内阁，既为反击纳粹德国的军事威胁，也为保全不列颠帝国的势力体系，在国际舞台上纵横捭阖，成为英国的杰出领导人及战时的国际领袖人物之一。

丘吉尔是一个外交能力很强的政治家，同时更是一个精明老练的、现实的外交机会主义者。他显然是一个善于把握机会来维护英帝国国家利益的行家；同时，他拥有令人欣赏的激情与率直性格以及明察秋毫的洞察力。然而,作为一个国家领导人,处在英帝国实力滑坡的大趋势之下,丘吉尔外交以英帝国的现实功利为唯一考量而表现出善变、多变乃至不择手段的特点,令其国际形象大打折扣。

苏德战争爆发阶段,丘吉尔令人鼓舞的政策宣示,仍然掩盖不了先顾眼前利益的事实。1941 年 6 月 15 日,苏德战争爆发箭在弦上,丘吉尔电告罗斯福,如果苏德战争爆发,"我们当然要遵循希特勒乃是我们必须击败的敌人这项原则,给予俄国人以最大的鼓励和我们能够提供的任何援助。"6 月 21 日美国驻英国大使怀南特口头上转达了总统的回复,总统答应,如果德国进攻俄国,他将立刻公开支持"首相可能就欢迎俄国为同盟国而发表的任何声明。"(温斯顿·丘吉尔:《苏联的报应》,见《第二次世界大战回忆录》,吴万沈译,商务印书馆,1974 年。)次日凌晨苏德战争爆发,晚间,丘吉尔在英国广播公司发表演讲,表示"任何对纳粹帝国作战的个人或国家,都将得到我们的援助。任何跟着希特勒走的个人或国家,都是我们的敌人……根据以上的理由,我们将要对俄国和俄国人民进行我们能够给予的一切援助。我们将向世界每一个角落的朋友和盟国呼吁,请他们采取同一方针,并且如同我们一样,忠诚不渝地坚持到底。"丘吉尔很清醒,因为如果苏联被希特勒打败,那就是英国和美国的最大危险,所以,他不容置疑地指出:"俄国的危难就是我们的危难,也是美国的危难,正如俄国人为保卫家乡而战的事业,是世界各地的自由人民和自由民族的事业一样。"然而,即使如此,丘吉尔以其直率的性格,在演讲中还是不忘指出:"纳粹制度同共产主义最坏的特征相比较,并没有什么区别",或许,丘吉尔想表达,只不过现阶段的苏联共产主义还不是"最坏的特征",他在一天前对其秘书否认了这是与苏联"同流合污","我只有一个目的,就是打倒希特勒……如果希特勒攻打地狱,我至少也会在下院为魔鬼说几句好话。"(温斯顿·丘吉尔:《苏联的报应》,见《第二次世界大战回忆录》,吴万沈译,商务印书馆,1974 年。)

我们不难看出，丘吉尔与罗斯福分别推动建立了英苏同盟和美苏同盟，但是两者形似而神不似，前者是战时阶段性的战略同盟，但从长远角度看是策略性同盟；后者既是战时阶段性的、也是着眼于和平时期的长远战略同盟。那么，加上英美同盟，由三组双边同盟关系组合而成的三大国同盟就并非纯粹的长远战略同盟。但丘吉尔毕竟是个识时务者，有评论认为："丘吉尔从本质上讲虽是个力量均势论者，却准备在相当距离内支持罗斯福把'联合国家'作为和平制度拱心石的见解。"（J. 布卢姆等：《美国的历程》下册第二分册，杨国标，张儒林译，商务印书馆，1988 年，478 页。）

我们还是必须注意三个潜在的不明朗因素：一是英国人由于功利考量的缘故何时以何种方式变卦；二是斯大林愿意在何种状况与条件下确立和坚持美苏长期同盟合作；三是罗斯福的继承者是否认同和愿意坚持美苏长期同盟合作。不过，由于英国已经丧失了主导型大国的资格和地位，就如同它战时曾经反对以联合国取代国际联盟，反对以布雷顿森林货币体系取代战前由英镑主导的国际货币金融体系，结果无功而返一样，英国主导不了美英苏同盟的去向，唯有追随美国亦步亦趋。美苏双方的意愿才是决定性因素，美国或者苏联才具有主导联盟去向的资格与能力。当然，我们并不否认英国可以在特定时期、特定环境之下起到某种诱导性作用，或根据英国的自身利益进行搅局。

出席过德黑兰会议之后，英国高层内部就开始弥漫着一股对斯大林的不信任气息。参谋长联席会议主席阿兰·布鲁克以不屑的口吻说："斯大林已经将（罗斯福）总统置于股掌之中了。"丘吉尔则居心叵测地对他的一位大臣哈罗德·麦克米伦说："虽然收拾残局还需要一段时间，但是德国完蛋了。现在真正的问题是苏联。而我却不能让美国人意识到这一点。"于是，"丘吉尔决定执行一个两面政策：可能时与斯大林进行现实的讨价还价，同时努力鼓动罗斯福抓住要害。"（保罗·约翰逊：《现代：从 1919 年到 2000 年的世界》下卷，李建泽等译，江苏人民出版社，533 页。）

就在战争结束阶段,苏联在东欧、巴尔干地区的军事占领超出了英国的预期。于是,英国希望英美军队能够在中欧的德国、奥地利、捷克斯洛伐克和匈牙利等地占据支配地位,重点是攻占柏林、维也纳、布拉格和布达佩斯等中心城市,如若这个局面能够形成,那么,由于先前罗斯福表示过,战争结束后美军在欧洲承担驻军的义务将不会超过两年以上,届时这片以轴心集团的战败国为主的土地就将由英国来支配。然而,美军在欧洲的最高统帅德怀特·艾森豪威尔将军和罗斯福总统本人显然并不特别看重这一结果,这使得丘吉尔颇为失落甚至感到恼火。故此,战后长期合作的盟约已经不再是约束丘吉尔的重要考虑,他更多的是着眼于战后欧洲的传统均势格局,既然苏联将是欧洲大陆最强势的国家,那么它就注定是英国未来的外交抑制对象。鉴于英国同样已经缺乏主导能力来经营欧洲均势格局,唤起美国对苏联过往不信任感的记忆,渲染苏联的苏维埃制度和意识形态如何与英美等西方世界格格不入乃至对西方文明的威胁,同时,表达英国愿意追随美国、侍侧在美国"大人"的左右就成了丘吉尔所能使用的主要招数。

罗斯福去世前夕,丘吉尔喋喋不休地鼓动美国对苏采取强硬立场。在3月13日写给罗斯福的函件中,丘吉尔向罗斯福剖白:"我并不愿意暴露英美两国政府之间的分歧……但是,我们英国人不具备推进有关事务所必需的实力,我们已竭尽所能而为之。"(艾夫里尔·哈里曼,伊利·艾贝尔:《哈里曼回忆录》,吴世民等译,东方出版社,2007年,512页。)与丘吉尔私交甚笃的罗斯福却亦洞若观火,他告诉海军部长詹姆斯·福雷斯特尔(或译为福莱斯特):"英国人显然要求美国迟早卷入一场与俄国的战争。"杜鲁门上台后不久也对罗斯福的老顾问约瑟夫·戴维斯说:"我和丘吉尔首相的纠葛,跟我和斯大林的纠葛一样多;我认为他们两人都想叫我充当火中取栗的猫爪……"(玛格丽特·杜鲁门:《哈里·杜鲁门》,生活·读书·新知三联书店,1956年,34页;转引自王绳祖主编:《国际关系史》第六卷,世界知识出版社,1995年,368页。)显然初时的杜鲁门也有所警觉。

1945年5月12日丘吉尔写信给杜鲁门，首次使用了“铁幕”的字眼来形容苏联在欧洲的控制区，“他们将在前沿地区拉下一道铁幕。我们不知道这个铁幕后面将发生些什么事情。在吕贝克——的里雅斯特——科孚一线以东的整个地区看样子毫无疑问，不久将完全落到他们手中。此外，还得加上美军所攻占的在艾森纳赫和易北河之间的一大片地区，据我料想，当美军一撤回，这一地区在几个星期之内，又将被俄军占领……到那时候，铁幕又将在一个很大的范围内（即使不是完全地）降下来。”（温斯顿·丘吉尔：《分歧的开始》，见《第二次世界大战回忆录》，吴万沈译，商务印书馆，1974年。）丘吉尔此时一直企图鼓动杜鲁门撕毁三大国原先达成的各自在德国和奥地利的占领区的划分协议，尤其希望美军拒绝撤出已经划为苏占区的地盘。但是杜鲁门的军事顾问班子和艾森豪威尔将军都不打算这么做。

杜鲁门下令终止对苏联发送租借物资，并引起了双方的纠纷。这一天，距离德国投降日，仅仅把手指头掰到第四个而已。

1945年5月下旬，杜鲁门接受哈里·霍普金斯的提议：由霍普金斯出使莫斯科以修补出现麻烦的美苏关系。与此同时，杜鲁门还决定派遣约瑟夫·戴维斯出使伦敦，征求丘吉尔对美苏两国关系的意见。已经为杜鲁门所器重的白宫参谋长威廉·李海注意到：“从丘吉尔发给华盛顿大量的电报中可以看出，首相长期以来对苏联的立场持不满的态度，并且有可能在某些问题上对苏联采取鲁莽行动。这定将危及三大国的团结，而这些谅解与团结对持久的和平事业是如此的重要。”（威廉·李海：《我在现场》，马登阁等译，华夏出版社，1988年，397页。）

6月5日，在与丘吉尔做了长达八个多小时谈话后归来的戴维斯与杜鲁门和李海共进午餐。戴维斯告诉杜鲁门:“在与首相谈到苏联问题时,这位英国领导人对苏联的批评变得更加苛刻严厉。丘吉尔说,苏联人在重新占领的地区所行使的秘密警察及盖世太保手段比起共产党本身来更令人感到恐怖（按:原译文如此）。”在戴维斯就此行所写的正式报告中有这样一段话:“我坦率地告诉你们,我听了他猛烈地抨击苏联的统治和共产主义思想在欧洲的蔓延所造成的威胁,以及他所表明他对苏联领导人的极端不信任感。我真怀疑,首相目前是否愿意向世界声明,他和英国没有支持希特勒是个错误。因为据我了解,首相所主张的正是与希特勒和戈培尔在过去的四年中所一直主张、并一再重申的信条相似,即努力打破盟国的团结,并实行‘分而治之’。现在他发表的论断正是事实。”见多识广的戴维斯显然受到很大的触动而惊奇不已:“我简直不能相信他那深思熟虑的判断和看法最终将证明我对他的话的理解是正确的。”（威廉·李海:《我在现场》,马登阁等译,华夏出版社,1988年,405~406页。）

1945年7月下旬的英国大选,丘吉尔落败而下野。但是在野的丘吉尔仍然活跃于外交领域,这期间还提出了“三环外交”的构想。与其说下野之后的丘吉尔仍然主导着战后的英国外交政策，不如说是英国传统的欧洲大陆政策引领着战后初期工党艾德礼政府的对外政策。加上英国战时两党联合内阁,这使得艾德礼的外交政策与其前任具有一定的连续性。而交出首相权力前后的丘吉尔就成了这个时期英国外交政策的发言人。卸任后一个时期内，丘吉尔在国际舞台上的风头仍然盖过了在任首相艾德礼。

我们注意到一些论者试图把英国视为雅尔塔体制建构中的确立者之一,另一些论者认为在恶化英美与苏联的关系中,英国或丘吉尔充当了战后东西方冷战和对苏遏制战略的“始作俑者”,有着“独立的冷战政策”（黄亚红:《试论英国冷战政策的形成:1944—1946》,载《世界历史》,1996年第3期。),或称英国挑起了战后东西方的冷战。[程佩璇,崔剑:《试论英国与“冷战”的起源》,载《扬州大学学报》(人文社科版),1998年第1期。]显然这样的定位是不恰当的,过分拔高了英国的战略地位和主导能力以及实际发挥的作用。处于在野位置的丘吉尔更加不具备这个能力来挑起冷战。那么,这个时期的丘吉尔及英国扮演的是什么角色呢?我们认为是对苏外交遏制和冷战的鼓吹者、诱导者,恶化美苏关系的挑拨者,但是是否对苏联实行遏制和发动冷战,决策权和主导权在美国手里。如果杜鲁门愿意继承和延续罗斯福的对苏合作政策,那么,丘吉尔以售其奸就会遇到一如罗斯福既往那样而无法得逞。

然而,杜鲁门新政府虽然没有丘吉尔那么决绝和激进,却也逐步明确了对苏外交强硬立场,双方的继续合作下去的热情处在持续降温的状态。随着杜鲁门对罗斯福原班子的改组基本完成,美苏合作的愿望意兴阑珊而成了“明日黄花”。初时还觉得丘吉尔“老师”有点烦的杜鲁门“同学”越来越喜欢欣赏“老师”上台表演了。1946年3月5日的富尔顿演说,丘吉尔把他的所有招数都汇集到《和平砥柱》的演讲词里。必须指出,富尔顿演说的政策含义,要放在杜鲁门决策集团正在酝酿中的“遏制战略”上去解读。有两个问题值得加以明确和强调,一是“铁幕演说”在时机上迎合了美国政府的决策需要,美国当局借丘吉尔之口向苏联也向世界发出了“冷战的信号”;二是这次演讲还不能视为冷战开始的标志,因为一方面如前述,丘吉尔既无能力也没资格发动冷战,另一方面,美国的遏制战略即冷战战略还处在酝酿过程中,发起冷战的政策条件尚未成熟。

雅尔塔会议之后罗斯福是否对美苏合作失去信心

目前有一种解释认为,罗斯福离开雅尔塔之后到去世的这两个月中,已经对苏联在东欧,尤其是在波兰的安排感到失望甚至愤怒。因此,如果罗斯福还活着的话,也会明白过来而跟苏联划清界限的。这实际上是某些英美论者抱有敌意、嘲弄罗斯福遭到“报应”并根据罗斯福的一两句情绪化的话语所做的推断。英国学者保罗·约翰逊用一种令人疑窦丛生且有点恶毒的口吻写道:“丘吉尔……给罗斯福上了一堂政治教育课。罗斯福最后完全失望了,他到沃姆斯普林斯(按:罗斯福的疗养地)去等死。”(保罗·约翰逊:《现代:从1919年到2000年的世界》下卷,李建泽等译,江苏人民出版社,536页。)

这种看法,显然臆测的成分多于实际分析。因为罗斯福在波兰问题上虽然未必完全认同苏联的处理方式,但是此前罗斯福多次表达过明白波兰问题对苏联未来安全利益的重要性,因此一直持谅解与迁就的态度。在雅尔塔会议时,罗斯福对于战时流亡到巴黎、后转流亡伦敦的原波兰政府和苏军攻进波兰时扶持的卢布林临时政府,曾建议成立一个由双方代表组成的“总统委员会”进行整合,并行使代表波兰的总统权力。但是斯大林和莫洛托夫都表示不同意设立这个机构,莫洛托夫代表苏联提议,建立一个由他本人和美国驻莫斯科大使艾夫里尔·哈里曼、英国驻莫斯科大使阿奇博尔德·克拉克·克尔组成的工作班子,负责协调扩大现有波兰境内的“国民议会和临时政府”的代表性,包括吸收伦敦流亡政府的成员进入扩大后的临时政府,最终形成一个苏英美都认可的波兰临时政府。罗斯福和丘吉尔大体同意并决定此一议题交由三国外交部长去处理。(美国版:《德黑兰雅尔塔波茨坦会议记录摘编》,本书编译组译,上海人民出版社,1974年,173~183页。)

那么,在罗斯福生命仅存的最后两个月里,苏联在波兰问题上究竟做了些什么事情呢?从现象上看,苏联按照雅尔塔相关协议扩大了波兰临时政府的代表性,增加了一些苏联认可的党派代表。但是不可否认,苏联仍未采取行动接受英美推崇的伦敦流亡政府总理米科拉伊奇克(或译为米科莱契克)等头面人物进入临时政府,这正是罗斯福去世后,丘吉尔和杜鲁门强烈指责苏联背弃承诺和违反雅尔塔协议的一个主要原因。

显然，今天人们已经很难去揣测此后如果罗斯福活着的话，他对波兰问题和东欧问题的最终回应会是什么态度及会采取什么措施。不过，苏联也不是完全不顾英美的立场和主张而一意孤行。1945 年 5 月底至 6 月初，最能体察罗斯福对苏政策意涵的哈里·霍普金斯出使莫斯科，与斯大林就一系列双方关注的问题包括波兰政府的代表性问题达成了协议。这次改组后的波兰临时政府吸收了伦敦流亡政府包括米科拉伊奇克在内的四名成员，并于 7 月 5 日获得了杜鲁门和丘吉尔的承认。可以推断，这样的处理方式就是罗斯福的方式，遗憾的是，这只是后罗斯福时代并不多见的特例。

有理由相信，对于罗斯福来说，维持美苏的长期合作关系具有无可替代的重大战略价值，为此面对苏联仍属有限度的、围绕着其周边区域的扩张是能够迁就的。美国学者入江昭在分析 1944 年 10 月丘吉尔到莫斯科与斯大林划分东欧巴尔干势力范围事件时就认为：“只要它（按：指英苏追求势力范围）能够成为维持大国合作的基础，他（罗斯福）也不反对这种事实上的势力范围。”“至于波罗的海国家，在一再推迟第二战场开辟的情况下，罗斯福和丘吉尔谁也不愿意在这个问题上向斯大林挑战，这似乎是为换取苏联在战时以及战后安排方面继续合作而付出的一个微小代价。”［孔华润（沃伦·科恩）主编：《剑桥美国对外关系史》下册，周桂银等译，新华出版社，2004 年，185，190 页。］所以，没有理由认为，罗斯福会一方面接受了苏联的势力范围，另一方面又为了苏联势力范围内的一些比较次要的问题最终闹翻。

至于在罗斯福去世前最后一个月，因西线德军谋求向英美盟军（而不是整个纳粹德国当局向整个反法西斯同盟）投降一事所引起的龃龉，确实反映了三大国关系存在不和谐的一面，但是苏联与英美之间的反应都表现得相当情绪化。

3月初,美国军方在意大利的战略情报局报告称,德国党卫军将领卡尔·沃尔夫愿意到瑞士伯尔尼与英美盟军代表商谈意大利北部德军的投降事宜。12 日,美国驻莫斯科大使哈里曼向莫洛托夫通报了这件事。结果,西线德军投降问题的接触与交涉最终未有实质性的进展,可是美英苏却从 3 月 12 日至 4 月 4 日在高层之间闹了将近一个月的不愉快。

有几个因素可以圈点一下:首先,从有关资料和各种迹象来判断,这件事显然是一些德军将领试图利用投降方式来离间盟国关系。事实上在德国最后投降过程中,当苏军与英美盟军形成最后的一个较为狭窄的夹击态势时,一些德国部队故意选择向英美投降,英美也都承认这个事实。其次,苏联则表现得过于敏感,反过来加深了英美高层中的对苏强硬派的反感,斯大林和莫洛托夫显然不善运用"有理、有利、有节"的策略,一再发出不信任的声音。再次,英国出于自身利益考虑以及英苏在争夺中欧和东欧的占领区与停火线的过程中正在形成积怨,使得英国越来越不耐烦,日益显示出自行其是甚至故意搅局的倾向;"丘吉尔从 1945 年 3 月 8 日至 4 月 12 日给罗斯福接连发出 13 封措辞强硬的信,给罗斯福上了一堂政治教育课。"(保罗·约翰逊:《现代:从 1919 年到 2000 年的世界》下卷,李建泽等译,江苏人民出版社,2001 年,536 页。)而英美特殊关系的客观存在,也加深了斯大林对美国的疑虑,使罗斯福的解释一时难以奏效。最后,所谓罗斯福为此感到恼火甚至愤怒了,更多的是体现了罗斯福身边的高级助手的"恼火与愤怒"。在李海、哈里曼的回忆录中,都把斯大林和莫洛托夫言辞尖锐的质疑视做对美国的侮辱,主张以强硬的姿态予以反驳。丘吉尔也要求罗斯福不要容忍这种侮辱,并乘机挑拨美苏关系,他说:"我认为,在此时刻,我们两国采取一种坚定而强硬的立场是极其重要的……如果他们认为,我们是害怕他们的,是可以通过恫吓将我们制服的,那么,我将完全失去与其保持关系的信心。"(威廉·李海:《我在现场》,马登阁等译,华夏出版社,1988年,

360页。）于是，罗斯福指示陆军参谋长马歇尔和白宫参谋长李海以他的名义共同拟定给斯大林的回电，以强硬的口气做出解释，双方电文数次往返。

其实，这场“口水仗”也说不上是实质性问题的冲突，斯大林是因为担心西线德军与英美盟军妥协之后，德军会把兵力集中部署到东线，从而言辞反应激烈。对于这样的担心，英美需要一些耐心加以安抚。可是，丘吉尔本人和罗斯福身边一些主张对苏强硬的助手对这样的言辞就借机“上纲上线”，试图影响罗斯福的对苏决策。

罗斯福去世前一个星期，斯大林与罗斯福冰释前嫌。4月7日斯大林打电报向罗斯福保证，他从未怀疑总统的诚实和对他的信赖。罗斯福于4月11日复电对斯大林的信任致谢，并表示：“无论如何，在我们之间不存在任何相互怀疑，今后诸如此类的小误会也尽量避免发生。我深信，你我两军会师德国联合进攻之日，将是纳粹军队彻底崩溃之时。”（威廉·李海：《我在现场》，马登阁等译，华夏出版社，1988年，361页。）

4月12日，这个许多人并不特别关注的日子，却是对战后世界历史有着极不寻常意义的日子，罗斯福发出了他一生中的最后一份电报，指示哈里曼大使，把伯尔尼误会当做一桩小事来处理。这里有一个小插曲，哈里曼在把4月11日罗斯福的电文转交斯大林之前，打电报建议总统把“诸如此类的小误会”的“小”字去掉，因为哈里曼认为这次“误会”性质相当严重；“罗斯福大不以为然。他……指示哈里曼对他致斯大林的电文不做任何变动：‘我不想删去「小」字，把伯尔尼误会看做一个小小的插曲是我的愿望。’这份来电签发日期为1945年4月12日。”（艾夫里尔·哈里曼，伊利·艾贝尔：《哈里曼回忆录》，吴世民等译，东方出版社，2007年，525页。）

当日下午三点多，罗斯福总统在佐治亚温泉休养地突发大量脑溢血，四点半离开了人世。他身后的继任者最终把他的目标和安排变成了大国关系史上的“绝唱”，他的“理想”被彻底地“理想化”而定格了。至此，有一点我们是可以明确的，即任何宣称罗斯福去世前夕已经无法容忍甚至已经非常讨厌斯大林的说法都是毫无根据的，罗斯福对美苏合作的信心并未受到多大影响。

罗斯福逝世后世界历史的演变结果，注定会让他的令人崇敬的灵魂不得安宁。

杜鲁门为何终止罗斯福的美苏长期合作关系

作为罗斯福的总统职位的第一宪法继承人、同为民主党人的杜鲁门为什么没有继承与延续罗斯福建立起来的美苏长期合作关系？显然，这是一个颇为复杂而难以进行充分论证的问题。但是试图从意识形态领域的思维与角度去寻求解答的做法是非常值得商榷的。

严格来说，杜鲁门处在这个历史的关键节点上继承罗斯福政府的衣钵存在种种缺陷与不确定因素，加上杜鲁门必然会形成其自身的执政风格与特点，这就为杜鲁门时代的美苏关系留下了诸多变数。这些统称为不确定的因素显然要比仅仅从意识形态角度去观察与解释杜鲁门为美国、也为美苏关系带来的转变要复杂得多。对此，我们从五个方面来加以分析：

第一，杜鲁门的对苏态度与立场决定了他的政府不会信任苏联，也无意谋求与之进行长期合作。虽然杜鲁门的职位制约着他的决策必须在一个更高的层次和更高的视野去作考虑，但是他个人的态度与立场，使他在选择任命顾问和智囊班子，以及在筛选决策建议时，受到他的个人倾向的影响。

还是任职参议员时候的杜鲁门在苏德战争爆发后不久就公开宣称：“如果我们看到德国正在赢

得战争，我们应该帮助俄国；而如果俄国正在赢得战争，我们就应该帮助德国……让他们尽量去残杀。”（转引自托马斯·帕特森等：《美国外交政策》下册，李庆余译，中国社会科学出版社，1989年，530页。）显然，他对苏联没有好感，他希望德国和苏联两败俱伤。

那么，杜鲁门是否当上了总统之后就会改变立场呢？事实上没有改变。他当上了白宫的新主人之后就在日记中写道：“我对任何极权主义国家都不信任，不论是俄国、德国、西班牙、阿根廷、意大利或日本。”（沃尔特·艾萨克森等：《美国智囊六人传》，王观声等译，世界知识出版社，1991年，254页。）

1945年4月下旬，杜鲁门对自罗斯福去世后首次回国述职的哈里曼说，他不怕苏联人，因为“俄国人需要我们，甚于我们需要他们”，他宣称并不指望美国建议的事项能够百分之百地获得苏联的赞成，但是他“希望能得到百分之八十五。”（艾夫里尔·哈里曼，伊利·艾贝尔：《哈里曼回忆录》，吴世民等译，东方出版社，2007年，533~534页。）摆明他首先要在气势上压制住苏联。问题是，斯大林又岂是一个愿意为了区区百分之十五的话语权去乞求美国合作的人！

第二，作为罗斯福新一届政府的正式成员还不到三个月，杜鲁门就仓促上任为总统。他不但未参与整个战时罗斯福政府的对苏战略的决策，甚至就是雅尔塔会议在美国内部的决策过程以及会议所达成的有关协议，看来杜鲁门在短时间内都很难完全熟悉和掌握。至于其中的战略思路问题的领会就更加复杂了。

杜鲁门在卸任后所写的回忆录中，宣称：“我一向是全力拥护罗斯福的国内外施政纲领的。”（哈里·杜鲁门：《杜鲁门回忆录》第一卷，李石译，世界知识出版社，1964年，5页。）上任头几天，他首先召见国务卿爱德华·斯退丁纽斯以及出席过德黑兰会议和雅尔塔会议的罗斯福随员詹姆斯·贝尔纳斯和翻译查尔斯·波伦了解上述会议情况。这几个人都不是罗斯福所倚重的主要外交顾问，即使是身居要职的斯退丁纽斯本人，罗斯福的一些对苏关系的重要安排也没有让他参与,甚至秘而不宣,比如关于苏联对日作战的谈判与协议内容。(艾夫里尔·哈里曼,伊利·艾贝尔:《哈里曼回忆录》,吴世民等译,东方出版社,2007年,478页。)据继续担任新总统军事顾问的李海在回忆录中记述,杜鲁门也向他本人了解过雅尔塔会议的有关情况。

斯退丁纽斯提供给杜鲁门的第一份外交问题简报有关苏联及东欧的简要外交政策说明都是在批评苏联的立场与行动。按照杜鲁门在回忆录中的记述,他花工夫重点研究的第一件与苏联有关的外交事务就是波兰问题。(哈里·杜鲁门:《杜鲁门回忆录》第一卷,李石译,世界知识出版社,1964年,14~17页。)这也就难怪4月23日,他会见到访的苏联外交人民委员莫洛托夫时以逾越外交礼仪的激烈方式当面指责苏联在波兰的政策与措施,以至于赞成提升对苏强硬立场的哈里曼也觉得杜鲁门的做法是一个错误。

杜鲁门上任伊始,处理对苏事务就显得生硬而草率。还有另一件事情可以说明这个问题:1945年5月12日,即德国投降四天之后,杜鲁门在事先未通知苏联的情况下,就下令终止运送租借物资给苏联,"已经装船的货物被卸下,开赴俄国的船只被中途召回。"(小查尔斯·米:《幕前交易——三巨头波茨坦会晤纪实》,扈春生译,香港天地图书有限公司,1979年,19页。)此后连同一些其他事情,双方都互相指责对方违背了雅尔塔达成的有关协议。

由于杜鲁门开始有意疏远苏联的做法招致了罗斯福老班子一些要员的劝阻与进言,于是杜鲁门同意派罗斯福最亲密的政治顾问之一、曾经多次出使莫斯科并给斯大林及莫洛托夫留下好感的哈里·霍普金斯抱病最后一次出使苏联。这实际上是霍普金斯主动请缨的一次"补漏"之旅。

5月25日至6月7日,霍普金斯在哈里曼陪同下与斯大林及莫洛托夫进行了六次会谈。斯大林抱怨已经明显看到"美国对苏态度冷淡下来",租借物资被削减,甚至到岸之后被收回。霍普金斯"承认船只卸下物资又收回一事纯属技术性错误,而且已经迅速纠正。”（王绳祖主编:《国际关系史》第六卷,世界知识出版社,1995 年,365 页。）斯大林表示,运送给苏联的租借物资不是不可以削减，而是不与苏联沟通的单方面行动的处理方式难以接受。事实上,罗斯福时期曾经承诺,在苏联对日作战的准备阶段,继续向苏联运送租借物资。杜鲁门在租借物资问题上的“技术性错误”,并不是因为新总统不了解协议的原因造成的,显然是想亮些手段让苏联看看。同时这件事也透露出一个信息,那就是杜鲁门不会像罗斯福那样“慷慨大方”,俄国人想从美国那里捞取好处,没机会了！哈里曼言简意赅地指出杜鲁门与罗斯福行事方式的差异:“罗斯福的‘拿不准时,照给’的政策,已颠倒为‘拿不准时,扣住’了。”（艾夫里尔·哈里曼,伊利·艾贝尔:《哈里曼回忆录》,吴世民等译,东方出版社,2007 年,549 页。）

霍普金斯这次莫斯科之行,双方相互倾听了对方的解释,暂时消除了“误会”,同时商定了三国首脑会议（即稍后举行的波茨坦会议）的有关安排。但是美苏双方不愉快记忆的“闸门”已经打开。

第三,杜鲁门在组建自己的政府班子时具有迅速“去罗斯福化”的色彩,尤其是深得罗斯福倚重的几大要员的先后离去,这就使得其对外政策的“非罗斯福化”的风格形成只是迟早的事情。

在杜鲁门理所当然要改组的政府班子中,继续起用、重用罗斯福的主要顾问和主要内阁成员就可以基本延续罗斯福的内外政策和对苏政策,至少会有一个比较平缓的过渡阶段,这对于缺乏行政和外交经验的杜鲁门来说是符合逻辑的。苏联最初确曾对杜鲁门会继续推行罗斯福的政策抱有信心,在莫洛托夫深夜获悉罗斯福去世消息时,仍坚持立刻到美国大使馆向哈里曼表示深切的哀悼,哈里曼向他保证,新总统会继续推行罗斯福的政策,莫洛托夫说:“苏联政府定会信任杜鲁门总统，因为他是罗斯福总统选中的人。”（艾夫里尔·哈里曼,伊利·艾贝尔:《哈里曼回忆录》,吴世民等译,东方出版社,2007 年,526 页。）斯大林在 4 月 13 日晚会见哈里曼时也表达了对此有信心的想法。

在杜鲁门宣誓就任总统的那个晚上，他让白宫秘书斯蒂夫·厄尔利告诉等候在白宫门外的新闻记者："我将尽力按照我相信罗斯福总统会做的那样做下去，为此，我已经要求内阁留任。"（哈里·杜鲁门：《杜鲁门回忆录》第一卷，李石译，世界知识出版社，1964年，4页。）但是，事实很快就证明杜鲁门只不过是利用罗斯福的威望来装点门面而已。

罗斯福去世前的政府决策班子中，涉及对外政策和军事事务方面的核心人物主要有号称"影子总统"的哈里·霍普金斯、财政部长亨利·摩根索、商务部长亨利·华莱士、国务卿爱德华·斯退丁纽斯和白宫参谋长威廉·李海、陆军部长亨利·史汀生、海军部长詹姆斯·福雷斯特尔、陆军参谋长乔治·马歇尔、海军作战部长欧内斯特·金，以及在对苏关系中发挥重要作用的艾夫里尔·哈里曼和约瑟夫·戴维斯等。

杜鲁门履新次日约见有多年交情的贝尔纳斯时，就已经决定在旧金山联合国制宪大会之后，让他接替斯退丁纽斯出任国务卿。据《时代》杂志说，人们把贝尔纳斯视为"政客们的政客"，是一个官场交际的老手，他当上国务卿之后，国务院的职业外交官员则嘲笑他缺少修养，对外国的情况十分无知。（小查尔斯·米：《幕前交易——三巨头波茨坦会晤纪实》，扈春生译，香港天地图书有限公司，1979年，5~6页。）

哈里曼认为，"霍普金斯对总统意向领会之深，是任何其他同事所不及的。他身体虚弱，致使居丧的政府在把握罗斯福有关未来麻烦的和平的思想时失去了可靠的向导。"（艾夫里尔·哈里曼，伊利·艾贝尔：《哈里曼回忆录》，吴世民等译，东方出版社，2007年，530页。）病情严重的霍普金斯，从莫斯科出使回国后于7月2日就辞去了政府职务。事实上，据哈里曼所言，杜鲁门并不欣赏和信任霍普金斯。霍普金斯这样的离开方式最合杜鲁门的心意，于是顺势褒奖一番，1945年9月，霍普金斯最后一次赴华盛顿，接受杜鲁门颁发的优异服务勋章。次年1月29日，霍普金斯病逝。

至1945年6月底，杜鲁门已经更换了罗斯福内阁的四名较次要的阁员。就在斯退丁纽斯和霍普金斯离开的同时，罗斯福的另一个干将摩根索也在杜鲁门的暗示之下于7月5日辞职。杜鲁门在挑选出席波茨坦会议的随行人员时，“为了把亨利·摩根索排除在外，总统在‘奥古斯塔号’启碇前几天‘接受了他的辞呈’。”由于“摩根索迟至1945年7月还在打第二次世界大战，因此获准辞职。”（小查尔斯·米：《幕前交易——三巨头波茨坦会晤纪实》，扈春生译，香港天地图书有限公司，1979年，16~17页。）摩根索主要是因其对德国和苏联的政策主张而被赶走的。

作为罗斯福阁员中坚定支持罗斯福对外政策的另一个重要人物、前任副总统华莱士留在杜鲁门政府班子的时间较长。他不断地批评杜鲁门的对外政策，尤其是1945年的对苏强硬外交和1946年的对苏遏制战略的酝酿。1946年9月12日，华莱士在纽约麦迪逊广场公园公开演讲，他警告，美国如果改变罗斯福的外交政策可能会导致第三次世界大战。这次演讲八天后杜鲁门解除了他的商务部长职务。而哈里曼则由于杜鲁门实际上已经终止了罗斯福的对苏政策，也于1946年1月离职回国，后来杜鲁门任命他接替华莱士出任商务部长。

至此罗斯福决策班子中的对苏温和派基本被清除，原来以主管战争事务为主的军人集团和相关军事部门的主管官员如李海、马歇尔及福雷斯特尔等则在战争结束阶段及战后初期被更多地延揽到外交决策程序中来。

第四，杜鲁门本人及其新的顾问班子显然没有了罗斯福政府的战略思维和战略前瞻性。罗斯福的给世界五十年和平的构想与承诺，还有终结欧洲支配近代以来三百年国际事务的外交思维方式以及欧洲列强的大国霸权模式——以有限实力争夺势力范围，并未得到继承。可以这样说，杜鲁门政府挟超级大国的实力却走回了欧洲的老路。

战时的罗斯福及其顾问班子，一直在引导作为欧洲老式政治家的丘吉尔和斯大林能够理解和配合美国正在创新的战略思维与战略构想。事实上,杜鲁门及其重新整合之后的顾问班子,更属于欧洲老式外交的倡导者与实践者。从某种意义上来说,杜鲁门作为已经成为超级大国的美国领导人,与罗斯福不是一个战略层次上的相同级数的人物;而与老练的欧洲老式外交的佼佼者丘吉尔相比,杜鲁门又是一个新手,也不是一个相同级数的人物。因此,人们惊奇地看到,恰恰是丘吉尔利用了杜鲁门的这个特点,引导着杜鲁门入瓮,走上了全面遏制苏联的道路。

尽管杜鲁门既无内政上骄人的经历,也没有外交上的丰富素养与经验,作为实力盖天下的超级大国领导人,显然不是一个理想的总统人选。但是杜鲁门在美国立国史上的四十几名总统中获得国民的评价还不算太差。

显然,杜鲁门自有其作为国家领导人的才华和能力,他的顾问班子中也不乏才子。诸如迪安·艾奇逊,在杜鲁门执政初期从助理国务卿升迁副国务卿,并于1949年1月杜鲁门的第二个任期开始时,被任命为国务卿,艾奇逊被认为是杜鲁门任内四名国务卿中最出色的。(英国利物浦大学米歇尔·霍普金斯教授2008年9月23日在华讲学,题目是《冷战时期的美国国务卿与美国对外政策》,http://www.coldwarchina.com/yjck/wzgg/002428.html.)同时,杜鲁门还注意任人唯才,起用了共和党人、有外交界才子之称的约翰·杜勒斯作为国务院政策顾问,此人在1953年1月艾森豪威尔共和党政府建立时,也被委以国务卿职务。还有一个值

杜鲁门重用了原外交官中尚未崭露头角的乔治·凯南,从而成就了凯南作为美国最负盛名的“苏联通”和“冷战理论大师”的“美名”。

1945年秋，马歇尔将军退役后不久就被杜鲁门委派为总统特使赴中国调停国共关系，使命失败后于1947年初回国，即复接替贝尔纳斯出任国务卿，任内由其公布推出著名的“马歇尔计划”，成为冷战时代的军人政治家。

得一提的人物，这就是乔治·马歇尔将军，从1939年开始到战争结束的1945年，马歇尔一直担任美国最高军职——陆军参谋长，其任内美军规模（包括陆海两大军种，此时空军尚未成为独立军种）从不到四十万人扩充到一千一百多万人，其中陆军系统约八百万人，海军系统约四百万人。而李海一直到1949年3月21日为止都是杜鲁门所器重的外交与军事顾问。

不管杜鲁门起用或重用了什么人物，总体而言，杜鲁门的决策班子显然没有罗斯福决策班子那样的战略眼光与前瞻性，而这种缺失首先表现在杜鲁门本人身上。如果说，杜鲁门在外交上有什么值得一提的“战略创新”或外交建树上的“突破”的话，那就是灾难性地把意识形态的歧见引入到外交决策领域。

第五，战争结束阶段，美苏关系正在从战时盟友转变为现实的国家利益的竞争者，对特定外交事件的处理方式和处理风格，必将严重制约着杜鲁门形成其自身何种特色的对苏战略，这一点充满着不确定性与重大变数。

这能够用来解释为什么罗斯福在东欧事务特别是波兰问题上可以谅解或曰“迁就”苏联的事情，杜鲁门却又何以不依不饶，这其中最根本的差异因素就是对苏战略的定位和相关政策的出发点。“大多数国家在大多数时候自然会有不同的利益……外交工作的任务是缓和抑或加深这些分歧，则取决于其目的是合作还是对抗。”（小查尔斯·米：《幕前交易——三巨头波茨坦会晤纪实》，扈春生译，香港天地图书有限公司，1979年，1页。）

前面我们已经解释过,给世界五十年和平的总体构想,必然要求主要大国之间有效地消除或阻止有可能破坏世界和平的"潜在破坏者",而这样的破坏者只能是包括美国自己和苏联在内的有雄厚实力的大国。因此,罗斯福以颇具说服力的方式,创设了大国合作框架和合作模式来提供基本保障。我们强调杜鲁门的决策班子不具有这样的战略思维和战略前瞻性,这就意味着杜鲁门不再继承罗斯福的给世界五十年和平的承诺,不再受此承诺的约束。没有了这种"大国的道义责任"的约束,现实的外交方针必然只服从于单方面的现实的利益需要,并且自然地很容易把苏联放在欧洲传统外交思维下的潜在的也是现实的战略竞争对手乃至于战略上的假想敌来对待。在罗斯福的世界战略构想中,苏联也可以看做美国的头号战略竞争对手,一种需要上升到战略层面加以高度重视的合作伙伴,因为罗斯福很清楚,他的构想不可能建立在美国"单方面行动的体制"上。

罗斯福曾经认为,雅尔塔的有关决议"理当意味着单方面行动的体制,排他性同盟,势力范围,力量均势,以及数百年来屡试无效的一切其他权宜之计的终结。"所以,他宣称雅尔塔会议是"一个转折点——我期望对我们的历史,从而对整个世界的历史都是如此。"(艾夫里尔·哈里曼,伊利·艾贝尔:《哈里曼回忆录》,吴世民等译,东方出版社,2007 年,500 页。)苏联如果不与美国合作,就可以成为和平的"潜在破坏者",同理,美国也一样。战争结束之后,或者说,波茨坦会议以后,三大国——苏联为一方,英美为另一方,越来越热衷于单方面行动,就标志着雅尔塔的合作框架正在瓦解。

综上所述,杜鲁门时代就是一个"非罗斯福化"的时代,它将沿着"对苏强硬外交——对苏遏制——对苏冷战"的外交决策轨迹去应对和重塑战后具有全局影响力的大国关系,从而重回到罗斯福所诟病而力图规避的单方面行动体制,并在构建排他性同盟的同时追求力量均势格局中的相对优势。至于苏联,在斯大林优先考虑战后的安全利益和地缘政治利益方针驱使下，坚持集中其战略资源与力量全力经营苏联周边地区的势力范围，并未把与美国的“大国合作”放在首要位置，或者说斯大林是把上述利益的实现作为与美国保持长期合作的前提。面对杜鲁门的强硬挤迫，斯大林的反应先是失落与无奈，其后是奋起反击，针锋相对。于是，两大强权迅速地动用其国家实力和在意识形态领域的号召力，组建两大排他性的对立联盟，形成了战后的两大阵营格局。

意识形态信条成为组建阵营的“旗号”，并且作为浅表的保护色，国际政治行为上的结盟才是组建阵营的外交目标，而阵营要发挥的功能就是配合业已展开的美苏两大主导型国家的对峙。这就是战后东西方两大阵营产生的历史根源。

意识形态渗入对外战略及外交决策机制

20世纪英国富有国际声望的历史学家阿诺德·汤因比是一名有关世界各文明形态的研究权威，他指出：“现代西方民主观念已把基督教四海之内皆兄弟的思想，应用到了实际政治生活当中。但这种新型的民主观念，在西方世界的政治实践中，却表现为不是兼爱和人道，而是部落意识和穷兵黩武。”（阿诺德·汤因比：《历史研究》，刘北成等译，上海人民出版社，2000年，8页。）汤因比所指摘的这种现象与状况，由第二次世界大战后的“盛行民主”的当代历史，做了更加充分的注解。

欧洲人创设了近现代世界的前三个国际体系——威斯特伐利亚、维也纳和凡尔赛体系，提出了主权理论和国际法原则，包括许多今天国际社会仍然奉为圭臬的原则，还有天赋人权、民主代议制等政治哲学原则。谁也不能否认，欧美各国，在近现代数百年的社会发展中不断走向各国内部社会的民主化和开明化，这也正是所谓西方文明引以为自豪之所在。同样，谁也不能否认的是,正是这些倡导“天赋人权”“民主”的“独立国家”,在国际社会、在它们国家的外部世界推行的却是“部落意识和穷兵黩武”;当欧美各国的人民获得基本人权的历史过程,却正是欧洲对外殖民掠夺、殖民奴役与杀戮的国际人权的灾难过程;当欧美基督教国家倡导宗教信仰自由的过程,也正是非基督教信仰者被视为“异教徒”甚至是没有信仰的“野蛮人”的过程。由欧洲主导的时代,当欧美各国确立了民族自决权以及在国际多边交往中推行“非战”原则的过程,恰恰是亚非拉众多古老国家和民族丧失民族自决权以及多次蒙祸于欧洲所挑起和发动的战争的过程。所有这一切,只因为存在一个称为国家界限的差别,或者说,这是强势国家确立的“部落”规则。近代以来的整部“野蛮”外交史,国际社会的人们无可奈何地接受了“内外有别”这一“国际惯例”。

鉴于欧洲人做不到“知行合一”,因此欧洲各国的外交决策者在外交的决策机制上向来也就不在意识形态问题上做出自欺欺人的铺排。欧洲人信奉的是实力政治原则,“强者为王”。

既然在国家利益的博弈上,不要弄意识形态手段的“国际惯例”具有悠久的历史传统,那么,第二次世界大战后抛弃这一传统,是不是一种时代的进步、历史的进步呢?

美国历史学家斯塔夫里阿诺斯指出:“第二次世界大战后,由于在传统的权力斗争中新增加了意识形态方面的争端,权力关系再调整也就变得更复杂,更危险。”(斯塔夫里阿诺斯:《全球通史》下册,董书慧等译,北京大学出版社,2005年,749页。)事实上,国际权力斗争之所以“变得更复杂、更危险,”是因为它增加的是一种没有约束规范的、无法避免争端的“单方面行动”方式。

这种性质的行动方式,在欧洲中心时代之所以无法确立或流行起来,有一个至关重要的因素,那就是欧洲是列强并立的力量结构,不具备鹤立鸡群的单一国家的绝对实力优势,这符合欧洲国家信奉实力的思维逻辑与行事原则。一个实力相对有限的国家，却试图把自己所看重的意识形态价值观强加于其他国家，其结果只能是挑起不必要的争端，这种损人不利己的事情，已经不是零和游戏，而是零负游戏。假如施压对象是一个落后的、未现代化即未工业化的国家，这无异于对牛弹琴，用意识形态的信条去压服一个处于传统农业社会的国家是无效的；如果施压对象是一个具有一定实力的现代化国家，那么以这种方式不惜树立势不两立的敌人是极不明智的。

如此看来，能够毫无顾忌地把意识形态观念引入到外交领域的，只能是实力超群的、具有全球性主导能力的、谁也不放在眼里的超级大国。

严格意义上来说，战后初期的苏联，还够不上超级大国的称号，可以把苏联看成一个准超级大国。毫无疑问，苏联的宣传机构和国家的内部政策以及对待国际共产主义运动的政策都有着浓厚的意识形态情结，但是斯大林及苏联其他领导人在外交场合以及处理外交问题时，却是不折不扣的现实利益的追求者。事实上直到第二次世界大战结束，苏联的所谓意识形态“外交”有一个鲜明的特点，它推行的对象基本上都是属于非执政地位的、比较落后的国家和地区的政治力量，而背后追求的仍是现实的国家利益。而在面向实力强大的欧美地区的外交事务中，苏联在早期单方面推行“人民外交”遭到抵制之后，并不再直接坚持这种做法。说到底，在欧洲中心时代，苏联很现实，在它主导不了国际外交主流的环境下，硬要推行意识形态外交只能是徒劳的。所以，苏联有把意识形态主张推及外交领域的动机和局部推行于其周边国家的行动，却不具备引领这种外交的能力。但是，西方国家长期认为，苏联利用对外关系进行意识形态的扩张，这种认定，与其说是西方国家受到了威胁或者受到直接伤害，不如说是西方国家看不惯乃至于不能容忍苏联的做法。

在斯大林—杜鲁门时代，一旦意识形态信条成为一种外交政策工具，对于苏联这样缺乏决策透明度和决策程序化机制的国家来说,显然有着某种更加突出的优越性。正如这几十年来人们广泛引用斯大林在战争末期对东欧领导人所说的一段话:“这次战争和以往战争不同,谁解放的领土,谁就能把自己的社会制度推行到他的军队所到之处,绝不可能不是这样。”(刘金质:《冷战史》上册,世界知识出版社,2003年,53页。)然而,人们对这段话大多只是望文生义地作意识形态的制度扩张解读,而忽略了其地缘政治方略,即苏联出于战后的安全利益和经营周边战略缓冲地带而扶植亲苏政权这一更具说服力的含义。也就是说,苏联的意识形态不允许它对外把自己的外交动机做过于露骨的现实主义直白,而需要一种意识形态性质的道德粉饰。另外,这段话用来指作为解放者的英美军队同样合适,例如在意大利和法国,在那里占有优势地位的共产党政治势力最终被压制下去。在西方的另一个表达方式就是:“第二次世界大战后建立的新秩序严格按照‘谁的地区,就推行谁的宗教’的老原则办事。”(彼得·本德尔:《盘根错节的欧洲》,马灿荣等译,世界知识出版社,1984年,84页。)但是我们知道,问题的本质并不在于“宗教”本身而在于“谁”为什么要这样做。

那么,作为唯一的超级大国,“美国经过第二次世界大战,在其历史上第一次成为全球性大国。美国外交家自己意识到他们至高无上的权力,试图利用它形成一个倾向于美国的战后世界。”(托马斯·帕特森等:《美国外交政策》下册,李庆余译,中国社会科学出版社,1989年,601页。)美国是一个把意识形态信条与其现实的对外政治、经济利益纠合在一起的国家,而且“美国的意识形态把政治和经济信条结合在一种‘和平与繁荣’的哲学中”。

形成这样的哲学有其一定的历史根源,即与世界上大多数国家的民族和文化传统的定位不同,美国社会是由分散的种族血缘、零碎的历史经验以及多元复杂的文化小溪流组合而成。美国人选择了一个宽松而包容的方式去逐步整合出一个具有美利坚民族特点的新文化系统和形成美利坚民族的共同文化心理。这个过程基本上是在工业化中完成的。而毫不夸张地说,美国是迄今为止国际社会进行工业变革的最成功的经典范例。把政治上的民主化和商业社会的功利追求结合在一起造就了人人都可以拥有"美国梦"的整体意识的形成。国家的凝聚力就依托于国民对共同生活方式和社会整体上所推崇的价值观的高度认同之上。于是"美国人早就相信,他们之所以繁荣是因为他们民主,而他们之所以民主是因为他们繁荣"。这使得许多美国人很难理解和明白世界上那些背负着沉重的人口与资源、历史与文化包袱的国家和民族实现现代化的艰巨性。美国的"进步性"与非欧美国家的"落后性"在美国的政治家、传播媒体和普通美国人的直观比较中,在一个人类发展史上只能说是短暂的过程中就形成了"美国把世界分成罪恶与美德两个极端的传统"。(J.斯帕尼尔:《第二次世界大战后美国的外交政策》,段若石译,商务印书馆,1992年,42页。)这种美国式的国际政治意识在美国尚未成为超级大国以前还没有多大的"杀伤力"。而像罗斯福这样的强势总统则能够务实地加以区别对待。

战争结束时在政治、经济、军事和科技上的优势"鼓励华盛顿行使它的权力"。于是杜鲁门政府相信,"战后时期似乎是把美国的'和平与繁荣'的概念变为世界生活方式的大好时期——一个表现美国传统的扩张主义的时代"。(托马斯·帕特森等:《美国外交政策》下册,李庆余译,中国社会科学出版社,1989年,602页。)正如一位美国传记作家

杜鲁门个人性格上的好斗也促使他要在意识形态和国际威权上压制斯大林。

写道,杜鲁门有“代理商那种坚定不移的精力,河船上赌徒的那种沉着和鲁莽”,以及矮脚公鸡的那种“好斗”。(转引自托马斯·帕特森等:《美国外交政策》下册,李庆余译,中国社会科学出版社,1989 年,603 页。)

当国家交往失去了基本的信任,龃龉和争吵必然会逐渐变成常态。在这个过程中,现成的社会制度与意识形态差异就会进一步助长对立情绪,促使双方把意识形态主张的歧见引入到外交决策之中。

雅尔塔框架协议要真正得到尊重和有效的执行,就必须有罗斯福和斯大林的共同控盘去把握好执行中的分寸。杜鲁门一上台就不断指责苏联破坏了一系列的雅尔塔协议,显然这已经游离于把握好分寸的尺度之外。许多原先多少有点官样文章的东西,戴上了意识形态的有色眼镜之后再看,就读出新的意思来了,例如《关于被解放的欧洲宣言》。当然,国际外交协议当事方在解读其含义时往往选择有利于自己一方的解释,这里有着比意识形态观念更广泛的文化差异。但是,变形走样最厉害的往往就是意识形态视角的解读。这种情况在一个国家内部的政策文件的解读上同样如此。

我们来分析一个样本:波茨坦会议召开前夕,罗斯福的老顾问约瑟夫·戴维斯在写给新任国务卿贝尔纳斯的一份备忘录中说道:“任何一国的对外政策, 大体上无非是做出一些规定来指导这个国家同疆界外的国家和人民的关系。这些规定的宗旨……是防止外部侵害,保护本国人民;其次,在和本国的繁荣幸福不相矛盾的情况下增进全世界总的福利和维护正义。首先关心的是防止有形的入侵、袭击或奴役……其次的目的是保持本国人民的生活水准和生活方式。”实际上,戴维斯这份备忘录是在给新国务卿“扫盲”,规范的外交现实主义读本,他接着提出:“我们应当宣布,美国不会试图把它的政治、宗教或社会思想强加给其他国家的人民。”在这篇打字稿交给贝尔纳斯之前,戴维斯似乎觉得遗漏了点什么，于是手写接上这么一句话“然而，不允许任何侵略者通过内部或外来的侵略强迫其他国家接受其思想。”（小查尔斯·米：《幕前交易——三巨头波茨坦会晤纪实》，扈春生译，香港天地图书有限公司，1979年，14~15页。）那么，如何解读戴维斯最后两句话呢？

首先，戴维斯的这份备忘录并不是建议贝尔纳斯要在波茨坦会议做出“美国宣布”什么的承诺，但是，美国如果表达不会将其意识形态和政治主张强加给其他国家的人民的立场，则诚如小查尔斯·米所说那样，戴维斯“认识到最后这个观点对美国卷入世界其他地区是个有力的限制，于是他提笔在打字稿上添了一段话”。（小查尔斯·米：《幕前交易——三巨头波茨坦会晤纪实》，扈春生译，香港天地图书有限公司，1979年，15页。）这是一种外交伎俩，为自己的政策和行动留下一个回旋余地。

其次，戴维斯备忘录中的“侵略者”与思想强制是在明指或暗喻谁呢？显然在美国，通常都认为是警告和指责苏联在其周边国家和东欧的政策与行为，即使像小查尔斯·米这样对杜鲁门外交持直率批判态度的学者也认为“戴维斯补充的这一想法精炼地概括了今后数十年美国对外政策的基本原则。”（小查尔斯·米：《幕前交易——三巨头波茨坦会晤纪实》，扈春生译，香港天地图书有限公司，1979年，15页。）我们认为，这是一种误读，也是出自冷战思维的一个小小的典型范例。何以见得呢？有几个重要因素必须考虑：一是戴维斯是罗斯福班子中最老资格的“知苏派”和对苏温和派，他在30年代后期担任美国驻莫斯科大使时甚至公开对苏联社会主义制度的一些做法持赞赏态度，他的立场使他后来在50年代初期麦卡锡主义盛行期间被戴上了“布尔什维克同情者”的帽子而备受指责；二是我们在论及丘吉尔鼓动对苏遏制问题时从所引用资料中可以看到，戴维斯对于丘吉尔的对苏指责大不以为然。这个备忘录与戴维斯6月初出使伦敦后所写报告的时间相距在一个月左右；三是此时距欧战结束才两个月左右，不但美国政府，就是丘吉尔本人也不敢公然指责苏联为“侵略者”，即使是内部文件也是如此，英美与苏联的关系还没有到撕破脸皮的地步。因此，戴维斯显然是在暗讽法西斯轴心国的基础上做出的一种泛指。

总之，冷战时代的意识形态偏见的泛滥程度已经到了令人吃惊的地步。

苏联的意识形态价值观早就直接作为制定外交政策的指导思想，但是它经常可以根据特定的现实利益泛化或淡化这种意识。苏德战争爆发的当天，斯大林就嘱咐共产国际主席季米特洛夫，“不要提社会主义革命的问题”。季米特洛夫当天就召集共产国际执委会会议，指出：“在现阶段，我们既不能呼吁在某些国家推翻资本主义，也不能呼吁进行世界革命。现在的问题是在某些国家进行反对民族压迫、反对占领者奴役制度的斗争和争取民族自由的斗争。”维护苏联的安全便成为斯大林时期苏联对外政策的最重要的战略目标。（张盛发：《20世纪上半叶“世界革命”的理论和实践问题》，载《东欧中亚研究》，1998年第3期。）斯大林在战时有一次对美国大使哈里曼说起苏联人民为谁而战的问题，他说：“我们未抱有他们在为我们战斗的幻想，他们在为俄罗斯母亲而战。”（引自J.布卢姆等：《美国的历程》下册第二分册，杨国标，张儒林译，商务印书馆，1988年，482页。）

正如前述，美国人在对外交往中也已经形成美国式的价值观意识，但也是一种较为泛化的主张。在战后美国的对外政策中正式把反共产主义这种特定的意识形态信条引入外交决策，见诸文献的，1946年2月22日乔治·凯南的八千字“长电文”可以视为开端。不过，凯南的电文属于政策分析建议，因此，同年9月24日总统特别顾问克拉克·克利福德在经过与决策高层多次酝酿商谈之后向杜鲁门总统正式提交了遏制战略的纲领性文件《美国与苏联的关系》，这份曾长期封存的长达50页的绝密文件，就成为美国外交的转折性标志。次年3月12日杜鲁门主义的出台，则是这种转折性外交政策的首次公开宣示。

"民意牌外交"方式的提出与运用

美国在第二次世界大战前已经存在"公共外交"的概念以及各种具有间接官方背景的民间外交问题活动组织,政府为达成某种政策与立法目标,会积极去导向公共媒体与公共舆论。作为与孤立主义外交相对应的美国"国际主义"(亦称"世界主义")外交理念的代表人物,伍德罗·威尔逊和富兰克林·罗斯福在总统任内都颇为重视去引导和影响公共舆论并制造民意效果,以此作为向孤立主义外交的堡垒——国会施加压力的重要筹码,迫使国会做出相应的立法调整而配合政府的相关政策。国际事务的公众教育被认为是威尔逊的国内改革的一大创新,"其出发点是威尔逊通报美国战时外交的想法以及让美国民众了解战争的重要性"。[孔华润(沃伦·科恩)主编:《剑桥美国对外关系史》下册,周桂银等译,新华出版社,2004年,44页。]不过,在威尔逊和罗斯福时期,"公共外交" 基本上还是在美国社会内部使用的政策工具或筹码。但是,第二次世界大战后,虽然美国人继续使用了"公共外交"的概念并继续作为一种内部的政策工具,可是随着意识形态观念被引入到外交决策领域,美国政府也就越来越多地把它作为对外关系的政策工具,作为对其他国家施加压力的筹码。为了区别于美国原来的"公共外交"的观念,我们姑且把后面这种现象称之为"民意牌外交"。

从政治学的角度来观察,对外关系与外交决策具有鲜明的特质,一是战略性,服从于国家决策层的外交战略定位与战略思维;二是专业性,有着诸多要素方面的考虑与限制;三是低透明度,决策过程的诸多考量不具透明度;四是策略性,外交策略或称外交伎俩的运用,虚虚实实,普通民众难以准确把握;五是国际规则运用的熟练度与经验积累。

然而,在美国存在两种大相径庭的看法来评估美国民众在美国对外政策制定中所起的作用。

一种传统看法是,“大多数美国的政治观察家以及大多数美国人的共识是,公众在美国对外政策制定中起的作用比较来说是无足轻重的……一种更为愤世嫉俗和苛刻的看法认为公众是一群易于受到政治精英们操纵的人”,这种状况令那些以美国是一个发达的民主社会而自豪的美国人颇受困扰,因为“如果公众的作用是微不足道的,公众完全受政治领导人的影响并易于被其操纵,那么美国对外政策的制定就不像看上去那样民主。”(杰里尔·A.罗赛蒂:《美国对外政策的政治学》,周启朋等译,世界知识出版社,1997 年,338 页。)

另一种较为“新颖”的看法认为,“公众对美国对外政策的整体作用只能根据不同类型的公众、信念和行为的相互作用来加以理解,”即“首先,存在着不同类型的公众:精英群体和大众群体。其次,公众成员持有不同类型的信念:意见、意识形态信仰和文化价值观。最后,公众是通过若干不同的行为发挥影响的:通过民意测验、参与选举和团体政治直接发挥影响,大多数人还可通过政治的社会化(人们相互影响的非正式过程,美国人由此获得他们的政治信念)间接地发挥影响。”(杰里尔·A.罗赛蒂:《美国对外政策的政治学》,周启朋等译,世界知识出版社,1997 年,340 页。)

显然,第二种看法试图以学究式的复杂学理剖析来消除第一种看法所产生的“民主精神”困扰。那么,是否关注精英群体和公众参与选举及大众的政治信念诸如此类的层面,就可以得出公众在美国对外政策的制定中发挥了恰当的重大影响呢?显然,作为民意专家的政治家可不敢掉以轻心,如此就宣称其制定对外政策已经具有充分而坚实的民意基础。所以,发挥在统计学上能够体现大众群体取向的“民意”表达方式,才是政治家会潜心鼓励的,借助于大众传媒的声音和广泛而频密的民意测验,让大众产生参与感,简单而具有“公信力”。

然而，在美国人看来，虽然“公众舆论反映了美国人的看法，而他们中的大部分对国家和国际事务兴趣不大，多数美国人是通过影响广泛的传播媒介来获得有关国家和国际事务的消息的”。“这种对国家和国际事务兴趣不高的情况导致并强化了……多数美国人对国家和国际事务知识贫乏。大众群体几乎没有关于政界的消息，而且他们所得到的消息大部分常常是简单化和不准确的。”（杰里尔·A.罗赛蒂：《美国对外政策的政治学》，周启朋等译，世界知识出版社，1997 年，344，346 页。）

以 1964 年的一次涉及亚洲重大事件的民意测验来看，对于美国各种媒体大加报道和分析的越南战争，仍有 25% 的美国人从没听说过，更有 54% 的美国人从没听说过毛泽东，也不知道他是中国共产党的领导人。在 60 年代初期，发生了第二次柏林危机和古巴导弹危机之后，仍有差不多一半的美国人无法合理描述“冷战”的含义，而有关地理知识方面的调查表明，只有 65% 的美国人能够在一张欧洲地图上找到英格兰，只有 60% 的人能够指出巴西在南美的位置，而只有不到 1/3 的回答者能够正确地确定其他的大多数国家的位置。

自从杜鲁门政府奉行对苏“强硬外交”，尤其是从酝酿、制定对苏遏制战略开始，美国当局就有意识地导向美国的公众舆论和所谓民意来支持政府的对苏冷战政策和相关举措。

战争结束前，美国的新闻媒体把苏联作为盟友来报道和评论的，还是占据主流。旧金山制宪会议期间，哈里曼故意把他对苏联的批评与指责，如指斯大林未履行雅尔塔协议，以及他的对苏强硬主张以不具名消息来源为条件透露给多家有影响的报刊，于是《新闻周刊》《时代周刊》等开始发起抨击苏联“背弃诺言”的攻势。也有些报社认为哈里曼居心叵测而没有遵守约定,捅出了消息来源,令哈里曼极为恼火。(艾夫里尔·哈里曼,伊利·艾贝尔:《哈里曼回忆录》,吴世民等译,东方出版社,2007年,544~545页。)凯南在他的八千字“长电文”中极力主张“必须努力教育我们的群众去了解俄国形势的真相……不能仅由报纸来做这件事。这主要应由政府来干。”(齐世荣主编:《当代世界史资料选辑》第一分册,北京师范学院出版社,1990年,62页。)这一主张后来吸收在1946年9月24日克利福德的《美国与苏联的关系》的报告称“为了有效执行对苏政策,美国政府应该协调自己各部门的行动,向美国人民发出有关苏联问题的通告和指示,在认识和信任的基础上争取他们的支持。”(齐世荣主编:《当代世界史资料选辑》第一分册,北京师范学院出版社,1990年,82页。)于是“民意牌外交”成为对外政策设计的一个组成部分。也就是先制造并且一直诱导公众舆论,形成公众意识,然后再以这种公众意识作为民意上升为外交决策依据,至此就形成了意识形态的假设或主张,升华为推行特定的具体的外交政策的所谓出发点。

使用笼统而简单的方式,就重大外交决策问题问策于民,以为国是,或是把经过外交决策者包装粉饰的外交意象诱导本国民意集体映射在预设的轨道上,乃醉翁之意不在酒,必然是另有所图。这种挟民意扯大旗的做法,从本质上说,与民主与否无关,更何况一国的外交决策过程民主与否,是一个国家的内部问题,对于其他被关联的国家并不是一个不可或缺的因素。其后再以这种简单的所谓本国民意,作为对外交往的一种资源与筹码,把本国政府的外交决策机制,当成一个制造法理和“崇高道德”的放大器,再向国际社会和其他国家施放强大的压力。如此所为,实质上只不过是意识形态价值观渗入外交决策机制之后的一种边际效应的释放方式而已。这类典型的单方面行动方式在机理和法理上都是站不住脚的,从建立国际事务的国际民主机制来说,则是歪曲和阉割了民主的真谛。

两大阵营建立的国际政治基础

第二次世界大战以剧烈的方式对原有的国际政治格局进行了颇为彻底的大洗牌，也对国际政治领域既存的世界秩序进行了猛烈的荡涤。美国和苏联赢了，整个欧洲输了。

近现代国际政治体系及其运行规则乃至所形成的秩序，原本皆发源于欧洲。随着后欧洲时代的到来，最令欧洲黯然神伤的变化恐怕就是欧洲从此丧失了国际事务的主导权。这种主导权即国际权力中枢通过第二次世界大战转移到欧洲两侧最具实力的大国——美国和苏联手里。战争后期，权柄在握的美苏领导人罗斯福和斯大林合力构建着眼于未来的“大国合作”的权力框架，并且期待在完善联合国的制度建设的基础上争取为国际社会至少维持五十年的和平局面。然而，罗斯福的过早逝世使得美苏联合行使国际事务主导权的进程随之戛然而止。杜鲁门执政之后的美苏关系迅速发生逆转，双方走上了分庭抗礼的道路而各自发挥其主导权，这就在很大程度上为两大阵营即两大排他性联盟的建立奠定了基础。有鉴于此，第二次世界大战结束前后，发生在国际政治领域的下列四个方面的变化就需要做出相应的视角解读了。

第一，欧洲中心时代的终结，两次世界大战是这个时代的最后篇章，欧洲传统均势格局的多力量结构解体。这为战后国际政治格局的两极化和产生东西方两大阵营的局面创造了历史前提。

在欧洲中心时代，欧洲区域的均势格局几乎可以等同于世界格局。欧洲列强的均势外交一直维持着一个相对复杂的多力量结构的局面。这样的局面有利于欧洲列强掌控国际事务的主导权，按照欧洲的方式来处理国际事务,欧洲以外的美国、日本等区域霸权在未成长为超级力量以前,根本无法撼动它,更遑论取代它。然而,是欧洲自己在第二次世界大战中以疯狂的战争瓦解了它。

欧洲虽然留下了许多遗产,如宗教改革,文艺复兴,启蒙思想,市场经济模式,国民教育模式,科学技术与工业技术体系,议会政治与契约政府,国际法规则等;同时欧洲的一些作孽德行也在人类文明史上留下了深重乌黑的污迹,如殖民掠夺与种族灭绝,掳掠黑人作为商品的黑奴买卖,对其他文明、文化的种族主义行径,开创了把最先进的科学技术和工业技术转换为大杀伤力武器的模式以及有实力就张狂的对外穷兵黩武等。中国著名学者梁启超在第一次世界大战发生后就鞭辟入里地告诉人们:"欧洲不再是人们效仿的榜样,它的伟大掩盖了它的缺陷及其病症,而这一切都被血腥的战争充分暴露出来。"[转引自孔华润(沃伦·科恩)主编:《剑桥美国对外关系史》下册,周桂银等译,新华出版社,2004年,28页。]阿诺德·汤因比曾经一针见血地指出:"由于西方技术上的早熟,它的侵略活动十分顺利,从而证明了它的文化优势。"(阿诺德·汤因比:《历史研究》,刘北成等译,上海人民出版社,2000年,380页。)总之,欧洲中心时代是一个瑜瑕互见、天使与恶魔集于一身、光明与黑暗同在的时代。而它的结束,也意味着新国际体系的建构模式、主导力量与运行方式进入一个新时代。

第二,雅尔塔体制的建立,也就是说,原先由欧美日列强参与互相制衡的多力量结构经过第二次世界大战的较量之后简化为美苏两极结构。"第二次世界大战破坏了多极式的力量均衡,带来了苏美两极化的时代……一些政治学家认为二战后的这种力量均衡在国家政权体系的历史上是绝无仅有的。"(约瑟夫·奈:《美国定能领导世界吗》,何小东等译,军事译文出版社,1992年,60页。)

雅尔塔体制的形成意味着战后各个领域的国际事务都要由主导型大国来决定和支配,而真正拥有这种资格、地位和权力的大国只有超级大国美国与准超级大国苏联。通过这个体制,美苏不但完全剥夺了德意日等轴心国的战前大国地位，而且使英法的传统大国地位也大打折扣。这种“极”在质量（也就是综合实力）上迅速膨胀而在数量上则大比例减少到只有两个，这使得两极体制的制衡模式与制衡结构相对大为简化。美苏与欧日列强在实力上有了巨大的差距，它们之间在国际地位上的升降互相映衬，一升一降形成的巨大反差甚为鲜明。被严重削弱的西欧国家及日本在战后一个时期内，已经难以成为有效的国际制衡力量。至于弱小国家和殖民地在这个体制中则被完全剥夺了发言权，在战争结束阶段，美苏把它们作为大国交易的“筹码”来使用；而在随后的冷战对抗时期，美苏皆以两极分野的战略思维定式，把它们视为美苏“对弈棋盘上的棋子”来驱使。美苏两个主导型大国对立相处的明朗化，造就了两极分野的结构框架和运作机制。

一旦美苏关系确立为全方位对抗格局，以两大阵营这样的宏大联盟方式进行对垒就是顺理成章、水到渠成的事情了。

第三，历史的机缘营造出来的巧合，即当美苏都成为综合国力最雄厚的国家之时刚好他们原本就是实行资本主义制度和社会主义制度的最有代表性的国家。本来制约美苏关系的关键性变量因素是双方的国家实力及其运用方式，结果当战时联盟终结转化为战后对抗之时，他们却轻而易举地把这种意识形态价值体系的代表性堂而皇之地转换成各自国家利益争夺的保护色。

美苏各自的国家制度的这种代表性在第二次世界大战前是否就已经存在了呢？这是肯定的。尽管在美国罗斯福总统执政以前双方都互相不信任对方，美苏建交之后，关系才逐步有所改善；可以说战前的美苏关系，整体上既不是盟友，也还不是战略上的死对头。这恰好说明已经存在的制度性差异与意识形态对立不是制约美苏关系的关键性因素。

历史与时代产生大碰撞的交会点，还是出现在战争结束之时，美苏战时合作联盟在战后难以为继，没有了罗斯福控盘的美苏关系就失却了原来的方向，没有按照罗斯福在德黑兰会议第一次全体会议时所表示那样，战后“还会世世代代保持密切联系”。相反，分道扬镳的美苏刚从“同一屋檐下的‘家’”走出来，一转身就登上了拳击台，摆开架势做出一决雌雄的样子，结果也未出几拳就招呼各自的一众伙伴，改由武侠两大门派较量的模式进行对峙——所幸厮杀的场面还不多见。可见，这里有个清晰的逻辑关系，即制约美苏关系向什么方向发展演变的变量因素，显然不是美苏各自所代表的意识形态，而是建立在国家实力基础之上的现实战略利害关系的考量。战后的国际社会，原来大体不在外交领域展开的两种社会制度与意识形态的对抗，被刻意放大而且专门引入外交领域，形成外交领域对抗层面上的拓展，并且被当做维持这种对抗的精神力量来看待。

第四，苏联通过第二次世界大战，不但综合国力大增，而且成功地在地缘政治上突破了被国际孤立的困境。一批按照苏联模式建立起来的东欧社会主义国家相继诞生，从而为苏联在冷战对峙局面出现后摆开全方位与美国进行分庭抗礼准备了相应的物质基础。

鉴于西欧和北美在经济、科技及教育水平的发展程度，贸易、投资与生产分工的依存度，制度模式，种族文化与历史传统，宗教信仰等方面都大体趋同，本身已经具备形成区域集团的框架基础。但是在苏联的影响力所涵盖的区域则并不具备这样清晰的基础，因此，第二次世界大战结束时在苏联国境以西至中欧地区所形成的军事占领的分界线，对苏联就有了重大的地缘战略意义，它一方面在战后欧洲的地缘政治利益博弈中成为苏联手中的重要筹码，另一方面它为苏联势力体系随后走向集团化拓展了必不可少的国际空间。

冷战时代以来,西方一直把苏联在第二次世界大战前后建立于反法西斯军事行动前提下的军事占领并且最终成为苏联的领土或势力扩张地盘,看做苏联的社会制度和意识形态的扩张。而在中国,大多数著述采取含糊其辞的方式,称东欧地区“在苏联的帮助下,南斯拉夫、阿尔巴尼亚、捷克斯洛伐克、波兰、保加利亚、罗马尼亚、匈牙利、德意志民主共和国等八个国家先后建立起人民民主政权”。[徐天新等编著:《当代世界史(1945—1992)》,人民出版社,1993年,44页。]但是在德黑兰会议和雅尔塔会议期间,美英领导人罗斯福和丘吉尔多次承认苏联在这个地区拥有无法拒绝或阻止的安全利益。而斯大林正是以机敏而老练的外交手腕运用在西方世界普遍流行的地缘政治意识与区域集体安全原则来经营苏联周边的战后安全环境并且顺势构筑其势力体系。需要指出的是,斯大林的这一外交方略的出发点是苏联自身的国家安全利益,还有谋求对周边国家施加有效的长期影响力,而并非一开始就是为了构筑与美国和西方世界对抗的阵地。当战争结束后不久,美苏关系就日趋恶化,杜鲁门政府遏制苏联的战略意图也日益明朗,苏联周边地区这一原本作为苏联与欧亚列强之间的战略缓冲地带遂之成为其构建东方阵营的基础与有力阵地。

第三章　美苏主导下的东西方关系

“东方”一词,在第二次世界大战以前,主要是指亚洲地区,广义上还包括北非地区,这是以欧洲为中心的时代使用的地理或政治名词,细分为近东、中东和远东。欧洲则自我定位为“西方”,并且这个概念同样早就存在。

战后“东方”一词被赋予了新的含义,也就是在美苏主导下,分别形成了资本主义国家集团和社会主义国家集团,前者或称西方国家、西方世界,后者则或称东方集团、苏东国家集团。

战后的东西方关系并不是一般意义上的国际关系,而是一种定性清晰的对立的国际关系。这种关系的确立是由美苏两个主导型大国的关系所决定的,也就是说,对立的美苏关系是形成东西方关系的历史前提,正如罗斯福与斯大林的大国合作关系就不会称之为“东西方关系”。形象地说,只有像丘吉尔所宣称并且划定有一道“铁幕”降临在东欧与西欧之间那样,东西方关系才可以说出现了。当然,相信会有一些人坚持主张,当实行社会主义制度的国家不再是苏联一国,而是成批出现并且分布在西欧以东地区的时候,东西方关系就出现了。但问题的关键仍是美苏关系如何定位。如果美苏关系不是对抗关系而是合作关系,那么即使出现“东西方”的概念,那也不过是类型学上的划分方式而已。至于东西方关系和东西方两大阵营关系，在政治学上的含义是有所区别的。在一般意义上，东西方关系在不特别强调的情况下，是指两类国家非结盟的自然状态下的关系，但是，两大阵营是东西方关系中较为高级、或者称为特定层面上的形态，即它在国际政治行为上已经到了把结成同盟付诸行动的阶段，此后所指的东西方关系，是为结盟状态下的关系。

战后东西方关系形成的背景与前提

随着美苏关系的不断恶化，两大强国不但自身针锋相对，而且逐步把世界各地众多国家纳入它们各自的势力体系中去。由于美国和苏联所拉拢的国家，大部分集中在欧洲地区，从而正式形成了“东西方”的概念。战后初期及其整个后冷战时代的国际关系，在西方学术界往往就简化为东西方关系。

所谓的东西方关系的形成，大体上是沿着这样的历史线索与背景渐次发展演变而来：英美首先从意大利的战败投降着手进行军事管制与改造，只同意苏联派出观察员了解有关情况；诺曼底登陆并解放了法国之后，在阻止法、意两大西欧共产党以其规模庞大的抵抗法西斯游击队为基础建立政治优势的问题上，也未让苏联插手，从而确立了不让苏联染指西欧事务的基本政策框架，而苏联出于在东欧、巴尔干的战略考虑，接受了不染指西欧事务的非正式约定；不久之后，苏军进入东欧和巴尔干地区作战，并要求战时驻留于莫斯科的东欧各国共产党领导层追随苏军回到所属国家，在苏军的军事行动结束之后展开“重建当地秩序”的工作。波兰成为第一个建立以波兰工人党为核心的新政权的东欧国家。在苏联军事占领法西斯附庸国匈牙利、罗马尼亚和保加利亚之后，也比照意大利的模式不让英美直接染指这几个国家的军事管制。英国也在希腊单独恢复其支配地位。

英美和苏联在罗斯福在世阶段最终心照不宣地形成了在各

自的解放区居于支配地位的默契。由于波兰和南斯拉夫原来深受英国的影响,都存在由英国支持的海外流亡政府,加上苏波边界、德波边界变动、调整,还有意大利与南斯拉夫之间的的里雅斯特领土纠纷的解决,都需要三大国合作,使得英美较多地介入了这两个东欧国家的事务,并且显示出要在东欧,尤其是在波兰与苏联分享影响力的打算。总体上,直至罗斯福去世为止,双方在上述默契的基础上,在涉及军事占领而获得的特权问题方面,尚属于能够互相迁就而各得其所。但是在这个阶段所处状况,还不能认定已经初步形成了"东西方"的局面,因为战后的东西方概念,是作为一种对立面来定位的。

杜鲁门上台之后,丘吉尔和杜鲁门先是抱怨、接着开始不断指责苏联在东欧的政策和所作的安排。苏联则在做出有限的让步的情况下,继续实施其东欧战略。一言以蔽之,美苏关系走向恶化与对立的过程,也就是东西方关系渐次形成的过程,我们将在随后的分析中加以揭示。

苏联的"安全利益"与追逐方式

如果说罗斯福是一个现实的理想主义者,丘吉尔是一个现实的机会主义者,那么,斯大林就是一个机会的现实主义者。

30年代希特勒崛起的岁月,苏联就面临一个比较严峻的安全局势。希特勒早在《我的奋斗》中就宣称要为日耳曼人拓展"生存空间",德国以东的广袤土地是其设想的目标。英法与苏联的相互不信任和张伯伦、达拉第等英法领导人的对德绥靖政策,使得前协约国的这三个主要成员再度联合组建反纳粹德国的国际统一阵线的努力功亏一篑。于是,斯大林和希特勒两个心照不宣的敌人,出乎世人的意料,制造了 1939 年 8 月 23 日签订《苏德互不侵犯条约》的机会来延缓双方战争摊牌的时间。

在日本发动"九·一八"事变和"七·七"事变侵略中国之后,斯大林一方面声援和支持中国抗日,另一方面在 1938 年的"张鼓峰事件”和1939年的“诺门坎事件”中两次坚决击退日本的试探性军事进攻。然而再次令世人感到惊讶的是，1941年4月13日，即距离希特勒进攻苏联之前70天，苏联与日本这个德国盟友，共同制造了签订《苏日中立条约》的机会以避免各自可能出现两线作战的不利局面，苏联成功地离间了德日关系。当日本外相松冈洋右结束在莫斯科的签约行程时，“斯大林做出了一个令全世界瞩目的举动：亲自到火车站为日本外相送行。这一举动出乎所有人的意料，因为斯大林从不迎送任何人。日本人，还有德国人，都深感震惊……这次送行的价值就在于，日本将不同我们开战。”（丘耶夫编著：《莫洛托夫访谈录——同莫洛托夫的140次谈话》，军事科学院外国军事研究部编译，吉林人民出版社，1992年，20页。）此后，苏联终止了对中国抗日战争的支持和援助。

斯大林被许多西方人认为是一个令人讨厌的意识形态“斗士”和冷酷的独裁者，也许这其中有部分是视角问题，但是从整部苏联外交史中，我们却只会看到在国家利益和对外关系上，斯大林是一个机敏的现实主义者，一个善于抓住和善于制造机会的行家里手。

苏联人，苏联共产党人，他们的身份符号首先主要是俄国人，而俄国人的传统扩张欲望之强烈，世所共知。任何一个国家的统治者都会高度关注和重视其国家所处的外部环境，尤其是其周边地区的安全形势。作为拥有约2300万平方公里庞大国土的苏联，其周边地带漫长而复杂。两次世界大战使苏联蒙受了酷烈的战火洗劫，波兰两次被德国作为进攻俄国或苏联的走廊与跳板。这一局面不能不说给苏联留下了惨痛的历史经验教训，“得出的结论是，本国领土的安全要求与苏联相毗邻的东欧各国必须保证是‘友好的政府’……意思是，这些政府要确实依附于莫斯科并建立在社会主义原则的基础上。”（J.布卢姆等：《美国的历程》下册第二分册，杨国标，张儒林译，商务印书馆，1988年，479页。）因此，斯大林利用第二次世界大战中苏联将成为一个荣耀的战胜国这一绝佳机会对其周边地区进行势力控制的重新布局。从一般的道理上说,苏联为了规避两次世界大战那样的战祸而追求国家的安全利益,有一定的合理性与可操作的空间。

1941年12月26日,苏联副外交人民委员洛佐夫斯基向斯大林和莫洛托夫提交了一份关于筹建欧洲国家战后安排计划委员会的报告。“洛佐夫斯基认为应当仔细准备和研究下列三类问题:(1)德国等给苏联造成的财政经济损失。(2)苏联的边界。(3)消除德国及其盟国的危害性。”建议成立两个秘密的筹备委员会:一个是财政经济委员会,由它估算苏联所遭受的损失并确定苏联如何向战败国索要经济赔偿;另一个是政治委员会,它将研究苏联边界的问题、德国及其盟国的边界问题和这些国家的安排问题等。(张盛发:《雅尔塔体制的形成与苏联势力范围的确立》,载《历史研究》,2000年第1期。)这个建议基本上被采纳。1942年1月28日,苏联决定成立由莫洛托夫任主席的“外交资料筹备委员会”,其职能与任务类似于美国国务院的“战后对外政策咨询委员会”。

1944年1月11日,苏联副外交人民委员迈斯基向莫洛托夫提交了题为《关于未来和平的最佳原则》的报告。报告就保障未来苏联的国家安全和建立势力范围问题,对战后欧洲和世界做出调整与安排等进行了详尽的论述,一共提出了二十二条设想。概括起来是:

第一,确保苏联安全:苏联需要30~50年安全保障的时期,50年内苏联将能强大到敌人不敢侵犯它的程度,同时欧洲大陆将会实现社会主义。建立一条以有利的战略边界为基础的环苏联安全带,具体是,恢复1941年的苏联边界;在苏联的西北部,与芬兰、罗马尼亚、保加利亚和南斯拉夫签订互助条约,让北欧国家维持原状(即保持中立);在苏联的南部,削弱土耳其的影响,加强在伊朗的影响;在苏联的东部(远东),不战而得到南萨哈林和千岛群岛,扩大和巩固与中国的关系。

第二,欧洲未来的格局是:苏联(陆上强国)和英国(海上强国）两强占支配地位；不允许存在国家集团和地区联邦；苏联和英国分别拥有东欧和西欧势力范围（苏联通过边界调整和签订互助条约的形式，英国在比利时和荷兰拥有基地）；德国被分解成若干个国家并被解除武装；法国不能恢复原来的军事实力；意大利不能拥有领地。

第三，未来的世界格局是：建立以四大国作为基础的世界性国际组织维持战后和平与安全；苏美英三国执掌世界政治领导权；苏美英三国实行合作共同安排敌对国家和敌占国家。”（俄罗斯联邦总统档案馆，全宗3，目录63，案卷237，52～93页；转引自张盛发：《雅尔塔体制的形成与苏联势力范围的确立》，载《历史研究》，2000年第1期。）

这就是苏联版的战后欧洲和世界蓝图。

在战争期间到战争结束，苏联先后对芬兰、波罗的海三国、波兰、罗马尼亚、保加利亚、捷克斯洛伐克、德国东普鲁士和土耳其的达达尼尔海峡等国家和地区提出领土或者权益要求。而在东北亚地区重夺萨哈林岛（库页岛）南部和正式获得千岛群岛的控制权，另外恢复并进一步拓展了沙俄时代在中国的特殊权益。这些要求说不上是由于莫斯科的社会制度或意识形态的原因而产生的，事实上倒是自沙皇俄国以来一直追求的传统目标。与战前相比，苏联在其西部与东欧、北欧接壤地区总共扩大了近五十万平方公里的领土和大约两千万人口，同时直接或者间接促成了八个东欧共产党国家的建立，并扶植了蒙古国和朝鲜两个亲苏亚洲国家。

这些扩张对于苏联来说有什么重大意义呢？首先，苏联版图所扩大的区域明显改善了其国家重心所在的西部地区的地缘战略环境，尤其是在防务战略态势上获得了一个较佳的战略防御纵深。其次，苏联在北欧、中欧、东欧和巴尔干半岛以及东北亚所获得的筹码，加强了苏联在欧亚事务中的发言权并居于举足轻重的位置。再次，苏联周边的地缘环境大为改善，一大批“对苏友好”政权的陆续建立，覆盖成一道战略缓冲地带，对于提升和巩固苏联自身的安全屏障有着不凡的意义。

第四,不管美苏关系如何演变、是否转化为对抗关系,苏联都将摆脱在国际舞台上形单影只的孤立困境,为苏联获得一批"盟友"和建立区域集团奠定了基础。

苏联领导人一方面把这些扩张进展视为苏联的重大切身利益,另一方面对所获得的结果显然相当满意,甚至在内部场合颇为自鸣得意。自然,这一切都是在意识形态的"光环照耀下"取得的,但是又毫不隐瞒扩大版图带来的心理嗜好的满足感。"莫洛托夫认为,自己毕生的主要事业就是巩固社会主义制度、加强我国和整个社会主义大家庭的军事、经济和政治地位,削弱帝国主义的地盘。"(丘耶夫编著:《莫洛托夫访谈录——同莫洛托夫的140次谈话》,军事科学院外国军事研究部编译,吉林人民出版社,1992年,1页。)在这样的堂而皇之的说辞背后,是对领土和势力范围的贪婪追求。晚年的莫洛托夫,毫无顾忌地展示了一个俄罗斯人后裔的真实面目。他对苏联历史学家丘耶夫说:"好在俄国沙皇为我国夺得了这么多土地,使得我们现在能够更加有力地同资本主义作斗争了。"(丘耶夫编著:《莫洛托夫访谈录——同莫洛托夫的140次谈话》,军事科学院外国军事研究部编译,吉林人民出版社,1992年,1页。)在另一次谈话中,莫洛托夫说:"我认为,作为外交部长,我的任务就是尽一切可能扩展我们祖国的疆界。现在看来,这项任务我和斯大林完成得很不错。"(丘耶夫编著:《莫洛托夫访谈录——同莫洛托夫的140次谈话》,军事科学院外国军事研究部编译,吉林人民出版社,1992年,1页。)

莫洛托夫还活灵活现地转述起斯大林战后面对新版苏联地图的一番露骨"宏论",是出任过格鲁吉亚共产党中央第一书记的姆格拉德泽告诉他这样一件往事:

战后有人将一张标有新国界的苏联地图带到了斯大林别墅,那是一张像学生用图那样的小地图。斯大林用图钉把它钉在墙上，说道：‘让我们来看一下我们的情况吧。我们的北部地区现在一切正常，平安无事了。芬兰大大地得罪了我们，所以，我们把边界从列宁格勒向前延伸了。波罗的海沿岸地区自古就是俄国的领土！现在又回到我们手中，在我国，白俄罗斯人现在可以生活在一起了，乌克兰人、摩尔达维亚人也都生活在一起了。西部地区也已经平安无事。’接着他转向东部边界说：‘我国这边的情况怎么样呢？千岛群岛现在归属我们了，萨哈林岛全是我们的了，瞧，这有多好！旅顺和大连，都是我们的，’斯大林用烟斗扫了一下中国，说：‘就连中东铁路也是我们的。中国、蒙古，都平安无事……只是我对我们这一段边界还不满意！’斯大林说着，指了指高加索以南地区。（丘耶夫编著：《莫洛托夫访谈录——同莫洛托夫的140次谈话》，军事科学院外国军事研究部编译，吉林人民出版社，1992年，1~2页。）

苏联的东欧政策刺激了杜鲁门的强硬立场，东西方格局形成

斯大林正是为了经营他的这一事业，着眼于建立自身的势力范围和构建欧洲乃至于世界的力量均势中的苏联势力。我们不得不承认，斯大林是一个欧洲老式外交的战略布局和战略运用的高手。

怎样才能在苏联周边地区扶植起“对苏友好政府”呢？按照苏联自身的模式建立东欧共产党人领导的新政权是可行性最高的选择。（1）苏军在战争的最后阶段必将越出国境，目标当然是纳粹军队盘踞的东欧和巴尔干地区并直指柏林。在打败德国的过程中，将会出现一大片苏军在境外的“大后方”。那么，作为军事占领当局的苏联，就将拥有“恢复与重建”当地秩序的支配权。（2）在莫斯科已经形成好几个东欧相关国家的“影子政权”。东欧各国的共产党组织战前在本国的政治结构中，并无太明显的优势或多大影响力。其主要领导层在战时几乎都集合在莫斯科，按事先的部署与苏联相配合并追随苏军回国建立政权还是具有相当大的便利。（3）虽然共产国际已于1943年5月22日在莫斯科解散，但是苏

联作为国际共产主义运动的领导中心,这一地位并无改变,共产国际所建立起来的苏联对其他国家共产党的"指导"方式,将有助于战后苏联促使这些他扶持的国家执行长期的"亲苏"政策。

然而,苏联的这种安排,将会引起英美的何种反应呢?这里有个复杂的过程,并且必须结合英美对苏的长远战略及其调整来加以认识。超乎想象的是,1942 年 1 月底英国外交大臣安东尼·艾登提交首相和内阁的关于战后和平安排和英国对苏政策的秘密备忘录被苏联通过间谍获取了,几天后,这份文件就摆在斯大林的办公桌上。艾登在备忘录中就苏联对其周边边界和建立势力范围问题做出了分析和预测,并主张在现实中奉行这样的对苏政策:"通常的理智要求我们在计划中从下列的前提出发,即,如果我们希望俄国人在战后进行合作,那么就应当执行一种对他们有利的政策……并且现在就应当执行这种政策,而不是等到战争结束以后。"[察廖夫:《苏联与英国:从合作到对抗(1941~1945年)》,载俄罗斯:《近现代史》,1998 年第 1 期;转引自张盛发:《雅尔塔体制的形成与苏联势力范围的确立》,载《历史研究》,2000 年第 1 期。]这使得苏联在此后与英美打交道时,胸有成竹地放开手脚提出要价,然后再与之讨价还价。

德黑兰会议上,苏联成功地说服美国和英国基本认可其 1941 年的西北边界(波罗的海沿岸和苏芬边界),同意按照"寇松线"为基础调整苏波边界,并相应调整德波边界,同时,苏联向英美表达了拒绝接受波兰流亡政府的立场而对方只能表示无能为力的"理解","这是苏联成功地建立东欧势力范围的开端,也是苏联在德黑兰会议上所取得的最重大的外交胜利。而这一切又是以苏军在战场上的胜利为基础的。"(张盛发:《雅尔塔体制的形成与苏联势力范围的确立》,载《历史研究》,2000 年第 1 期。)

罗斯福在德黑兰会议上与斯大林交心交底,表明美国之所以特别关注波兰问题,是因为在美国的国内政治和总统选举中,他不能无视六七百万波兰裔美国人对祖国的感情所决定的立场带来的压力。在斯大林表示理解之后，罗斯福接着说："就民意来说，在美国的大问题是公民投票和自决权。"表达了希望在波罗的海三个共和国实行西方式民主选举的愿望，如果斯大林元帅能够就"未来的选举做一些公开的宣布，这对他个人（按：此处指罗斯福个人的未来政治前途）来说是会有帮助的。"但是斯大林不肯做出这样的承诺，罗斯福也就未再坚持下去。（美国版：《德黑兰雅尔塔波茨坦会议记录摘编》，本书编译组译，上海人民出版社，1974年，80~82页。）此后，美国和英国倒是没再拿波罗的海三国问题向苏联施加压力。但是，后来困扰苏联与英美关系的东欧问题，症结却出在这里，即英美要求在苏联军事占领区内的政府产生形式必须实行公民投票的方式以符合所谓《大西洋宪章》的精神。

关于这个问题，罗斯福与杜鲁门、丘吉尔都有相似的主张，但是他们要追求的结果却是有区别的。显然有必要把他们加以区分：

第一，英美最终不得不面对现实，接受了东欧成为苏联势力范围的事实。罗斯福从其国内政治的需要，虽然也希望能够在波兰等东欧国家实施公民投票的自由选举，但是他也清楚此举显然使斯大林为难。因为一方面在苏联自己并不实行西方式的民主制度，并且战前东欧也没有形成实质性的西方民主传统的情况下，要求苏联在其拥有特权的占领区内这么做，显然已经是苛求了；另一方面作为美国政党政治的竞选行家，罗斯福再清楚不过了，俄国人在东欧的传统形象不佳，其扶持的政党胜算几率甚低。英美的政治情报分析也一再做出共产党人将在投票选举中失利的判断。所以，罗斯福有不得不提出这个要求的理由，在雅尔塔会议上也一再表示他需要给六七百万波兰血统的美国人有个交代，实际上也只是希望斯大林考虑英美的主张和要求，在波兰能够想办法做个样子配合一下。用哈里曼的话来说，就是"只能指望使波兰的新体制趋于温和而已"。至于对待其他东欧国家则并没有这么坚持而显得更加宽松一些。这也正显示罗斯福在处理所谓"理想与现实"问题时的圆熟老到的风格。

第二,战争末期,丘吉尔开始对苏联发难,他也很清楚他没有令人信服的资格去指责苏联拥有东欧势力范围,因此,他很滑头地拿东欧政权的产生方式和管制方式来说事,甚至以攻击为盖世太保的方式来指责苏联。这一点正好与杜鲁门上台后有意疏远苏联的政策不谋而合。杜鲁门上台伊始,就认定苏联在波兰支持的是“一个俄国自己制造的傀儡政权——所谓卢布林政府”。并且坚持认为雅尔塔会议达成了这样的协议:在扩大吸收波兰国内外“民主领袖”进入临时政府的基础上,“这个新政府将保证尽早举行基于普选权和秘密投票的自由而不受束缚的选举”。(哈里·杜鲁门:《杜鲁门回忆录》第一卷,李石译,世界知识出版社,1964年,14~15页。)事实上,雅尔塔协议的核心在于扩大或改组波兰临时政府的代表性,尤其是吸收伦敦流亡政府的主要代表。这才有了1945年2月10日协议达成时,李海提醒罗斯福的那段话。杜鲁门却另有想法地强调了“标准的”自由选举,并由此指责苏联毫无诚意执行雅尔塔协议。

美国总统杜鲁门对前任的对外政策进行了重大修改。

杜鲁门和丘吉尔的要求大义凛然而公道吗?我们强调,在一个强权政治的时代,大国和强国并没有比弱小国家拥有更高的“道义”优势。丘吉尔在雅尔塔会议期间对他的同事说了一句“名言”——“鹰应当允许小鸟歌唱,而不必管它们为什么歌唱。”（转引自托马斯·帕特森等:《美国外交政策》下册，李庆余译，中国社会科学出版社，1989 年，575 页。）意思是说，当大国牺牲了小国的利益时，应该让小国去发发牢骚和表达不满，但是大国可以不理睬它们，该下手时照样下手。

毫无疑问，苏联不可能为自己的举措找到能够说服东欧各国人民的任何理由。但是英美的要求并不是真正站在东欧各国人民的立场上来主持公道。战前的东欧各国，内部民族矛盾尖锐，政治力量复杂而涣散，民生困顿而政府效率低下，根本就未体现过民主政治的效能，很难指望经历战争之后的东欧政治力量就会洗心革面、脱胎换骨。“事实证明在东欧也很难实行自由选举。除捷克斯洛伐克外，几乎没有什么民主传统，自由选举在这些国家多数将意味着建立威胁苏联安全的强烈反苏的政府。”（转引自托马斯·帕特森等:《美国外交政策》下册，李庆余译，中国社会科学出版社，1989 年，606 页。）英美此时明摆着是拿东欧民主问题搅局。

从大国关系的角度看，杜鲁门和丘吉尔不但没有了罗斯福那样一种对苏联“难处”的迁就，而且是“一点面子”都不给，强迫苏联在其势力范围内实行明摆着对其不利的西方式选举制度，显然是出于某种外交目的而联手压制斯大林，从这一点看，杜鲁门和丘吉尔已经无意维持大国合作关系了。以丘吉尔在战争末期对希腊“左派”抵抗力量的血腥镇压和随后推行的“民主选举”也并非无可指责，而斯大林在雅尔塔会议上对英国在埃及所搞的“腐败型”选举的质问，使丘吉尔稍作招架之后就顾左右而言他。至于少数西方学者同样揭露美国在全球各地采取“双重标准”，“批评者问道，如果说‘自由选举’是美国外交最终的和普遍的目的，那么，为什么不把这个原则运用于美国在拉丁美洲的势力范围呢？在那里，美国承认一大批军事独裁者”。（托马斯·帕特森等:《美国外交政策》下册，李庆余译，中国社会科学出版社，1989 年，607 页。）

总体而论，罗斯福出于政治表演技巧上的需要，这一理由显然已经不是杜鲁门政府考虑的首要因素。与其说苏联在波兰及其他东欧国家建立势力体系的行为已经威胁到美国的安全或有形的政治经济利益,不如说是杜鲁门有自己的政策需要——疏远苏联,并清除苏联阻碍美国传播杜鲁门要确立的美国"样板精神"与生活方式所造成的无形国家利益上的"伤害"。

我们在前文提及西方对于国际关系的运行机理有一个很经典的表述。令人困惑的是,作为一个实力雄居天下之首的超级大国,在当代美国的官方和学术界却极少把自己放在"行动"的位置,而是经常把自己放在做出"反应"的位置。而从苏联的欧洲式外交思维角度来看,并不认为它在欧洲或在东欧的行动危及美国的什么重要利益,它在周边地区的动作只是出于本身的安全利益,并不直接针对英美和西方国家。于是,苏联把杜鲁门的任何改变罗斯福的对苏政策都视为新的"行动"。鉴于战争结束后,杜鲁门遗弃了斯大林和罗斯福在东欧问题上所达成的基本默契(执行中会有细节上的修正),并主要以此为理由开始奉行处处针对苏联的强硬外交。所以,可以认为杜鲁门的对苏政策是新的"行动",而不是原来运行轨道上的"反应"。

杜鲁门对苏政策的新"行动",其第一步就是对苏"强硬外交"立场的确立。关于杜鲁门何时形成对苏强硬外交立场,过往较多论者认为是在对日战争结束后不久,即"1945 年 9 月伦敦五国外长会议前夕"。(袁明主编:《国际关系史》,北京大学出版社,1994 年,311 页;另参见叶江:《斯大林的战后世界体系观与冷战起源的关系》,载《历史研究》,1999 年第 4 期。)我们经过资料梳理之后,可以确认是在 1945 年 4 月下旬莫洛托夫访美前夕。即杜鲁门上台才十天左右就决定这么做了。

苏联原来以最高苏维埃会议日程安排冲突为由,并没有打算派莫洛托夫出席旧金山联合国宪章的制宪大会,这是联合国的首次创始会员国大会。美国很当一回事,很看重这次活动,罗斯福希望各与会国都能够派外交部长出席。苏联的低调回应,使美国颇为不满。罗斯福去世时,哈里曼大使说动斯大林同意派莫洛托夫去旧金山并且顺道前往华盛顿拜访新总统杜鲁门，以“使美国公众和全世界确信苏联政府愿继续与我们及其他联合国家合作。”（艾夫里尔·哈里曼，伊利·艾贝尔：《哈里曼回忆录》，吴世民等译，东方出版社，2007 年，528 页。）

据李海回忆录的记述，1945 年 4 月 19 日李海与杜鲁门谈起即将来访的莫洛托夫。李海认为，斯大林最近的来电曾公开使用侮辱性的语言（按：指伯尔尼事件交涉），显然，“莫洛托夫在美国将会领教美国方面的态度”。他告诉杜鲁门，“根据我在德黑兰和雅尔塔会议上的观察，我对这位苏联外交部长评价不高。杜鲁门要我出席同莫洛托夫的会谈。”（威廉·李海：《我在现场》，马登阁等译，华夏出版社，1988 年，375 页。）

莫洛托夫于 4 月 22 日到达华盛顿。23 日下午杜鲁门在白宫召集一批顾问和助手一起讨论苏联对波兰问题的态度。值得注意的是与会者名单，主理罗斯福对苏政策的要员大都未到场，而出席者多数是主张对苏强硬立场的，有国务卿斯退丁纽斯、陆军部长史汀生、海军部长福雷斯特尔、陆军参谋长马歇尔将军、海军作战部长金海军上将、美国驻莫斯科军事使团团长约翰·迪恩将军、助理国务卿詹姆斯·邓恩、国务院官员兼俄语翻译波伦、驻莫斯科大使哈里曼和总统军事顾问李海等。斯退丁纽斯报告说，前一天的美英苏外长会议“在贯彻雅尔塔有关波兰协议的问题上，已完全陷入僵局。”于是杜鲁门把他这次会后将接见莫洛托夫的论点向其顾问们做了介绍。他宣称“现在必须当机立断”，对于“雅尔塔有关协议，迄今都是单行道，这种现象不能继续下去了”。至于“旧金山会议的计划，如果俄国人不愿参加，他们可以‘滚开’。”（艾夫里尔·哈里曼，伊利·艾贝尔：《哈里曼回忆录》，吴世民等译，东方出版社，2007 年，538~539 页。）会上，史汀生和马歇尔主张谨慎处理波兰问题，避免危及美苏全面合作，而哈里曼、迪恩、福雷斯特尔等主张强硬应对，还有“李海对史汀生和福雷斯特尔两人的意见持折中态度”。（艾夫里尔·哈里曼，伊利·艾贝尔：《哈里曼回忆录》，吴世民等译，东方出版社,2007年,539~540页。)但是李海本人在回忆录中却声称“总统的助手们一致认为,美国对苏联采取强硬立场的时刻到了。”(威廉·李海:《我在现场》,马登阁等译,华夏出版社,1988年,377页。)

于是,散会后杜鲁门要求斯退丁纽斯、哈里曼、李海和波伦陪同他会见于下午五点半到达白宫的莫洛托夫。会面一开始就进行了激烈的交锋,先是双方各为自己的政策辩护,接着“杜鲁门尖着嗓子高声复述:美国准备忠实地贯彻雅尔塔签订的所有协议。他只要求苏联也同样地执行。他愿和俄国友好,但也希望莫斯科方面清楚地懂得,这种友好要求共同遵守雅尔塔协议,而不是单行道。”莫洛托夫有些错愕,并且当场抗议道:“有生以来还没有人对我这样讲过话!”杜鲁门还是毫不客气地挡回去:“履行你们的协议,就没有人对你这样讲话了。”(艾夫里尔·哈里曼,伊利·艾贝尔:《哈里曼回忆录》,吴世民等译,东方出版社,2007年,540~541页。)这次会面使斯大林和莫洛托夫对杜鲁门的期待,即使不说是绝望,至少也是不再抱有幻想了。在场的哈里曼事后认为:“杜鲁门如此强硬地行事,我的确感到遗憾,因为他的做法给莫洛托夫以借口,去告诉斯大林说罗斯福政策正在被抛弃。我懊恼杜鲁门给了他一个可乘之机。”(艾夫里尔·哈里曼,伊利·艾贝尔:《哈里曼回忆录》,吴世民等译,东方出版社,2007年,541页。)但是,过后杜鲁门并不认为他这么处理有什么不妥,他如此奚落莫洛托夫之后,“心满意足地对一个朋友说:‘我在他的「下颚连击两拳」,我让他老老实实地领受。’”(托马斯·帕特森等:《美国外交政策》下册,李庆余译,中国社会科学出版

杜鲁门上台之后,偏听于对苏强硬派的看法。原本对苏联就缺乏好感的杜鲁门,一下子成为最高决策人,听到的都是对苏联的一片批评与指责之声。而对于这样的批评和指责,杜鲁门显然无法掌握好轻重与分寸。

社,1989年,603页。)李海的确说了,莫洛托夫会领受的。

在对苏遏制战略敲定之前,对苏强硬派的主张存在一些明显的差异,实际上可以分成“强硬合作派”和“强硬疏远派”。

哈里曼是“强硬合作派”的代表,美国学者沃伦·科恩(孔华润)对他有一段颇为准确的评述:“他强烈要求改变政策,强烈要求得到更有利于美国的交易,强烈要求使用胡萝卜加大棒和获得补偿的方法。如果苏联人想有所收获,比如说经济援助,那就要他们出让什么作为回报。如果美国在财政方面帮助苏联的战后重建,苏联就需报之以放松对东欧的控制、允许自由选举、在把波兰、匈牙利、罗马尼亚、保加利亚并入其控制的政治经济集团的问题上保持克制。上述想法并非不要合作,也不是与苏联作对,而是要找出一条更能导向相互满意、并与美国卓越地位相匹配的美苏关系的道路。”[孔华润(沃伦·科恩)主编:《剑桥美国对外关系史》下册,周桂银等译,新华出版社,2004年,237页。]哈里曼在其回忆录中经常表达他的这些看法,并且在这个阶段回国述职期间向杜鲁门本人和国务院做了进言。但问题是他的强硬主张,还在罗斯福在世时于策略上就未被采纳,现在处在新总统履新正想点把火的时刻,无异于煽风点火,火上浇油,其合作的动机未见彰显,强硬施压的主张对杜鲁门正中下怀。所以,他客观上起的是疏远苏联的作用,他为杜鲁门对待莫洛托夫的做法感到遗憾,事实上与他自己也有一定的关联。李海从倾向上也属于这一派,他发挥影响的方式与哈里曼也差不多。

杜鲁门从其自身的立场上来说,就是一个“强硬疏远派”,我们已经在多处地方谈及他。这一派的重要人物还有罗斯福时期在外交事务上较受冷落的海军部长福雷斯特尔以及稍后取代斯退丁纽斯的国务卿贝尔纳斯等人。福雷斯特尔在4月23日下午的白宫会议上除了“热烈赞同哈里曼的观点”之外,还主张与苏联人“现在就摊牌,要比以后再摊好”。并宣称“同陆军不一样,海军和空军业已断定,无需俄国人帮忙就能迫使日本人投降”。(艾夫里尔·哈里曼,伊利·艾贝尔:《哈里曼回忆录》,吴世民等译,东方出版社,2007年,539页。)“强硬合作派”根本主导不了此后的对苏外交方针,“强硬疏远派”成为主流,李海、马歇尔等人最终也都成为杜鲁门对苏强硬外交方针的支持者。

至此,美国决策层的对苏“强硬外交”方针初步形成。关于“强硬外交”有几点意涵需要明确:第一,强硬外交并不意味着美苏关系已经出现战略性决裂或无可避免地走向战略性决裂;第二,强硬外交还不能解释为已经具有对苏遏制战略的实质内涵,就如美国学者所说的,还不足以说明杜鲁门正在明确与斯大林划清界限;第三,强硬外交的提出与实施,却是一个重要转折的开始,它表现为合作意愿不强,疏远关系的态度却越来越坚决,并逐渐产生了进行遏制的意向。

最后,我们引用斯塔夫里阿诺斯所做的结论:“当英国人镇压希腊抵抗力量时,他(斯大林)完全保持沉默。作为回报,斯大林希望西方列强能够尊重他在巴尔干半岛北部的优势地位……他认为东欧各‘友好’政府是苏联安全的先决条件。这一点在1945年7月至8月在波茨坦举行的三国会议上变得十分清楚。当时的美国国务卿詹姆斯·贝尔纳斯要求自由选举时,斯大林的反应是:‘这些国家中任何一个自由选举产生的政府都将是反苏的,我们不能容许。’‘友好’政府和由自由选举产生的‘政府’之间的矛盾是造成大同盟在此后几个月中分裂的一个主要原因。”(斯塔夫里阿诺斯:《全球通史》下册,董书慧等译,北京大学出版社,2005年,747页。)

波茨坦会议成为三大国就战时的合作做最后了结的会议。此后,西方实行越来越强硬的对苏政策,而苏联则我行我素,在其势力范围内的大多数东欧国家完成初步的亲苏政权建设。于是,西方国家开始以苏联及其“卫星国”相称。这样,一个对立的东西方格局与概念基本形成。

“总之,美国试图在整个战后世界建立起不可动摇的领导地位，而苏联则企求在本国周围建立起不容他人染指的势力范围。这两种战略目标发生了直接的冲突，每一方都成了另一方实现自身目标的巨大障碍。此种状态，加上它们在意识形态和社会制度方面固有的冲突，使得美苏矛盾和分歧的尖锐化变得不可避免。”（袁明主编：《国际关系史》，北京大学出版社，1994年，303页。）我们基本同意这样的结论。但是必须明确，这个结论适用于杜鲁门—斯大林时期的美苏关系，它在罗斯福—斯大林时期本来已经找到折中兼容的办法。

美苏关系恶化趋势下的东西方关系定位

鉴于此时欧洲战争刚刚结束，而对日战争尚未完结，如果把三大国关系出现麻烦的状况和它们之间的龃龉迅速呈现于国际社会面前，那么将对三大国的国际形象有很大的损害。无论如何，三大国继续合作的局面必须维持到战争结束之后再作定夺。所以，战争最后结束阶段的美英苏关系颇为微妙，在“东西方”局面也正在形成的进程中，为即将出现的这种“非战非和”的对立做出铺垫，就成为这个时期大国关系的显著特点。所以，波茨坦会议实际上是这种尴尬的大国关系的写照，或者说这次会议给战时合作做一个了结并开始转入一个“非战非和”的状态，这种状态就是东西方关系形成之后的最初状态。

罗斯福时期倡导建立的着眼于战后和平合作的机制在波茨坦会议以后启动运作，结果竟然是阻滞不畅，如外长会议、联合国安理会、处置主要战败国的和平会议均表现为并无多大建设性的特征，外长会议和联合国安理会居然成了“大眼瞪小眼，看谁先眨眼”的地方。这样，1945年下半年和1946年就成为双方关系开始酝酿转化为冷战关系的时期。

三大国合作在波茨坦会议上了结

1945年七八月的波茨坦会议有这样三段小插曲：丘吉尔在杜鲁门新上任后不久，最早倡议举行新一轮三巨头会议，时机由杜鲁门掌握，由他确定召开时间，而由斯大林选择、确定举行会议的地点。

当1945年5月底约瑟夫·戴维斯在与丘吉尔谈话时，坦率地指出："有许多人认为，当英国现今在欧洲物色不到一个旗鼓相当的强国来抵挡俄国这个新兴的强国时，它就会试图利用美国的人力和物力来支持英国'领导'欧洲的这个传统政策。"结果，丘吉尔不愿就这段话回应戴维斯——"也许是因为戴维斯的话如此接近于事实。"（小查尔斯·米：《幕前交易——三巨头波茨坦会晤纪实》，扈春生译，香港天地图书有限公司，1979年，36页。）但是丘吉尔向戴维斯表达了希望尽快召开三巨头会议的想法。显然英国仍然期待着通过召开波茨坦会议，以近距离接触和当面较量的方式，发挥英国娴熟的外交技巧，争取能够联手杜鲁门一起与斯大林讨价还价，并压制斯大林谋夺一些要害的权益。

杜鲁门在以美苏关系为核心的三大国关系上又是什么样的战略思维呢？我们已经清楚地看到杜鲁门对苏"强硬外交"立场的确立，但是从策略上考虑和罗斯福政策实施的"惯性"效应，杜鲁门并未打算迅速升级其对苏强硬措施。另外，非常重要的一点是，杜鲁门说："我去波茨坦有很多原因……最

1945年7月25日，丘吉尔、杜鲁门、斯大林在波茨坦聚会。三巨头各揣心腹事，依然笑容满面。

迫切的是要得到斯大林个人重申俄国参加对日作战的决心，这是我们的军事领袖最急于要得到的一件事情。”（哈里·杜鲁门:《杜鲁门回忆录》第一卷,马登阁等译,世界知识出版社,1964年,312页。）

此时期的斯大林则在与霍普金斯的莫斯科会谈之后,希望以苏联对波兰临时政府的改组问题适当做出让步来换取英美能够放松在东欧问题上的进逼,在此基础上,与英美协商解决战争结束阶段的一系列悬而未决的问题。

虽然1945年7月17日至8月2日举行的波茨坦会议的基本格调仍是美苏合作,杜鲁门与斯大林的初次也是唯一一次会面还显得较为平和克制,但是这种合作格调却给人以正在变味的感觉。英国领导人丘吉尔或艾德礼则咄咄逼人,这时的丘吉尔说话表态都不再收敛,时不时会喊出“我反对这个建议！”（苏联版:《德黑兰雅尔塔波茨坦会议文件集》，北京外国语学院俄语专业学员译,生活·读书·新知三联书店,1978年,304~305页。）

人们长期以来对波茨坦会议的关注，较多地注重考察美苏的合作能否维持下去,却较少去深入揭示美苏关系正在发生的重大转变。波茨坦会议所涉及的议题，几乎都是从德黑兰到雅尔塔曾经探讨过和做出过安排的事项。“在这最后一次三巨头会议的进程中,冲突非但没有解决,反而加剧了;外交上常见的灵活性消失了,言辞激烈起来;态度顽固和盛气凌人已成为国策了。”（小查尔斯·米:《幕前交易——三巨头波茨坦会晤纪实》,扈春生译,香港天地图书有限公司,1979年,2页。）这种状况在丘吉尔和斯大林身上表现得更突出一些。

那么,杜鲁门如何在波茨坦会议上,既要维持三大国表面上的合作,又能够把握好美国在以后制定对苏“强硬政策”的主动权与灵活性呢？杜鲁门采取的是一种低调的、不会招致斯大林和丘吉尔过分激烈反应或迁怒于美国的手法,即对多数问题议而不决,他找到了一个非常好的借口——这个问题或那个问题需要在处理战败国的“全面和会”上去讨论和解决,而当一个问题双方争议比较大时,还有一个“好办法”——交给外长们去考虑。杜鲁门的这套手法并未引起斯大林和丘吉尔的警觉,他们自己有时也使用交给外长们去考虑这一招数,但是他们不知道在杜鲁门自己的会议情况介绍册里这样写道:“看来很明显,避免召开全面和会来处理由于欧洲战事结束所产生的重大政治问题是可取的。”(小查尔斯·米:《幕前交易——三巨头波茨坦会晤纪实》,扈春生译,香港天地图书有限公司,21 页。)因此,对于人们来说,尤其对于苏联而言,以为波茨坦会议之后三大国在一些重大问题上仍可以继续合作,值得期待,这只不过是错觉而已。

我们来梳理一下波茨坦会议提出和讨论过哪些问题。会议一共举行了 13 次三国代表团全体会议。在第一次全体会议上,主要是讨论会议的议程问题。杜鲁门首先提出了关于设立外长会议、关于德国的管制政策和关于提议允许意大利加入联合国共三个问题;斯大林则提出了关于分配被收缴的德国舰船、关于德国、意大利的战争赔偿、关于战败国的海外领土托管、关于西班牙弗朗哥法西斯政权、关于丹吉尔、叙利亚、黎巴嫩、关于波兰流亡政府等六个问题;英国并未提出单独的问题,只是对美苏的上述问题提出补充或疑问。在以后的全体会议上又先后提出了南斯拉夫政权问题、波兰的西部边界问题、由意大利问题引出东欧战败国匈罗保问题、土耳其和黑海海峡问题、伊朗问题、希腊问题等。(美国版:《德黑兰雅尔塔波茨坦会议记录摘编》,本书编译组译,上海人民出版社,1974 年,258~388 页。)有些问题如德国管制政策、战争赔偿和波兰西部边界问题牵涉众多因素而显得非常复杂。在所有这十几个议题中,竟然没有一个三方立场完全一致或者立场非常接近,分歧却异常严重。例如外长会议,美国主张成员为安理会五个常任理事国,苏联则认为雅尔塔会议当初考虑的是美英苏三大国,英国则主张由德国的四个占领国组成。在综合考虑其他方面的问题之后,英苏最后勉强接受了美国的方案。

无休止的争论是波茨坦会议的常见现象,杜鲁门后来说:“我变得很不耐烦。有好几次,我感到我想炸开塞西林宫(按:会场所在建筑物）的屋顶。”（哈里·杜鲁门:《杜鲁门回忆录》第一卷，李石译，世界知识出版社，1964 年，267 页。）1945 年 7 月 31 日第十一次全体会议一开始，美国国务卿贝尔纳斯就代表美国提出一个“一揽子解决方案”，方案主要涉及赔偿问题的支付方式、波兰西部疆界问题和五个次要战败国参加联合国组织问题等三个部分捆绑在一起。（美国版:《德黑兰雅尔塔波茨坦会议记录摘编》，本书编译组译，上海人民出版社，1974 年，389~390 页。）这就意味着要么英苏接受这个安排，要么会议陷入僵局，然后不欢而散

外交领域的所谓一揽子方案，是指谈判各方要么同时解决框定范围内的所有问题，要么一个问题也不会解决，不允许各方选择性地接受其中的部分方案而拒绝接受其他方案。“一揽子方案”的出现，是由于谈判各方意识到面临的多个问题如果逐一解决将难以达成各方都能接受的协议，使谈判陷入僵局，只有搁置争议，使各方都有予有取，为各方所接受。这是外交谈判中实现妥协的一种方式。

事实上，美国的“一揽子方案”仍属于框架性协议，许多涉及的事项仍有待某个机制来确认，例如，关于波兰的西部疆界，苏联主张划定在奥得河—西尼斯河一线，英美则只认可奥得河—东尼斯河一线，苏联希望他的主张能够在波茨坦会议上予以确认，英美拒绝了，认为苏联私自让波兰拥有“一个德国占领区”，同时坚持领土问题只有留待“全面和会”才能决定。但是，当前的问题是，苏联已经把东、西尼斯河之间这片土地交由波兰政府的行政机构管理。怎么办呢？贝尔纳斯是这样解释“一揽子方案”中涉及这一部分的决议：“考虑了这种情况，三大国同意由波兰临时管理，以便他们之间不再就波兰临时政府管理这块土地的问题发生争执。”（美国版:《德黑兰雅尔塔波茨坦会议记录摘编》，本书编译组译，上海人民出版社，1974 年，399 页。）所以疆界问题实际上并未解决。

波茨坦会议所讨论的问题，一些最终被搁置了，一些则被推迟至杜鲁门根本不打算召开的“全面和会”上去加以考虑，另一部分则虽然达成协议，但是以后执行中仍是各有各的理解，争执

不断。这次会议，“它无法真正克服盟国间日益暴露和尖锐的矛盾和分歧，无法扭转美英和苏联的关系从盟友变为敌人的历史过程。”（引自袁明主编：《国际关系史》，北京大学出版社，1994年，294页。）波茨坦会议之后美苏非常有限的一些妥协，仅仅是结束战争非解决不可的遗留问题而已。

东西方关系向“非战非和”转变

对日战争在波茨坦会议结束后几天，以美国的两颗原子弹和苏军出兵远东参战的强大攻势令日本的决策者丧失了抵抗下去的意志。战争的结束，使全世界处于战火煎熬的人民松懈了下来，在战后初期的艰难日子中慢慢抚慰熨平他们悲凉的心。但是，大国的政治家们却没有闲情逸致去面壁三思，也没有合力尽快让这个世界走出战争的阴影，新的权势争夺又展开了。

1945年9月11日在伦敦，新设立的五大国外长会议首次启动运作。伦敦外长会议的主要议题是对意大利、匈牙利、罗马尼亚、保加利亚和芬兰五个法西斯附庸国的战争和约问题。英美已经取得了意大利本土及其在北非的殖民地控制权，苏联在波茨坦会议上试图染指意大利北非殖民地的想法已经被英美从头上泼了一大盆冷水。于是，苏联决心维护自己在匈罗保三国的独占权益，并坚守在芬兰所获得的权益。会议期间，斯大林指示莫洛托夫：“在罗马尼亚、保加利亚及其他问题上，如果盟国不妥协，你就应让贝尔纳斯和贝文明白，苏联政府将难以同意和意大利签订和约。”到会议行将结束时，斯大林甚至要莫洛托夫明白：“宁愿让第一次外长会议不欢而散，也比对贝尔纳斯做出让步为好。美国人力图造成‘一切顺利’的假象，我想现在是撕掉这种假象的时候了。”（爱德华·拉津斯基：《斯大林秘闻——原苏联秘密档案最新披露》，李惠生等译，新华出版社，1997年，593~594页。）伦敦外长会议至10月2日结束，会议未能就和约问题达成任何实质性的协议。美苏就罗马尼亚和保加利亚的政府形式吵个没完，还差点因为中国和法国的外长出席会议的资格问题闹翻。

还在波茨坦会议期间，杜鲁门就故作神秘地向斯大林炫耀美国拥有“一种破坏力特别巨大的新武器。”（哈里·杜鲁门：《杜鲁门回忆录》第一卷，李石译，世界知识出版社，1964 年，315 页。）这种新武器就是原子弹。此后有些美国高层人士认为，美国继续垄断核武器并且作为一种外交工具可以迫使苏联做出让步。对苏态度尚属温和的陆军部长史汀生在日记里写道，在伦敦外长会议上，国务卿贝尔纳斯“指望在他的口袋里装着那种炸弹”。我们从外长们之间的互相挖苦之中可以领会到美国官员给人的感觉就好像真的是怀里揣着那玩意。被西方官员形容为不苟言笑的莫洛托夫揶揄地问贝尔纳斯：你是否有“一颗原子弹装在裤袋里”？贝尔纳斯于是借题发挥说：“你不了解南方人。我们把大炮装在口袋里。如果你不完全清除这个障碍，让我们认真开始工作，我打算从我臀部的裤袋里掏出一颗原子弹，叫你尝尝。”莫洛托夫只是含蓄地“笑了笑”，并不作答。（转引自托马斯·帕特森等：《美国外交政策》下册，李庆余译，中国社会科学出版社，1989 年，607~608 页。）

1945 年 9 月 11 日，离职退休前夕的史汀生向杜鲁门提交了一份备忘录，主张与苏联和英国订立一项协议，“在任何情况下不经三国政府一致同意，谁都不能把原子弹用于战争，美国应欣然答应把国内目前所拥有的原子弹封存起来……规定互相交换在未来的发展中所取得的利益，从而在彼此满意的基础上，把原子能应用于商业和人道主义的事业。”（引自哈里·杜鲁门：《杜鲁门回忆录》第一卷，李石译，世界知识出版社，1964 年，437~438 页。）史汀生表达了反对用原子弹作为外交武器的立场，他甚至“告诉总统，美国应该让人分享原子弹（能）秘密，以促进战后的合作关系。‘因为如果我们现在不去接近他们，仅仅是继续同他们谈判，老把这个武器挂在我们的屁股后头加以炫耀，那么，他们对我们的目的和动机的怀疑与不信任将会增加。’”（引自托马斯·帕特森等：《美国外交政策》下册，李庆余译，中国社会科学出版社，1989年，

608页。)美国商务部长亨利·华莱士赞同这个意见,但是,杜鲁门根本听不进去,参谋长联席会议也主张继续垄断核武器技术,海军部长福雷斯特尔在日记中说他强烈反对做任何努力来“收买(俄国的)谅解和同情。我们已经对希特勒试过这样做了。”(转引自托马斯·帕特森等:《美国外交政策》下册,李庆余译,中国社会科学出版社,1989年,608页。)

伦敦外长会议表明,美苏双方已经不愿意把他们的合作放在优先的位置并采取措施做出实质性的妥协。美国的对苏“强硬外交”再度启动并不断加大力度,从美国军政大员不时炫耀原子弹的言论与花招就可以看到战时在罗斯福和斯大林共同努力下建立起来的相互信任正在瓦解和消失。

在1945年12月由贝尔纳斯倡议召开的莫斯科三大国外长会议上,美国此时已经意识到对法西斯附庸国的和约迟迟达不成协议对西方也有不利的一面,即它将使苏联继续以军事占领的方式强化他在东欧的地位,而西方国家却无能为力。苏联也希望他在东欧的特权和取得赔偿等利益尽早得到确认,因而同意采取措施扩大罗马尼亚和保加利亚两国政府的党派代表性。最终双方达成了在1946年年内召开巴黎和会的协议。于是,针对法西斯附庸国的《五国和约》在美苏各自不同的战略出发点的支配下,于1946年4月至7月完成了前期的谈判和条约草案的修订。1946年7月29日,巴黎和会举行(不包括德国和日本),共有美苏英法中等19个主权国和苏联的乌克兰、白俄罗斯两个加盟共和国以战胜国身份、阿尔巴尼亚等7国以协商国身份和5个战败国的代表出席和会。和会在吵吵嚷嚷中达成了《五国和约》的基本文本并于10月15日结束。和约的最后文本仍需由美苏英法四大国外长会议审定。为此,11月4日至12月6日纽约四国外长会议确定了和约的最后文本。在美苏英先行签字之后,1947年2月10日正式签字仪式在巴黎举行。在此前卸任的美国国务卿贝尔纳斯和苏联外长莫洛托夫曾分别称和约是“最完美的和约”及对欧洲和平的“一个重大贡献”，[《战后世界历史长编》第二分册(1946年)，上海人民出版社，1976年，144页。]但是颇有讽刺意味的是，“除芬兰外，战败国对和约表示了强烈的不满。它们的代表在签署和约的同时向四大国提出了抗议照会。”(引自袁明主编：《国际关系史》，北京大学出版社，1994年，301~302页。)

杜鲁门显然对于他的国务卿在1945年底的莫斯科外长会议所取得的进展，以及贝尔纳斯未及时向总统通报会议情况都表示很不满意，(哈里·杜鲁门：《杜鲁门回忆录》第一卷，李石译，世界知识出版社，1964年，468页。)此后他也没有把《五国和约》问题的妥协视为美苏关系可以合作下去的标志，“杜鲁门愈来愈不耐烦……决定对苏联奉行更强硬的路线。”(托马斯·帕特森等：《美国外交政策》下册，李庆余译，中国社会科学出版社，1989年，610页。)他在1946年1月5日当面宣读给贝尔纳斯听的“备忘录”中，责备国务卿的行事方式和对苏联的立场不够强硬，他最后说：“我已厌倦于笼络苏联人，”这“是我们政策改变的转折点。”(哈里·杜鲁门：《杜鲁门回忆录》第一卷，李石译，世界知识出版社，1964年，470~471页。)

至此，即1946年初，杜鲁门政府对于仅仅是向苏联表达强硬立场和施加相应的压力已经不耐烦了，而且也厌倦了。杜鲁门所称的“政策改变的转折点”，即意味着杜鲁门已经有了制定全新的对苏战略的决策意向。战后历史演变到目前这个阶段，我们一直突出美苏关系这条主线，有待揭示的是，以美苏为核心的两大联盟体系的形成和以美苏为主轴的东西方关系是怎样运转的。

杜鲁门和斯大林经过大半年的“推手”交往，也领教了对方的一些“身段”，已经各自心中有数。

第四章　两大联盟形成的历史轨迹

关于东西方两大阵营,我们是把它们定位在国际政治领域中结成联盟的两个国家集团。诚如我们已经做出的史事评述分析,促使这两个国家集团形成的动因并非冷战时代所长期渲染的基于资本主义和社会主义的对立的意识形态造成的,而是基于美国和苏联两个主导型大国的战后战略利益冲突而派生的。显然,我们已经清楚地意识到,美国和苏联分别是现实中实行资本主义制度和社会主义制度的最有代表性的国家,但是这一特征并不能解释为美国的主张就是世界资本主义的总体主张,苏联的主张就是世界社会主义的总体主张,更加不能解释为美苏之间的冲突和对抗就是资本主义和社会主义之间的冲突和对抗。

虽然有众多的国家最终加入到美苏之间的冲突与对抗之中,并且站在美国一边的基本上都是实行资本主义制度的国家,站在苏联一边的则基本上是已经建立或主张实行社会主义制度的国家或政治势力,这一特点是不是可以用来说明实行这两种制度的国家壁垒分明呢?我们认为这只是一种浮表的浅层次现象,是多少起一点作用的次要因素。按照政治学的原理来考察,上述现象一方面是由于西方国家在经济上、地缘上的传统关系的密切,东欧则由于其政权的产生方式及经济上对苏联的依赖而别无选择;另一方面是同种制度类型国家在现实国家利益的交换上有较高的便利性。还有一层重要因素,那就是主导型国家的巨大影响力及其现实政策所形成的压力左右着这些国家做出“独立”选择。中国战略学研究专家王家福则提出了一个“尾随战略”的概念和原理，他认为，雅尔塔体制“是二战中铸成的当代国际政治经济结构中枢所在……在这一格局的起点线上，西方国家，如英国在二战中尾随美国；二战后，几乎所有西方国家都尾随美国。”（王家福：《世界六强国盛衰战略观》，吉林人民出版社，1998年，32页。）

总之，当今人们早已习惯国家制度及意识形态与该国的国际立场的正相关性的思维定式，我们希望能够通过学理上的分析给予一种新的视野与启迪。

本章我们将首先通过美国遏制战略的形成、实施和苏联做出的反应与反制，由此来揭示两大阵营是在怎样的前提、背景、氛围及情势之下被引导、被“设计”出来的。总之，我们认为，这个过程的逻辑线索和逻辑轨迹是明了而清晰的。

美国对苏遏制战略的形成与苏联的反制

冷战作为一种外交决策方针与外交行为正式出现于1947年初以后，但是冷战作为一种外交思维的意识，在美英苏关系的恶化过程中就出现了。它不但试图不再按照欧洲传统的现实主义利益的原则出牌，它也没有接纳罗斯福的战略创新思维，求同存异地维持最具权势的几个大国的战后合作，它只在乎大国自己新的战略安全利益定位下的价值观主张，党同伐异，张扬放言。

当杜鲁门认为向苏联实施强硬外交达不到预期效果而感到“厌倦”的时候，斯大林对杜鲁门政府显然也不再抱有罗斯福时期那样的观感与期待。

1946年2月9日，斯大林在莫斯科大剧院所举行的最高苏维埃莫斯科选区的竞选大会上发表讲话,引人注目的是他就“帝国主义与战争问题”的一番说法,在第二次世界大战结束后才几个月就公开宣称,新的大战是不可避免的。这在美国引起了强烈反响,“对苏联及其意识形态感到恐惧的美国人认为,斯大林的演说充满了敌意,它是一篇战争宣言书。”[孔华润(沃伦·科恩)主编:《剑桥美国对外关系史》下册,周桂银等译,新华出版社,2004年,247页。]但是,按照苏联的政治语境来衡量,这番话并不是苏联的直接外交政策宣示,它主要是向内部、间接对外界表达了对近一个时期的美苏关系及与西方关系的不满。

十几天之后,乔治·凯南给美国国务院发去一份关于苏联问题的长篇分析报告,对苏强硬派所主导的杜鲁门政府如获至宝,陷于对苏倦怠、迷惘中的杜鲁门由此而豁然开朗。又过了十几天,丘吉尔跑到美国去发表“铁幕演说”,一种重塑美苏关系的信号随之发出。随后几个月,杜鲁门指示总统特别顾问克拉克·克利福德拟订一份处理未来美苏关系的指导性文件。这样,遏制战略进入决策程序,1947年初正式付诸实施。

1946年3月初,苏联与英美在伊朗的苏军撤军问题上发生了严重冲突,似乎预示着双方再也不会给对方好脸色了。斯大林在3月13日以答《真理报》记者问的形式对丘吉尔的演说做了激烈的抨击,苏联的宣传机构更是火力十足。苏联与英美关系的氛围比第二次世界大战前更差,正常交往关系已陷入难于修复的状态。

美国对苏遏制战略的酝酿与形成

关于美国对苏遏制战略的提出与制定,学术界一般都是通过三个重要文件来加以揭示,分别是凯南的八千字“长电文”、克利福德的《美国与苏联的关系》报告和凯南以笔名“Mr.X”发表的文章《苏联行为的根源》。要准确梳理和解读这些冗长的文件,尤其是要“读”出特点来,显然不是一件简单的事情。从各种简要的评述中,人们也可以从中领略到论者的某些倾向与轻重详略的取舍。

1.凯南八千字“长电文”及“Mr.X”文章的由来

1946年1月下旬，已经在莫斯科任职五年的美国大使哈里曼离职回国；美国方面任命驻莫斯科大使馆参赞乔治·凯南为临时代办。2月中旬,凯南收到美国财政部通过国务院发来的一封征询意见的信件,希望“了解为什么同苏联人那么难相处”,杜鲁门的对苏强硬政策和苏联拒绝参加世界银行及国际货币基金组织的计划，令仍然期待美苏展开经济合作的美国财政部颇为困惑。“凯南对这个简单的小问题,回了一份八千字的电报。”(小查尔斯·米:《幕前交易——三巨头波茨坦会晤纪实》,扈春生译,香港天地图书有限公司,1979年,288页。)这里所说的八千字是指八千个英文电报码。

1947年7月在美国半官方的《外交》季刊上刊登了署名为“Mr.X”的文章,题目是《苏联行为的根源》,后来证实是时任美国国务院政策设计委员会主任的凯南所作。凯南是在国务院许可的情况下于4月初把文章送交《外交》季刊的。(王绳祖主编:《国际关系史》第七卷，世界知识出版社,1995年,105页。)这篇文章与长电文的主题、框架、内容大体一样，但是有几点不同：一是凯南的遏制理论首次公开亮相；二是文章对电文重新进行了梳理，提出了更清晰的遏制主张；三是毕竟公开发表，文风不像电文那么肆意信笔。

乔治·凯南因遏制战略而名扬天下。

2.凯南的遏制主张

关于凯南怎么看待苏联的意识形态和社会制度,我们已经无需再去做一番评述,用他自己的感想来形容,在莫斯科“那实际上就像对一块石头讲话一样”。

对于这个“令人反感”的国家,凯南在八千字电文中认为苏联有它实力上的弱点和缺陷,与苏联的对立可以“不必通过一场全面的军事冲突来解决”,这是因为:(1)同希特勒的德国不一样,苏维埃政权……不冒不必要的风险。它对理智的逻辑性无动于衷,但对武力的逻辑十分敏感。因为这个缘故,当它在任何地方遇到强大的阻力时,它可以轻易地退却,而且它经常这样做。因此,如果对方掌握足够的武力,并表明准备使用武力时,实际上几乎用不着动武。如果对方正确地处理形势,就不必进行有损威望的摊牌。(2)同整个西方世界相比,苏联人还有一个软弱得多的力量。因此,他们成功与否实际将取决于西方世界所能达到的团结、坚定和强盛的程度。(3)作为国内政权的一种形式,苏联体制能否成功,还没有得到最后证明……内部的健全和运动的持久还不能认为已有了保证。(4)在苏联安全范围以外的所有的苏联宣传,基本上都是消极的和破坏性的……同它进行斗争,应该是一件比较容易的事。(齐世荣主编:《当代世界史资料选辑》第一分册,北京师范学院出版社,1990年,61~62页。)

凯南于是在他后发的文章里断言:“在可以预见的将来美国不可能与苏联结成政治友好关系。在政治舞台上,必须继续视苏联为对手而不是伙伴。”美国虽然不可能单枪匹马地导致苏维埃政权在俄国早日垮台,“但是,美国有力量极大地加大压力,限制苏联政策的推行……以此来促进那种最终必将导致苏联政权的瓦解或逐步软化的趋势发展。”(乔治·凯南:《美国外交》增订本,葵阳等译,世界知识出版社,1989年,99,101页。)凯南反复强调说:“美国对苏联任何政策的要素必须是一种长期的,既有耐心而又坚定的,并且时刻对俄国扩张倾向保持警惕的遏制政策。”(齐世荣主编:《当代世界史资料选辑》第一分册,北京师范学院出版社,1990年,103页。)

3.凯南的遏制理论在决策层的反响

凯南的"长电文""在华盛顿被广为传阅,那些认为不能同俄国妥协的人读得津津有味。"(托马斯·帕特森等:《美国外交政策》下册,李庆余译,中国社会科学出版社,1989年,610页。)二十年后,凯南在他的回忆录中自我调侃说:"我今天重新披阅时感到又震动又好笑。它的大部分内容完全像是惊慌失措的国会委员会或是'美国革命女儿'(一个美国妇女团体,成员限于美国革命时期革命参加者的直系后裔。——引者注。)为了唤起公民们注意共产党阴谋的危险而散发的读本。"(转引自小查尔斯·米:《幕前交易——三巨头波茨坦会晤纪实》,扈春生译,香港天地图书有限公司,1979年,290页。)尽管如此,就是这样危言耸听的非正式分析报告,却在高层中引起高度重视,"而且恰恰是杜鲁门所需要的那种东西。"凯南在回忆录中谈及他春风得意的感受:"这篇东西在华盛顿所产生的效果实在是轰动的。我相信,总统看过了……詹姆斯·福雷斯特尔重印了这篇东西,并且使它成为军队里千百个高级军官的必读文件……我在官场中的孤寂生活事实上已经结束……我已经成名了。我的意见现在受到重视了。"(引自小查尔斯·米:《幕前交易——三巨头波茨坦会晤纪实》,扈春生译,香港天地图书有限公司,1979年,290页。)美国国务院褒奖了凯南,并把他召回华盛顿,委任为国务院派驻美国军事学院的外事代表;没多久,他又被任命为刚刚成立的国务院政策设计委员会主任。

4.克利福德报告的遏制战略构想

几个月之后,美国高层的决策文件出台了。《美国与苏联的关系》这份报告是杜鲁门指示总统特别顾问克拉克·克利福德负责编制起草的。克利福德为此与总统本人、马歇尔、艾奇逊、李海、福雷斯特尔等核心决策人物几经商讨,于1946年9月24日提交了报告。“这份报告是战后美国政府全面分析美苏关系,确定美国对外政策基调的重要文件……此材料的出现,表明杜鲁门政府的全球战略的设想已经完善。”(引自齐世荣主编:《当代世界史资料选辑》第一分册,北京师范学院出版社,1990年,76页。)实际上,凯南的对苏遏制理论就成为美国高层制定遏制战略的指导思想。这份文件此后长期作为绝密材料封存达20年之久。

报告把苏联的一个意识形态观点作为威胁美国的依据,宣称:“我们对德国和日本的恐惧已经消逝了。但我们对苏联的怀疑——而怀疑是恐惧的第一步——却增长了。”因为“在苏联对外政策中绝对地对美国安全构成直接威胁的就是它用于为苏联与世界上主要资本主义国家的战争作准备的政策……美国将成为苏联最强劲的敌人,因此美国是苏联外交和军事政策的主要目标。”(齐世荣主编:《当代世界史资料选辑》第一分册,北京师范学院出版社,1990年,76,78页。)

报告为此提出了美国对苏联的政策的总体构想,撮其要者有:

(1)建立一个“我们自己的世界”:“苏联政府肯定是不容易‘打交道’的,美国人民必须使自己习惯于这种想法……如果我们发现争取苏联在解决世界各种问题方面的合作是困难的,我们就应准备与英国和其他西方国家一道建立我们自己的世界,这个世界将追求它自己的目标”,美国与苏联并非注定要发生冲突,“却不能找到共同的目标。”

(2)在军事战略上确保美国的优势和确立取胜之道:一是向苏联展示美国必胜、苏联必败的战争前景作为“威慑”。“必须向苏联政府表明,我们有足够击退任何攻击的力量;如果要打一场战争,它也足以决定性地打败苏联。”二是战争模式,苏联地域广阔,军事打击目标分散,但容易受到核武器、生物战和战略空军力量的打击。“因此,为了使我们的军事力量保持在能够有效抑制苏联的水平上,美国必须做好进行原子战和生物战的准备。”三是军备和武装力量的发展方向，“一场与苏联的战争，将比以往的任何恐怖的战争都更为‘全面’。因此，必须不断地研究进攻性和防御性武器。”而“一支既能从海上又能从空中调动的高度机械化的军队，必须在强大的海、空力量支持下，才能够占领和控制战略地区。”四是军备控制政策，“美国具有以高效技术武器为主的军事潜力”，美国自己不能提出且应该反对“什么裁军或限制军备的建议。”因为“任何限制军备的讨论，将会……建议废除核武器和远距离进攻性武器；这将会极大地限制美国的力量，而对苏联却只有有限影响……上述限制军备的结果将会使美国丧失其最有效的武器，同时又无损于苏联……的闪电战的能力。”

（3）确定最基本的地缘战略目标：“只要苏联政府坚持它现在的政策，美国就必须保持强大的军事力量，强大到足以抑制苏联和把苏联的势力范围限制在目前区域内。”

（4）对目前尚未落入苏联势力范围，但“易于出错的地方”采取对策：“必须按照非共产主义的方式”，争取一个统一和稳定的中国、一个重建和民主的日本、一个统一和独立的朝鲜、保证菲律宾的繁荣、和平解决东南亚和印度的政治问题。

（5）确立对外援助的原则：凡是追随美国、抵制苏联的所有国家，“我们将给予慷慨的经济援助和政治支持”，“我们的复兴政策将直接用于巩固那些我们正全力使它们不落入苏联势力范围的地区。”

（6）加强对苏联人民的文化意识渗透：“美国应该努力争取在有影响的苏联人中形成对美国的良好谅解……在苏联政府可能允许的最大范围内，我们将采取在苏联人中分发书籍、杂志、报纸、放映电影、对苏进行无线电广播等方法，并迫切要求与对方交换旅游者、学生和教师。”

（7）美国政府各部门要协调起来导向美国的对苏舆论：“为了有效地执行对苏政策，美国政府应该协调自己各部门的行动，向美国人民发出有关苏联问题的通告和指示,在认识和信任的基础上争取他们的支持。”(以上各点参见齐世荣主编:《当代世界史资料选辑》第一分册,北京师范学院出版社,1990年,80~82页。)

克利福德的报告提交之后,杜鲁门将这一文件发放给军政高层人士传阅。遏制战略的形成,表明杜鲁门决心奉行一个“单方面行动体制”下的全球进攻性战略。随后几个月,美国等待着推出应用这个战略的政策时机。

5.“战略的畸形产物”:遏制政策

就在克利福德编制报告前后,1946年7月23日,美国前任副总统、商务部长亨利·华莱士向杜鲁门提交了一份批评质疑对苏强硬政策的备忘录。他指出:“我们对苏联的根本不信任在于我们的政治、经济制度不同。这种不信任几个月来被新闻媒介火上浇油,变得更为紧张。”可是,“尽管美苏之间存在着深刻的文化差异,而且我们进行了长达25年的反苏宣传,但在战争危机期间,美国人民毅然改变了他们的对苏态度。”面对美苏之间存在的分歧,“我们不能像希特勒那样,以建立反共产国际的办法来对付挑战。”华莱士显然还期待着实现罗斯福的目标,他说:“我们必须认识到世界已经发生了变化,当今如果美苏不通过某种方法求得共存,就不会再有‘一个世界’。”关于未来美苏关系的出路,华莱士认为:“只要建立彼此相互信任的气氛,只要制定与俄国的经济合作计划,其他许多涉及与俄国相邻国家的问题就好解决了。”(齐世荣主编:《当代世界史资料选辑》第一分册,北京师范学院出版社,1990年,86~89页。)

当然,华莱士的建议是不会被杜鲁门采纳的。于是,他于9月12日在纽约麦迪逊广场公园发表演讲时对听众说:“采取‘强硬态度’永远不会带来任何真正与持久的东西……我们愈强硬,俄国人也会变得愈强硬。”(引自托马斯·帕特森等:《美国外交政策》下册,李庆余译,中国社会科学出版社,1989年,613页。)结果,杜鲁门也对华莱士强硬起来,解除了他的商务部长职务。

凯南的《苏联行为的根源》公开发表之后，美国著名的政治评论家沃尔特·李普曼写了一系列评论文章，并于1947年底汇集成一本小册子出版，书名就起为《冷战》，“冷战”一词从此流行。

李普曼指出，遏制政策是“战略的畸形产物”，要应付世界紧张局势不是靠无限制的全球十字军运动，它将会无限制地考验美国的资源和耐心。他很尖刻地说，杜鲁门和“X”先生在他们主要的论点中放弃了他们的基本职责——外交。“对于一个外交家来说，认为互相角逐的不友好的强国无法实现和解，那就是忘记外交的职能。”（引自托马斯·帕特森等：《美国外交政策》下册，李庆余译，中国社会科学出版社，1989年，620~621页。）

作为职业外交官出身的凯南，然后是作为美国外交政策最高决策人的杜鲁门，都坚持要在外交舞台上充当意识形态的“卫道士”和“布道者”。冷战的钟声不会给世界带来安宁，正如小查尔斯·米所说：“事实上，杜鲁门所做的一切很少能够被解释成是谋求世界安宁的计划的一部分。”（引自小查尔斯·米：《幕前交易——三巨头波茨坦会晤纪实》，扈春生译，香港天地图书有限公司，1979年，298页。）

关于美国的决策人为什么一定要穿上“道”袍，美国国务院官员路易斯·霍尔是这么看的：“由于美国人民不会接受国务院人员认为是采取干涉主义所需的现实主义的解释，只有向人民做一些别的解释。”霍尔相信，“欺骗并不是对外关系可悲的副产品，而是建立任何对外关系的一个必要的先决条件；只有这样，无知的人民才会让他们的领袖们放手推行‘现实的’干涉主义对外政策。”总之，“不管出于什么理由，总统和他的国务院官员们总是干涉主义者；而全国的大部分人民则是反对干涉主义的。干涉主义者的计划就是要寻找一个能够使人们广为接受的理论根据。”（引自小查尔斯·米:《幕前交易——三巨头波茨坦会晤纪实》,扈春生译,香港天地图书有限公司,1979 年,286~287 页。）

苏联对遏制战略的反制

1946 年 1 月 23 日,哈里曼在动身离开莫斯科前最后一次拜会了斯大林,谈话中哈里曼请斯大林就苏美关系的前途谈谈自己的想法。在回答哈里曼关于斯大林元帅是否也像某些人认为的那样,即美苏的政治和社会主张是如此的尖锐冲突,谈到他们无法调和的问题时,斯大林的回应是:“自然,这两个国家有不同的社会的和政治的主张,‘但是这些仅关系到这两个国家的内政’。关于外交事务,他觉得俄国人和美国人‘可以找到共同的基础’,正如战时和战后几个月来所表明的那样。”（艾夫里尔·哈里曼,伊利·艾贝尔:《哈里曼回忆录》,吴世民等译,东方出版社,2007 年,636 页。）如果仅从讲道理的角度,坦率地说,斯大林的见解比凯南的观点更可取,也符合国家交往的处理原则。

但是正如前述,从 1946 年 2 月开始,美苏关系明显恶化。尽管斯大林在随后几个月回答了西方记者的提问和公开了接见富兰克林·罗斯福之子埃利奥特的谈话内容,表示他相信苏联可以和西方民主国家消除歧见、长期和平合作。（《斯大林文选》,中共中央编译局编译,人民出版社,1962 年,493 页。）但此时美英等西方国家从政界到各种媒体对苏联都充满着不信任和敌意。

当美国对苏遏制战略的冷战政策从 1947 年初开始实施,苏联面对西方的强有力遏制,唯有亦步亦趋地采取反击与反制措施。不论是在德国问题、朝鲜问题还是在美国实施杜鲁门主义、马歇尔计划的过程中,斯大林都摆出不主动挑战西方的姿态,但是对于来自西方国家的紧逼,则必然加以反制。同时他也约束南斯拉夫、保加利亚等与西方势力范围接壤的国家领导人注意他们的策略和行动,避免给西方抓到把柄,因为苏联政府“不愿在冷战中承担过多的义务，也不愿激起美国的全面干涉。”[斯蒂芬·克利索德:《南苏关系(1939—1973)文件与评注》，人民出版社，1980年，111页。]

至此，我们看到，无论苏联与美国的关系如何，苏联都坚持实施在周边地区和东欧的既定战略，决不动摇。杜鲁门后来发了狠话：“俄国为了达到帝国主义的目的，似乎蓄意要利用那些被战争打得支离破碎的邻邦。”(哈里·杜鲁门:《杜鲁门回忆录》第二卷，李石译，生活·读书·新知三联书店，1974年，2页。)那么，苏联从战争末期到冷战展开过程中是如何实施其战略的?这就是通过三个途径达成它的外交目标的实现：

一是在战争后期发挥雅尔塔体制最初运作的机制，通过与罗斯福、丘吉尔协商谈判进行一系列相关的政治安排，诸如苏联的领土与边界要求、东欧成为苏联势力范围的初步安排，出兵对日作战的政治条件与相关安排等。

二是充分利用战争结束阶段在境外的军事占领局面，造成一系列的既成事实之后，再以此作为谈判基础促使美英接受这一结果，例如波兰的卢布林政权和匈、保、罗等国政府的建立，大规模收缴战败国辖区内的设备、物资，在苏联军事占领区内按其主张来划定边界等。

三是利用美国发动对苏冷战遏制政策的时机与环境，适时采取反制措施，以针锋相对的姿态进行回击，并且从中谋取预期中的利益，比如采取断然措施阻止东欧各国参加马歇尔计划，扶持东欧各国共产党人逐步把各国联合政府中的亲西方势力清除出去，其中又以捷克斯洛伐克1948年“二月事件”最为典型，另外，单方面使德波边界以奥得河—西尼斯河为界永久化，这条边界即使到了冷战结束时，国际社会也唯有接受而已，如此等等。

冷战虽然使斯大林的国际活动空间受到一定的限制，外部环境比较恶劣，他小心翼翼地在冷战的底线之内处理与西方的关系，但是斯大林显然并不担心乔治·凯南和美国国家安全委员会提出的致力于长期“培养苏联体系内破坏性的种子”，他相信苏联有手腕、有办法对付这个问题，而且持续的冷战未必就对苏联积蓄力量不利。他曾经放出这样的豪言壮语：“第一次世界大战使一个国家挣脱了资本主义奴役。第二次世界大战打出了一个社会主义体系，那么第三次世界大战必将永远埋葬帝国主义。”（丘耶夫编著：《莫洛托夫访谈录——同莫洛托夫的140次谈话》，军事科学院外国军事研究部编译，吉林人民出版社，1992年，94页。）

西方阵营建构的历史轨迹

西方阵营建构的历史轨迹，是一个颇为清晰明了的过程：首先是西方阵营建立的逻辑前提，即美国杜鲁门政府在“去罗斯福化”的同时，推行对苏强硬外交，并且在国际舆论和美英等国家内部的公众舆论方面渲染苏联正在它的势力范围之内实行高压政策及恐怖统治的可怕景象。在这样的舆论造势和政策转向造势的过程中，开始酝酿、提出、形成了对苏遏制战略。而西方阵营建立的逻辑主线，则是在遏制战略的主导下，通过杜鲁门主义、马歇尔计划的推行以及布鲁塞尔条约组织和北大西洋公约组织的建立，大体完成了西方阵营的体系建构、整体布局和力量集结。

杜鲁门主义：围棋布局第一子

1.何谓杜鲁门主义？

1947年3月12日下午，美国总统杜鲁门向国会参众两院联席会议发表一份咨文，就希腊和土耳其正在发生的局势，表明美国政府的立场、判断和准备采取的措施，提出了一个相应的解决方案，要求国会拨款予以支持。由于杜鲁门的演讲里，包含着重大的外交政策主张，故后来就称为“杜鲁门主义”。

2.杜鲁门主义提出的背景与时机

1947年2月21日,英国政府发表白皮书,承认英国的财政状况正在进一步恶化,1946年的财政赤字超过原先估计，已达到4.5亿英镑,由此将不得不大幅度削减海外开支。同日,英国外交部通过其驻华盛顿大使馆向美国国务院发去两份分别涉及希腊和土耳其的外交照会，声称由于国内经济困难，自3月31日之后,英国将无法再给希腊和土耳其以经济和军事上的援助。英国强调,希、土正面临着共产主义的严重“威胁”,根本无力维护“民主制度”,由于希、土在军事和战略上的重要性,西方国家决不能眼看着它们因为得不到援助而落入第三国控制之下,希望美国能够承担继续提供援助的责任。

英国人的照会存在一些含糊与误导的地方。首先我们应该清楚,东地中海地区是英国长期经营的重要区域,英国是希腊的保护国,对土耳其也拥有强大的影响力。反法西斯战争后期,由希腊共产党领导的抵抗运动组织先于英军接管了德国军队撤退时的许多希腊城镇。随后到达的英军执行丘吉尔的命令要解除希腊游击队的武装,双方发生过一些流血冲突,丘吉尔派出更多的英国本土军队和印度军队进行镇压。威廉·李海也在回忆录中轻描淡写地提及“英国不断利用其部队镇压那里出现的反抗”。(威廉·李海:《我在现场》,马登阁等译,华夏出版社,1988年,304页。)

此后希腊游击队撤出雅典地区而盘踞于北部山区。1945年2月12日,英国占领当局与游击队签订了和平协定,即《瓦尔基扎条约》,英国保住了对希腊的控制权。“在战后,希腊一直站在西方一边……斯大林意味深长地保持沉默。英苏有关巴尔干问题的秘密协议在当时是生效的。”(斯塔夫里阿诺斯:《全球通史》下册,董书慧等译,北京大学出版社,2005年,746页。)1946年秋天,希腊共产党游击队再度活跃,袭击对象是已经建立起来的希腊亲英政府的管辖地。根据各种资料来分析,直至英国向美国发出照会,斯大林都从未插手希腊内部事务。但是从杜鲁门主义出台后,斯大林曾经批评南斯拉夫领导人不该卷入希腊问题、要求立即收起在希腊的行动来看,与希腊接壤的南斯拉夫显然给予希腊游击队提供了帮助及支持。(米洛凡·杰拉斯:《同斯大林的谈话》,司徒协译,世界知识出版社,1989年,138~139页。)

至于土耳其的主要问题则是财政困难和经济不振导致政府管制无力,社会危机比较严重。另外,德黑兰会议和雅尔塔会议,英美领导人都同意斯大林提出的修改限制苏联船只进出土耳其达达尼尔海峡和博斯普鲁斯海峡的《蒙特勒公约》,但是英美的底线仅限于提供国际保证使上述两个海峡成为国际自由航行通道而已。1946年七八月间,苏联两次照会土耳其,要求修改《蒙特勒公约》,并提出由苏、土共同防卫达达尼尔海峡。英美政府鼓动并支持土耳其拒绝了苏联的要求,从而成为外交纠纷。英国人的照会虽然暗示美国政府,希、土不能落入苏联手里,却也并未明示把希土危机归咎于莫斯科。但是杜鲁门在其回忆录中把希土碰到的问题都算在苏联头上。

对于杜鲁门政府来说,英国人在这个时候送上这样一个机会真是再好不过。一方面美国的对苏遏制战略业已形成决策,正在期待着推出的合适时机,另一方面,此前美国人总是把英国人看成"老朋友",对这个迅速破落的帝国却又掌控着世界那么多要害地区,难免还有点恻隐之心而不忍遽下杀手。现在英国人拱手让出控扼着欧亚非三洲交通咽喉的东地中海,岂能错失良机呢!

3.杜鲁门主义直接设计的政策目标

于是,接到英国照会之后,美国国务院近东事务司司长洛埃·亨德森、副国务卿迪安·艾奇逊和刚刚担任国务卿不久的乔治·马歇尔都同意,"美国必须担负起英国的帝国角色,不少局内人早就巴不得要这样做了。"(小查尔斯·米:《幕前交易——三巨头波茨坦会晤纪实》,扈春生译,香港天地图书有限公司,1979年,299页。)

2月 27 日，杜鲁门、马歇尔和艾奇逊与国会领袖在白宫开会协商如何出招，说白了就是要确定让美国国会、美国公众和美国舆论以及让国际社会相信，美国政府是为了一种崇高的使命和目标而决定在希腊和土耳其采取行动的。“艾奇逊被指定为美国负担起英国的角色而大事吹擂。在艾奇逊看来，这个问题是十分清楚和异常简单的。问题的关键是保卫西方自身的文明。”（小查尔斯·米：《幕前交易——三巨头波茨坦会晤纪实》，扈春生译，香港天地图书有限公司，1979 年，299 页。）艾奇逊在回忆录中写道：“没有时间来做四平八稳的分析了。我说，在过去的十八个月中，苏联对直布罗陀海峡、伊朗、希腊北方施加的压力使苏联极有可能在巴尔干获得突破，从而可以向三个大洲渗透。就像一个烂苹果会引起一桶苹果都烂掉一样，希腊的腐烂会传染给伊朗和所有伊朗以东的国家。它还会通过小亚细亚和埃及传染给非洲，并通过意大利和法国传染给欧洲……”（转引自丹·考德威尔：《论美苏关系》，何立译，世界知识出版社，1984 年，16 页。）

“烂苹果论”这种推断手法在杜鲁门主义的演讲中被直接应用。数年后，艾森豪威尔政府进一步加以发挥运用，概括为多米诺骨牌理论，今天人们还使用“蝴蝶效应”来表达类似的原理。

事实上，战后以来美国不时地给予希腊、土耳其以援助，只是尚未如英国那样直接插手其内部事务，而希腊游击队问题则是早就存在的事态。英国人不就是正式把在这两个国家的援助“责任”和享有的特权转让给美国，值得拉到云端扯什么“文明形态”的大是大非吗！我们倒是可以注意，冷战时代的美国外交决策者，经常不是去“发现及确认”烂苹果是否存在，而是假设“有一个”烂苹果存在。

杜鲁门主义究竟主要是谁设计出来的？杜鲁门本人实际做的都是门面工夫，真正的核心人物则是迪安·艾奇逊，“他对杜鲁门主义所起的作用大于杜鲁门总统，对马歇尔计划所起的作用大于马歇尔将军。”（沃尔特·艾萨克森等:《美国智囊六人传》，王观声等译，世界知识出版社，1991 年，5 页。）1947 年 5 月 8 日艾奇逊在克利夫兰发表政策演讲，就杜鲁门主义和近期美国所要达到的政策目标做了五个方面的说明：一是大量增加美国出口商品；二是增加对国外的贷款；三是对反对“极权主义”和“强权政治”的国家给予美国援助以应付它们的需要；四是使美国可以单独进行复兴德国和日本的工作；五是延长政府的战时权力，使政府仍然可以控制国内货物的销售、运输和出口工作。这几个方面道出了杜鲁门主义的现实政策动机，值得注意的是，这次演讲的内容具有承上启下的政策含义。杜鲁门则在回忆录中把艾奇逊这次演讲称为“马歇尔计划的开场白。”（哈里·杜鲁门:《杜鲁门回忆录》第二卷，李石译，生活·读书·新知三联书店，1974年，130页。）

4.杜鲁门主义的主要内容

正是 2 月 27 日的白宫会议为杜鲁门 3 月 12 日的演讲定下了调子和所谓政策主张。杜鲁门在演讲中宣称，今天，希腊国家的生存受到由共产党领导的几千武装人员的恐怖活动的威胁，这些人无视政府权力。希腊若要成为一个自给和自立的民主国家，必须得到援助。而对于世界上热爱自由的人民来说，土耳其作为一个独立的和经济健全的国家生存下去的重要性，并不亚于希腊。杜鲁门把希腊的危机做了一连串的推论，即任由这个危机发展，它首先会波及邻国土耳其，其次是引起中东的混乱，然后是影响西欧乃至整个“自由世界”的稳定，从而破坏了整个世界的和平，这样希腊问题就威胁到美国的安全和利益了。

接着杜鲁门大谈世界上现阶段只有“民主”和“极权”两种生活方式，所有国家都必须做出二居其一的选择，而现实中的选择往往并不是自由、自愿做出的，即一些国家的生活方式是被强加的。杜鲁门把一个复杂多元的现实世界做了这样的限定之后，就明确表示“美国的政策必须是支持自由人民”，“如果我们的领导表现出举棋不定，那我们就会危害世界和平——同时我们肯定会危害我们本国的幸福。”

因此，杜鲁门要求国会在1948年6月30日以前，向希腊、土耳其提供4亿美元援助，并选派专家顾问和军事人员前去执行任务，充分利用一切经济和军事手段来帮助这两个国家。杜鲁门在讲到这笔开销的时候，竟然与第二次世界大战期间美国的军事总开支联系起来，称战争中美国为了世界自由及世界和平投资了3410亿美元，这次为了同样的目的，只不过区区4亿美元，所费稍多于这种投资的千分之一而已。（齐世荣主编：《当代世界史资料选辑》第一分册，北京师范学院出版社，1990年，94页。）

国会参众两院经过辩论后，分别于4月22日和5月8日通过法案，同意拨款4亿美元援助希腊和土耳其政府，5月22日，杜鲁门正式签署了《援助希、土法案》。

5.杜鲁门主义的真正目标分析

杜鲁门主义的真正目标，即是地缘战略的现实目标——而不是它所宣称的意识形态目标。按照地缘政治的原理来分析判断，希腊、土耳其地处地中海东部、欧亚非三大洲的结合部，控扼着连接中东地区与东、西欧的门户及交通咽喉，战略地位极之重要，艾森豪威尔将军强调说：“从战略观点看，世界上没有比近东和中东更重要的地区了。”

马歇尔、艾奇逊与凯南“他们最终关注的并非希腊，而是为美国干预中东寻找依据。万一发生与苏联的战争，该地区将具有极为重要的战略意义，其石油储备绝不能落入敌对国家之手。他们打算发出信号，由美国作为该地区支配性力量接下英国的角色。”［孔华润（沃伦·科恩）主编：《剑桥美国对外关系史》下册，周桂银等译，256页。］

对美国来说，它在中东地区的战略利益正在迅速扩大——战时在中东地区探明了更多的石油储量。在1943年以前已经探明的石油储量中,美国仅控制13%的开采权份额,而到1944年,这一比重提高到42%,绝对量则增加了19倍,此后这一比重仍在上升之中。中东地区已经成为美国高度重视的战略利益的攸关区域。杜鲁门主义表明美国将以这次行动为契机，继续大举进入中东地区,既可取代英国在中东的优势地位和影响力,又可着手遏制苏联的力量渗入中东。

第二次世界大战前,美国在近东、中东几乎没有实质性的政治存在,战时在伊朗、沙特阿拉伯取得了立足点。

6.杜鲁门主义的冷战视觉

杜鲁门告诉国会:“我们只需看着地图，就明白希腊这个国家的生存和完整，从范围远为广大的局面看来,是非常重要的。”杜鲁门从地图里看到的只有两极分野的世界，他说:“在世界历史的现阶段，几乎每一个民族都必须在两种生活方式之中选择其一。”“一种生活方式是基于多数人的意志,其特点为自由制度,代议制政府,自由选举,个人自由之保障,言论与信仰之自由,免于政治压迫。”“第二种生活方式基于强加于多数人头上的少数人意志。它所依靠的是恐怖和压迫,操纵下的报纸和广播,内定的选举和对个人自由之压制。”杜鲁门把矛头指向苏联及其东欧追随者,“世界上许多国家的人民近来在违反其意愿的情况下,被迫接受极权政制。美国政府曾经屡次提出抗议,抗议在波兰、罗马尼亚和保加利亚使用压力和威胁,因为这违反了雅尔塔协议。我还须指出,许多别的国家,也有相似的发展。”

以意识形态的视点，作为一项重大外交政策

杜鲁门主义在美国外交史上，也是在国际外交史上开创了两个先例：第一，美国政府在制定对外政策时，第一次公开打出反共产主义的意识形态旗帜，并且要在全世界遏制所谓“极权主义”；第二，美国政府出动军队介入、干涉别国内部事务，第一次宣称它是“合法”的——即事先已经获得美国立法机构的批准和授权，从而开创了以国内法凌驾于国际法的先例。

的出发点，这是外交领域的一个重要信号与重要转变。杜鲁门后来在他的回忆录里有进一步的发挥，他说：“在这篇讲稿中我不希望有模棱两可的字眼。这就是美国对共产主义暴君扩张浪潮的回答。”“我也希望向全世界说明，美国在这个新的极权主义的挑战面前所持的立场……我相信，这是美国外交政策的转折点，它现在宣布，无论什么地方，无论直接或间接侵略威胁了和平，都与美国的安全有关。”（哈里·杜鲁门：《杜鲁门回忆录》第二卷，李石译，生活·读书·新知三联书店，120~121页。）

这一“美国外交政策的转折点”，它从此为现实的国家利益谋夺套上了一层意识形态的、道德的外衣和保护色；它从此使复杂的国际政治或曰外交技巧简化为意识形态语言的简单推理；它从此使国际交往规则服从于意识形态争斗的需要；它从此时不时让美国的国内法授权凌驾于国际法律原则和国家交往惯例之上。

7.杜鲁门主义与西方阵营的建构

这是美国完成遏制战略设计之后正式发动实施冷战的总体布局“第一子”，同时，杜鲁门主义通常被作为冷战局面形成、美苏正式展开冷战的标志，它表明杜鲁门上台将近两年来已经完成了美苏关系的重新定位，也完成了“非罗斯福化”的根本性转变。它还标志着美国的外交战略中，构建以美国为核心的西方联盟体系这一进程的正式启动。这个联盟体系在本质上是属于国际政治领域中的国家集团化，其战略目标是遏制另一个主导型大国苏联及其势力体系与势力范围，而构建这个联盟体系的根本方针和基本依据，却被偷梁换柱地转化为意识形态上的价值信条,由此开创了大国关系史上的一个“全新时代”。

马歇尔计划的决策方针与战略意图

1.何谓马歇尔计划?

马歇尔计划,又称为“欧洲复兴方案”。由美国国务卿马歇尔于 1947 年 6 月 5 日在哈佛大学毕业生典礼上演讲时公开提出。马歇尔强调,当时欧洲在经济、社会和政治秩序方面严重恶化,对整个世界以及美国经济都将产生不利的后果;“挽救之道在于打破险恶的周期循环,恢复欧洲人民对他们国家和整个欧洲的经济前途的信心。”“美国应该尽力协助世界回复至经济健全的常态,没有它,也就没有政治的安定,没有牢固的和平。”马歇尔要求欧洲各国政府首先要为经济自立和经济合作做出计划及采取措施,并且“这个计划必须是联合性质的,假使不能商得所有欧洲国家的同意,也得商得一部分国家的同意。”(齐世荣主编:《当代世界史资料选辑》第一分册,北京师范学院出版社,1990年,131~132 页。)

同年 7 月 12 日,西欧 16 国(奥地利、比利时、丹麦、法国、英国、希腊、爱尔兰、冰岛、意大利、卢森堡、荷兰、挪威、葡萄牙、瑞典、瑞士和土耳其)在巴黎召开会议,讨论向美国申请援助的方案。西部德国因为地位特殊而敏感,未出席会议,但也得到关照。9 月 22 日欧洲各国将联合拟定的重建计划草案递交给了华盛顿,要求在未来四年中提供总额为 282(后削减为 224)亿美元的援助。杜鲁门最终把其削减到 170 亿美元之后,该草案被提交给国会审核。国会经过激烈的争论之后于 1948 年 4 月 2 日通过了《1948 年对外援助法》。4 月 3 日,杜鲁门签署了法案,同时还批准设立了 “经济合作总署” 来负责这一计划的实施。欧洲国家(执行中比利时和卢森堡合并为一个受援单位,增加了西德,故仍按 16 国计)则决定成立“欧洲经济合作组织”与之协调。马歇由于美元自20世纪70年代以来大幅贬值，1盎司黄金与美元的比价从之前固定比价35美元上升至2009年年大约920美元左右，故马歇尔计划的援助规模按照黄金比价约相当于当今的3500亿美元左右。

尔计划至1952年6月底正式实施完毕，累计执行拨款131.5亿美元左右。

马歇尔计划对于西欧经济的恢复起到了重大的扶持作用。到1950年，西欧各国均已渡过了难关，经济已经恢复到或接近战前水平。马歇尔计划除为了消除欧洲长期存在的经济壁垒、以利美国进一步打开西欧商品和资本市场之外，主要还是为了西欧经济恢复活力之后配合美国展开对苏遏制行动，同时也为西方国家联合建立政治军事集团创造必要的条件。

2.马歇尔计划提出的背景

战后初期的欧洲，经济一派凋敝，粮食和燃料严重匮乏，各国人民饥寒交迫，惨痛景象更甚于大萧条年代。1946年底欧洲碰上百年不遇的寒冬，饿毙冻死者多有发生。以胜利者姿态走出战争的英国，此时的大众生活状况，有评论认为还不如劫后的香港。1947年1月20日，英国政府发表白皮书，称“不列颠处于极其危险境地”。2月21日再发表白皮书，称英国财政状况恶化的程度比原先的估计还要严重；这一期白皮书多少包含着说给美国人听的成分，英国除了照会美国，将于近期撤出希腊、土耳其的驻军之外，还表示英国可能不得不考虑退出德国占领区、退出国际货币基金组织，也不参加国际复兴开发银行，并将实行严格的贸易控制。法国的状况可能更糟，它甚至连维持一个稍微稳定的政府都做不到。1947年初，下野已经一年的戴高乐将军对公众演讲时称：“国家结构弊端百出，法兰西民族误入歧途，国家威信扫地以尽。”至于受到战争严重破坏的战败国，德国人在1946~1947年的人均热量摄入仅为每天1800千卡，这个数值不能支持人体的长期健康。美国负责经济事务的助理国务卿威廉·克莱顿在从德国发给华盛顿的报告中说，“数百万人正在慢慢饿死”。美国报纸经常刊登德国的一些妇女和儿童在美国占领军驻地的垃圾堆寻找食物的照片。

另一方面，美国经济则面临产能过剩、出口不振的问题。1946年底，总统经济顾问委员会向杜鲁门报告：“1947年可能是一个生产削减、就业不稳和购买力难以令人满意的年头。”美国商务部估计，1947年的出口额约为145亿美元，占当年GNP的7%左右，远不能适应工业生产能力的需要，认为对外贸易至少必须占GNP的20%才能取得经济平衡。

至于国际政治环境方面，美苏关系仍在进一步恶化之中。1947年3月至4月举行的莫斯科外长会议，乏善可陈，美苏在德国问题上陷入僵局而导致会议破裂。刚刚履任国务卿不久的马歇尔认为苏联正在采用“拖延战术”等待德国以至整个西欧陷入经济崩溃。美国政府已经很不耐烦，对于苏联在欧洲问题上的“合作”不再有任何期待。4月28日马歇尔就莫斯科外长会议发表评论说：“欧洲的病人已经奄奄一息，而医生们还在慢条斯理地会诊呢！”（J.布卢姆等：《美国的历程》下册第二分册，杨国标，张儒林译，商务印书馆，1988年，509页。）他强调“必须马上采取行动”。

3.马歇尔计划的决策方针

1947年3月5日，美国国务院的官员在为杜鲁门起草致国会的咨文时，对援助其他欧洲国家的问题进行了探讨。与此同时，国务院政策设计委员会、三部院（国务院、陆军部和海军部）协调委员会的下属调研班子——特别委员会，都先后提出过初步建议，助理国务卿威廉·克莱顿也到欧洲调研并提出相关分析报告。副国务卿艾奇逊则有一个更广阔的政策视野，5月8日他的克利夫兰演讲已经顾及到杜鲁门主义推出之后的政策拓展空间。

5月23日，乔治·凯南主持的国务院政策设计委员会提交了一个《关于美国援助西欧的政策》的设计方案。这个方案提出了颇为详尽的政策要点：第一，政策设计委员会把它作为机构成立后的第一个课题，是因为“西欧看来是执行长期计划最有利的地区”；第二，西欧的危机是战争造成的，并不是“共产党人的活动”造成的，但是，“共产党人正在利用欧洲危机，如果他们进一步得逞，美国安全将会面临严重威胁”，故援欧目的就是不给俄国人“钻这个空子”；第三，通过援欧，充分运用美国政府的力量和影响力，“使欧洲人民相信我们是说话算数的”，即建立美国在欧洲的权威；第四，援欧的原则：一是应当要求欧洲首先实行“自助”和“互助”，二是应当把欧洲作为一个整体来对待，即确立“欧洲整体原则”，三是美国援助的重点是扶持德国和英国；四是“应以经济上可行的、并符合美国利益的方式，向美国做出最大限度的补偿。”第五，最辣的一招，不强调排斥苏东国家，而是“建议欧洲（不仅包括西欧）进行普遍合作，这样欧洲的合作势必应以这种方式进行，即俄国的卫星国要么不愿意接受我们提议的条件而把自己排除在外，要么同意他们的经济不再朝另外的方向发展。”如果苏联出面阻挠“计划的实施，西欧主要的国家必须找出一条没有俄国及其卫星国参与的共同磋商途径。”（齐世荣主编：《当代世界史资料选辑》第一分册，北京师范学院出版社，1990年，133~136页。）

5月28日美国国务院召开会议讨论并通过了政策设计委员会提出的上述援欧方针。此后推出的马歇尔计划基本上就是按照这个方案实行的。

4.马歇尔计划的战略意图

马歇尔计划的战略意图，有几个方面很值得深入剖析：

第一，欧洲自助与互助原则——适当强大与繁荣的西欧是推行遏制战略最关键的一环。凯南为何要强调这个原则。基于美国向来认为，经济混乱和贫穷是革命，尤其是共产主义运动兴起的温床，只有从根本上并且尽快使欧洲的经济摆脱困境和“健全”

起来,才是消除这种不安定因素的有效办法。强调这个原则,还在于要追求整个援助计划的最大效益,复兴欧洲,首先就是恢复各国政府的权威和人民的信心,并达致西欧各国重获活力,自行站立起来,稳固下来。自助与互助,就要求西欧各国,自订计划、目标与步骤来重建自己的工业,制止严重通货膨胀,稳定货币与金融,恢复商业及外贸的活力等。所有这一切,美国都只能“帮助”而不能包办代替。欧洲恢复活力之后才有可能配合美国对苏实施遏制。

有些论者认为,美国只是为了减轻义务,避免背上长期财政负担的包袱而强调了这个原则,这显然未抓住问题的实质。因为如果美国认为战略上有此必要,其投入从来不吝啬,而当美国不想背包袱时,任何受援国都没有能耐约束美国承担这种援助“义务”。

第二,把欧洲作为一个整体来对待,即确立“欧洲整体原则”。这个原则富含深意,内藏玄机,乃有的放矢,且收一石数鸟之功效。

(1)它故意藏起了方案直指苏联的“方向标”。当时尽管冷战已经展开,美苏关系已经势同水火,但是美苏双方都不愿意由自己一方在外交政策的宣示上宣布“翻脸”,就如同在德国问题上一样,谁也不想把分裂欧洲的责任揽到自己身上来。马歇尔、艾奇逊在草拟计划时就考虑过是否排除苏东国家,认为这是“一个非常困难的问题”。如果公开排斥苏东国家,在策略上是不明智的,可是如果接纳它们,则整个计划可能无效而失去推出这个计划的初衷。最后马歇尔敲定对策是故意含糊其辞,而着重强调“整体”“联合”提出重建计划。美国估计“苏联不会在泄露它的国内经济和财政状况的全部情报基础上参加”马歇尔计划,因为在1944年的联合国家金融货币会议上,苏联就是以这个理由拒绝加入国际货币基金组织的。结果正如美国之所料,6月底莫洛托夫率领苏联代表团接受英法的邀请到达巴黎与英法协商按美国的要求联合提出援助申请时,发现美国的附加条件无法接受,大发牢骚和不满之后自行退出。马歇尔在演讲时已经暗示,“这个计划必须是联合性质的，假使不能商得所有欧洲国家的同意，也得商得一部分国家的同意。”

（2）消减法国等国家对德国的畏惧感，并且以此为转机改善法美关系。法国与德国作为西欧地区的两个重要国家，自18世纪末的拿破仑战争、1870年的普法战争、1914年的第一次世界大战和1939年的第二次世界大战共四场大规模的战争，结下了深重的民族世仇和民族夙怨。战后的法国千方百计要削弱德国，希望加以严厉处置，害怕未来德国东山再起。但是这种要求已经不符合现时的美国对德政策；另外在1946年1月20日法国的政治领袖戴高乐被迫辞职以前，法美关系颇不融洽，戴高乐甚至有强烈的对美反感情绪。戴高乐之后的法国历届政府很不稳定，但都转而求好于美国，使法美关系日益改善。因此，为了鼓励法国奉行亲近美国的政策，美国在处置德国问题时也顾及到法国的利益，如在萨尔问题和鲁尔煤炭对法供应问题上的处理。马歇尔计划中不正面提及德国，也有避免刺激法国的疑虑这个意思。而强调“联合重建”欧洲，这无异于在欧洲建立起一个国际机制来约束德国，显然有助于消减法国及德国的其他邻国的担忧，并进一步改善法美关系。

（3）“联合、整体”原则有助于推行美国所要求的自由贸易方针，有利于打破西欧各国长期构筑的关税壁垒和其他经济壁垒，瓦解欧洲各殖民宗主国的排他性贸易体系。因为只有接受美国所附加的受援条件才能成为欧洲“整体合作”的成员，只有接受美国所确定的共同经济准则才能加入到这一经济重建工作的行列。美国明确表示不会接受任何单一国家的援助申请，而西欧各国又是如此渴望美国的援助，这样美国就能“毕其功于一役”，迫使受援国同时划一消除这些壁垒和贸易限制，事半功倍，效果卓著。西欧从此成为一个接受美国指导的统一的开放市场，这对美国来说太重要了。

（4）借助“联合、整体”原则，消除欧洲列强的传统优越感，把它们都当做只是从属于美国这个“整体”的一员来对待。尤其重要的是培养欧洲仰仗、尾随美国的整体意识,还有就是形成政策层面的美欧协商机制,为随后推出大西洋联盟体系和确立所谓集体安全原则做好铺垫。

第三,借欧洲经济复兴的机会,把德国的西方占领区重点扶植起来。既然美国无法与苏联达成协议恢复德国的统一,那么让战后的德国“一天天烂下去”将对西欧极为不利。德国历来是欧洲的主要经济体之一,素有欧洲工业经济“火车头”之称,德国经济迟迟不能恢复生机,不但拖累了整个西欧,也使美国承受巨大的救济压力。

最要害之处则是,西部德国已经成为西方与苏联冷战对峙的最前沿,必须尽快巩固这个前沿阵地,即使由此造成德国的永久分裂,美国也决意要采取行动。

1947年5月6日,乔治·凯南在美国军事学院作演讲时,就直截了当地说,拟议中的计划包括德国的重建。6月5日马歇尔在演讲中并未提及德国,只是表示参加计划的国家不受“政治情绪和偏见”的限制。当时西部德国政治家、德国分裂后的第一任联邦德国总理康拉德·阿登纳“从这句话中马上意识到援助将适用于德国。”(王绳祖主编:《国际关系史》第七卷,世界知识出版社,1995年,131页。)

第四,马歇尔计划企图以经济援助做诱饵,离间分化苏东关系。美国显然是要把苏联排除在计划之外,但是对于东欧国家,尤其是波兰、匈牙利和捷克斯洛伐克,美国仍然寄予期望,争取把它们拉到西方世界来。东欧国家当时虽然成为苏联的势力范围,但是毕竟时间还不太长,苏联的控制并不牢靠。另外,东欧各国在历史上都是比较亲近西方的,其中匈牙利和捷克斯洛伐克在战前并不属于东欧概念,它们曾经还是奥匈帝国版图上正式的组成部分。此外，波、匈、捷直至马歇尔计划提出时，在其多党政府结构中，亲西方的力量仍然颇有影响力。美国的政策设计者于是设了这么一个套，"欧洲的合作势必应以这种方式进行，即俄国的卫星国要么不愿意接受我们提议的条件而把自己排除在外，要么同意他们的经济不再朝另外的方向发展。"事实上，东欧各国对马歇尔计划都表现出极大的兴趣和渴求，但是莫洛托夫向各国政府打招呼，谁也不得参加马歇尔计划。（丘耶夫编著：《莫洛托夫访谈录——同莫洛托夫的140次谈话》，军事科学院外国军事研究部编译，吉林人民出版社，1992年，91页。）捷克斯洛伐克由亲西方政党主导的政府一直试图突破苏联的限制，结果导致了1948年"二月事件"的发生，即捷克斯洛伐克多党联合政府改组，亲西方势力被清理出联合政府。二月事件在西方称为"二月政变"，它促使美国国会在争论马歇尔计划中的反对声音明显小了下来。

可见，马歇尔计划的内涵是极为丰富的。复兴欧洲的经济意义固然是重大的，但是说到底，经济复兴在战略上只是"敲门砖"而已。

5.马歇尔计划与西方阵营的建构

马歇尔计划是美国实施遏制战略的一个重要步骤，它与杜鲁门主义是互为表里的，它不仅是杜鲁门主义的继续，而且是对杜鲁门主义的拓升和重大补充。马歇尔计划和杜鲁门主义的设计者，同时也是遏制理论和遏制战略的倡导者，这本身就是耐人寻味的。关于马歇尔计划的遏制战略含义，目前学术界的评估是不充分的，或者只在意它的经济复兴意义，或者过分在意其意识形态上的含义。充分认识与揭示马歇尔计划本身的经济意义是恰当的，但是其地缘战略上的意义恐怕是更本质的。美国以极不寻常的举措投入如此巨大的资源，常识告诉我们，这只能是在追求重大的战略利益。确切地说，通过欧洲复兴方案恢复整个西欧的经济活力和生机，在此基础上构筑西欧的遏制阵地，包括以西部德国为重心的前沿阵地。

杜鲁门在回忆录中,称“这个计划帮助欧洲避免了一次经济灾难,并把它从俄国共产主义奴役的阴影中拯救出来。”(哈里·杜鲁门:《杜鲁门回忆录》第二卷,李石译,生活·读书·新知三联书店,131~132页。)这种观点正是典型的冷战手法,即把真实的现实利益意图掩盖在意识形态的说辞之下。

我们从决策方针里的“西欧看来是执行长期计划最有利的地区”,援欧目的就是不给俄国人“钻这个空子”,通过援欧,充分运用美国政府的力量和影响力,“使欧洲人民相信我们是说话算数的”,以及“应以经济上可行的、并符合美国利益的方式,向美国做出最大限度的补偿”,诸如此类的提法,都能解读到马歇尔计划背后有着长远的、重大的战略目标追求的意涵。中国俗话说的,“舍不得孩子套不着狼”,正如杜鲁门在发表杜鲁门主义演说中,把对希、土的援助视做一项“投资”,这就好理解了——巨额的投资,必然在追求巨大的回报。

马歇尔计划的巨大回报之一就是为西方联盟体系的构建,即为最具实质性意义的北大西洋公约组织的建立奠定了成员之间的政治意识的趋同、利益互通、政策互动的可行性基础。它在事实上加深了东西方的裂痕,强化了东西方的分野,在这样的国际环境中加强了美国的西方集团化建设。

按照马歇尔计划模式组建北约组织

1.背景:美国借助马歇尔计划推动西欧军事结盟

在美国于1947年上半年先后推出杜鲁门主义和马歇尔计划的情况下,苏联已经能够觉察和感受到美国遏制战略的进逼,乃于9月下旬把原先拟议要建立的各国共产党的国际协商机构——欧洲共产党和工人党情报局正式台面化。当时在欧洲外交舞台上颇为活跃的比利时首相保罗·亨利·斯巴克对欧洲局势做出分析,认为欧洲共产党

布鲁塞尔北约总部。

和工人党情报局成立后，欧洲显然存在着“相当程度的西欧‘无组织’状态与东欧的‘有组织’状态”。美国认同这一判断，认为西欧国家如果仅仅停留在经济层面上进行合作，远不足以对抗“共产主义的攻势”，还必须在政治领域和军事防务上联合起来。

1947年11月25日，美、苏、英、法四国在伦敦召开外长会议，主题仍是德国问题及德波边界问题，与多半年前的莫斯科外长会议一样，会议陷于僵局。12月15日马歇尔突然宣布外长会议无限期休会。次日，马歇尔与英国外交大臣欧内斯特·贝文在一起交流看法。贝文首先提出，鉴于苏联在东德派有大量驻军，在德国问题上态度又如此僵硬，显然欧洲必须设计出某种形式的联合作为应对，并且获得来自美国和加拿大在军事上的支持。马歇尔表示赞同这个想法，但他同时认为，如果西欧能够在军事上按照马歇尔计划的模式先行组织起来，美国政府将予以支持，暗示了美国暂时还不打算公开组织美欧军事集团，即美国现阶段还不能正式在欧洲承担“军事义务”。马歇尔解释说，由于当前美国政府正忙于推动国会通过马歇尔计划的拨款方案，“国会不可能在批准出钱的同时又同意提供血和人力。”

2.目标:西欧军事防务对象的转变

已经给自己定位为在西方的“联合大演奏”中充当第二小提琴手的英国,摸清了美国的政策走向之后,开始四处张罗。1948年1月22日,贝文在英国下院发表讲话,阐述了经过内阁认可的英国对欧政策,正式提出成立西欧联盟的建议。在西欧多国先行协商的情况下,由英法于2月19日联合邀请比利时、荷兰和卢森堡举行有关防务合作的谈判。北欧的丹麦、瑞典和挪威三国则担心贝文的建议缺乏防务战略上的实质结构而宁愿持观望态度。3月5日,五国代表齐集布鲁塞尔。条约草案是英国提出的,在探讨军事条约的防务对象问题时,法国仍然主张“防止德国的威胁”,对此,三个低地国家比荷卢均表示反对,主张不明确提及德国,认为存在比德国更大的潜在威胁,美国方面则从背后施加影响支持比荷卢。3月17日,出席谈判的五国外长基本达成了一致,签订了为期50年的《布鲁塞尔条约》。它在英国、法国和低地国家之间建立了以军事合作为核心,并涉及经济、社会及文化各个领域的长期同盟。条约中还是强调了防范德国和其他潜在势力的威胁,但其所指的“威胁”的含义则要广泛得多。正如英国牛津大学查塔姆研究院的分析报告所指出那样:“某些成员国的真实意图至少是——英国政府则肯定是——苏联总有一天要进攻西欧。”

杜鲁门立即发表讲话就《布鲁塞尔条约》的签订表示全力支持。杜鲁门显然对于在美国鼓励下的西欧军事联合所取得的进展相当满意。《布鲁塞尔条约》表明西欧的防务对象已经大体上完成了从德国到苏联的转变。1948年8月25日,条约生效时成立了条约组织。

3.定位:为美欧结成军事同盟奠定基础

在和平时期签订的这项以军事合作为核心的多边同盟条约,它包含着西欧国家在战后有进一步加强区域联合的愿望与要求,但是,布鲁塞尔条约组织的五个成员国的结盟更主要的意图在于按照美国的指引为未来美欧结成军事同盟奠定基础,在现阶段美国希望西方的防务体系形成北美—西欧的“杠铃式”结构。

通过北约组织的建立大体完成西方阵营的建构

1.北大西洋公约组织的军事战略构想

在1948年马歇尔计划顺利获得国会批准和杜鲁门竞选总统连任获胜,加上期间发生了第一次柏林危机,几经权衡,杜鲁门政府决定从长远而言应致力于建立大西洋安全体系,在防务政策上应由北美和西欧缔结一个覆盖北大西洋的区域性集体防务协定。于是,拟议中的北大西洋公约进入正式的决策程序。美国做出的评估和构想主要是什么呢?

第一,《布鲁塞尔条约》的局限性与存在的缺陷。美国原本有以此约作为基础而加以扩大的打算。但是美国在一番推敲研究之后,发觉《布鲁塞尔条约》的局限性很明显:一是覆盖范围太狭窄,它不包括战略上以及对“大西洋安全”必不可少的国家和地区如格陵兰岛、冰岛、挪威、亚速尔群岛等,这对于装备核武器的美国战略空军来说,在尚不具备洲际远程飞行的条件下,缺乏通往西欧所必需的“跳跃垫脚石”,这就使美国的战略优势不好发挥。二是布鲁塞尔条约以隐晦的方式表达防范苏联的威胁,同时也把防止德国东山再起列为宗旨,这会直接妨碍美国把德国变为遏制苏联的军事前沿的方针。三是《布鲁塞尔条约》规定的义务太宽泛,这不符合美国的政治需要。《布鲁塞尔条约》除了共同防务之外,还涉及经济、社会、文化各方面的合作,这会冲淡集体安全方面的重要性。条约规定当一国遭到攻击时,其他缔约国应提供力所能及的一切军事的或者其他援助。美国若加入这个条约,就会把自己与布鲁塞尔条约国家绑在一起,捆住美国的手脚,结果将不是美国支配西欧,而会让西欧决定美国将在何时何地卷入欧洲战争。故美国和一些欧美国家协商后决定另建一个条约结构。

第二,新约突出“自助和互援”原则,并寻求清除美国自身的法律障碍。在白宫的推动之下,1948年6月11日美国参议院通过一个被称为“范登堡决议案”的文件，规定在持续有效的自助和互援的基础上，首先要求西欧采取行动增强武装力量，并且按美国的要求联合起来。在涉及美国国家安全的情况下，美国可以“通过宪法程序，参加这些区域性和其他集体协定”。这是一个重要的法律体制上的突破。按照美国宪法体制，即使与美国结盟的国家受到武装进攻，也不能使美国“自动地”卷入战争，是否宣战仍必须由国会做出定夺。这个决议要求“盟国必须增强单独的或集体的”防务能力，美国可以向西欧提供军事援助，西欧也必须满足美国的防务要求。这个决议案也为美国以后在世界各地建立一系列“集体安全”的条约组织清除了法律上的障碍。

第三，美国与西欧在防务上的呼应与协调。1948 年 6 月第一次柏林危机发生后，美国下定了组建北约的决心，但是在策略上仍有待总统大选明朗化。7 月 6 日美国、加拿大和布鲁塞尔条约五个成员在华盛顿举行秘密工作会议，至 9 月 9 日达成基本一致意见，形成了所谓“华盛顿文件”，其中已经包含了后来称为北大西洋公约的要点、性质、范围、成员国的义务等。1949 年 1 月北约草案在华盛顿正式提出。条约第五条，西欧各国强烈要求美国承诺在它们遭到攻击时立即给予有力的和毫不含糊的援助，但美国却想把义务规定得含糊些。最后，美国在一定程度上接受了西欧的要求，规定“各缔约国同意对于欧洲或北美之一个或数个缔约国之武装攻击，应视为对缔约国全体之攻击”，此时“每一缔约国按照联合国宪章第五十一条所承认之单独或集体自卫权利之行使，应单独并会同其他缔约国采取视为必要之行动，包括武力之使用，协助被攻击之一国或数国以恢复并维持北大西洋区域之安全。”（引自齐世荣主编：《当代世界史资料选辑》第一分册，北京师范学院出版社，1990 年，142~143 页。）美国还希望有更多国家加入，最好把西班牙、希腊、土耳其等国都拉进来。但是，弗朗哥政府的国际形象不佳，一些西欧国家和加拿大也不愿意把承担的义务扩大到明显不属于北大西洋区域的巴尔干地区。

2.北大西洋公约组织的结构及其运作

北大西洋公约组织总部最初设在伦敦，1951年迁往巴黎，1967年再迁布鲁塞尔。

1949年4月4日，美国、英国、法国、荷兰、比利时、卢森堡、加拿大、丹麦、挪威、冰岛、葡萄牙和意大利等十二国外长在华盛顿签约。希腊、土耳其两国最初被认为不是严格意义上的大西洋国家，被推迟到朝鲜战争期间的1952年2月加入；联邦德国则于1955年5月成为第十五个成员国；西班牙于1982年5月成为第十六个成员国。

1949年9月17日，北约成员国外长会议在华盛顿举行，会议决定设立这个组织的一系列机构。其最高权力机构为部长理事会，由各成员国外长组成，有些时候则开成各国首脑会议或多部委联席会议，一般每年举行两次会议，协商审议该组织的政治、军事方面的重大政策问题。北约组织的第二层次的机构有（1）防务计划委员会，由各成员国国防部长组成，负责制定和审议北约的军事政策与军事计划，每年举行两次会议，通常安排在部长理事会会议之前。（2）常设理事会，由各成员国派出的大使级代表组成，负责处理休会期间的日常事务；设有国际秘书处，负责北约会议的准备、组织和联络工作；秘书长除领导国际秘书处之外，还担任部长理事会和防务计划委员会及后来成立的核计划小组的主持人。（3）军事委员会，为部长理事会领导下的北约最高军事机构，由参加军事一体化的成员国的总参谋长组成，就北约的军事问题向部长理事会和防务计划委员会提供建议和军事方案，并负责指导各战区司令部的工作。它有统一的军事指挥系统，设有欧洲盟军最高司令部、大西洋盟军最高司令部、海峡盟军司令部和美、加地区计划委员会。另外,隶属于军事委员会之下的常设战略小组,由美英法三国在军事委员会的代表组成,负责就军事性质的问题进行指导,并协调各地区军事计划小组的工作。常设战略小组下设五个地区性军事计划小组,分别涉及北大西洋、美加、西欧、北欧和南欧—西地中海地区,美国参加所有五个地区计划小组的工作。

此外,北约每年还会举行多次的多国联合军事演习。

3.北大西洋公约组织的性质

北约产生之时,强调的是集体安全与防务合作,显然是一个军事条约,但就其实际运作与功能定性而言,却被额外赋予了浓厚的政治色彩,政治层面上常常占据显要位置。

英国外交大臣贝文在 1948 年初提出建立西方联盟的设想时,从一开始就强调它是“精神的联盟”,目的在于“拯救西方文明”。

乔治·凯南和查尔斯·波伦等“苏联通”原本是主张美国在鼓励西欧建立军事联盟的同时,与美国保持一种“杠铃式”的关系即可,美国无需直接为西欧国家承担军事义务和做出具体承诺,因为凯南坚持认为苏联将无意对西方使用武力。在这个主张没有被杜鲁门和马歇尔等最高决策者接纳的情况下,凯南于 1948 年 11 月间向马歇尔国务卿进言,指出苏联对西方的威胁主要不是军事上的,而是政治上的,强调所谓苏联的扩张,并不是指向西欧发动进攻,而是政治上的“征服”,故北约的作用应该突出其政治上的功能。马歇尔对此意见表示赞同。

1949 年 4 月 7 日已经出任国务卿的艾奇逊在将北约的文本呈交杜鲁门时,附上了一封说明信对各条文做出逐一解释,其中称“对缔约国的攻击”,不仅指为了达到领土或民族主义目标的攻击,而且包括对“我们共同的民主生活方式”的攻击;“条约的基本目的就是巩固和保存这一共同的生活方式。”4 月 12 日杜鲁门在条约提交给国会参议院审核批准时的附信中做了类似的说明。

可见,北大西洋公约组织的含义已经不仅仅是地缘政治意义上的军事集团,同时它也披上了意识形态色彩的政治外衣。但是说到底，保存西方的共同生活方式也好，拯救西方文明也好，都不过是这个时期的冷战语言而已。凯南的见解和主张虽然表面上为军人出身的马歇尔所赞同，却取代不了条约立意上的军事遏制战略的特质。所以，北大西洋公约组织的设计及其建立，本质上是遏制战略建构中的重要军事环节。

4.北大西洋公约组织对两大阵营问题的重大影响

第一，北大西洋公约组织的建立，在此前杜鲁门主义和马歇尔计划已经或正在实施的基础上，标志着以美国为主导者兼盟主的西方阵营的形成。这个组织的建立，进一步加深了东西方之间的对抗，同时，也标志着美苏之间的冷战对峙进入全方位展开的态势。

第二，北大西洋公约组织是美国威慑苏联的一个重要工具，随着苏联毫不退缩的较劲应战和苏东联盟体系的形成，奠定了此后以欧洲为主要地域的两大政治军事集团的大规模、大范围对峙的基本框架与基本态势。

第三，北大西洋公约组织的形成，在西方内部框定了冷战时代的美欧关系的走向与格局。一方面西欧地区的防务体系完全依赖于美国的支撑，客观上——同时也是美国预期中的目标，就导致美国获得了支配、主导西欧事务的权力；另一方面加入北约的大小西欧国家就如同登上了美国向苏联叫板挑战的战车，形成了美欧防务战略上的共进退、同生死的共同利益，这反过来又进一步强化了美欧的联盟基础。

第四，北约的日常运作和军力部署都托付在西欧地区，这使得美国的全球遏制战略部署在西欧形成了强有力的对苏遏制阵地，从而成为其全球战略重心。

美国从 1947 年初开始实施的遏制战略的布局，一波比一波加大了力度和覆盖面，并且环环相扣，形成了广阔的遏制战线和布阵纵深。布局“第一子”于东地中海的希腊、土耳其之后，再以欧洲复兴方案恢复整个西欧的经济活力和生机，在此基础上构筑西欧的遏制阵地;然后通过构建所谓共同安全体系,先后建立布鲁塞尔条约组织和北大西洋公约组织完成军事力量的联防整合与配置,不久之后又成立巴格达条约组织和成立总部设在希腊的中东作战司令部来加固东地中海和西亚地区的遏制阵地。

在远东,美国自 1947 年开始调整对日本的方针,从此前以抑制改造为主转为全面扶持使之成为东北亚的遏制堡垒。中华人民共和国成立之后,于朝鲜战争期间及其后通过《美日安全保障条约》和美韩、美台、美菲、美越(南越)防务条约以及建立东南亚条约组织等举措,构筑了北起阿留申群岛、沿日本列岛、朝鲜半岛、台湾岛、菲律宾群岛和中南半岛的新月形防线,并以南太平洋的澳大利亚等为支撑结构。

另外,1949 年 1 月 20 日,杜鲁门在其第二个任期开始的就职演说中提出了"第四点计划"(因该演讲第四点而得名),试图通过技术开发落后国家和地区的方案把广大落后国家和地区纳入西方的势力体系。60 年代,肯尼迪和约翰逊执政时期,五角大楼在制订全球防务计划时提出"灵活反应"战略,设想同时打"两个半战争",即在欧洲和亚洲各打一场大规模战争,在亚非拉其他地区打一场小规模战争,或谓半个战争,以遏制应对东方阵营可能采取的攻势。尼克松执政时期进行了战略调整,推行"现实威慑"战略,主张同时打"一个半战争",即准备在欧洲或亚洲打一场大规模战争,在亚非拉其他地区打一场小规模战争,或谓半个战争。

这个气势恢宏的布局过程,如果我们剔除意识形态的思维视觉,那么,它就是有史以来从未显现过的一个超级大国的地缘战略部署的"杰作"与范例。这么多国家和民族卷入其中,几乎涵盖了全球全部的种族、宗教、文明模式和价值观念与生活方式的多样性,说它们不是为了追求各自的现实国家利益而是为了保卫西方文明或某种共同意识形态价值观,会有哪怕是最起码的说服力吗?

东方阵营建构的历史轨迹

虽然苏联早就声称存在社会主义阵营,但是着眼于国际政治领域的国家集团则是在战后才得以形成。东方阵营建构的历史轨迹:苏联在保障自身安全利益和反遏制战略的主导下,通过扶持东欧、东北亚的共产党国家,以针锋相对的姿态和有来必往的招数,先后建立“九国情报局”、推行所谓莫洛托夫计划和建立经济互助委员会、缔结一系列双边军事合作条约及成立华沙条约组织,大体完成了东方阵营的体系建构、基本布局和力量集结。

欧洲共产党与工人党情报局的政治解读

1.情报局的酝酿、定性及建立

1943年5月22日,存在24年的共产国际宣布解散。“鉴于共产国际的存在和活动妨碍了苏联对外政策的实施和不利于苏联同英美等反法西斯盟国的关系, 斯大林决定要共产国际让路了。”(张盛发:《20世纪上半叶“世界革命”的理论和实践问题》,载《东欧中亚研究》,1998年第3期。)此后几年就不存在各国共产党人的国际组织了。

1945年战争结束前后, 南斯拉夫共产党领导人铁托向斯大林建议, 设立一个在各国共产党之间的协商性质的国际会议,斯大林对此表示赞赏。1946年6月铁托访苏期间,斯大林对铁托和保加利亚共产党领导人季米特洛夫表示,“有必要建立一种情报机构,以便经常开会,交流一般的经验和做出各种决定,不过,这个机构的决议不能束缚任何对决议持有异议的党。”(王绳祖主编:《国际关系史》第七卷,世界知识出版社,1995年,216页。)

1947年上半年, 美国先后推出杜鲁门主义和马歇尔计划两项重大的冷战政策,于是苏联要求波兰工人党出面发起召开欧洲共产党和工人党的会议，以加强欧洲各国共产党的协调行动。1947 年 9 月 22 日情报局成立会议在波兰加利西亚什克拉尔斯卡—波伦巴举行。出席会议并成为这个组织成员的,共有 9 个,所以也称为“九国情报局”。这 9 个成员是苏联共产党、6 个东欧国家——波兰、保加利亚、匈牙利、捷克斯洛伐克、罗马尼亚和南斯拉夫的共产党或工人党以及两个西欧共产党——法国共产党和意大利共产党。情报局机构由各国党中央委员会派两名代表组成,总部初设于贝尔格莱德,次年苏南冲突公开化之后移至布拉格。

2.情报局对冷战局面的判断及集团化参与冷战的意义

九国情报局成立会议上,苏共中央领导人日丹诺夫做了关于国际局势的分析报告,会议据此通过了《关于国际形势的宣言》,以及通过了《关于出席会议的各国党之间交流经验和协同行动的决议》。宣言在战后首次提出了“两个阵营”的概念,它宣称:“世界已经分裂为两大对立的阵营，一个是帝国主义反民主阵营,另一个是反帝国主义民主阵营。”宣言指“美国是帝国主义阵营的主导力量”，并对杜鲁门主义和马歇尔计划做了这样的判断，称它们是美国执行的全球扩张政策总计划中的一个组成部分,即欧洲部分。宣言宣示了一种应战的姿态,“在日丹诺夫报告的初稿中本来没有‘两个阵营’的提法,这一概念是在请示了斯大林之后加进去的。这显然说明,苏联领导人在马歇尔计划提出后,下决心放弃了过去与西方合作的政策。”(引自沈志华:《1948 年苏南冲突起因的历史考察——来自俄国及东欧国家解密档案的新证据》,载《历史研究》,1999 年第 4 期。)

九国情报局的成立,在国际上引起强烈反响。各国共产党纷纷表示支持,而西方国家则有评论认为,这“是克里姆林宫对马歇尔计划的回答”,是“要阻止欧洲的经济复兴”,比利时首相斯巴克则做出欧洲存在着“相当程度的西欧‘无组织’状态与东欧的‘有组织’状态”的判断。

毫无疑问,苏联通过建立九国情报局,一方面把此举当做向美国和西方推行对苏遏制战略的一种反遏制的回击，另一方面它反映了苏联开始对其势力体系内部的资源和力量进行国际整合，通过这种整合，摆开阵势与西方展开集团化的对峙。因此，这是东方阵营建立联盟体系的重要步骤。

从1948~1949年间，苏联在东欧各国共产党内部三次发动清洗“铁托分子”的行动，显然，情报局成为苏联加强集团内部控制和“清理门户”的一个工具。

1948年苏南矛盾加剧并公开化，苏联于是在6月28日让情报局做出开除南斯拉夫的决定，开创了社会主义国家公开决裂的先例。

这种“工具效应”，促使1956年4月17日情报局正式解散，“这是赫鲁晓夫使西方国家和铁托放心试图与二者和解的一种姿态”。（艾伦·帕尔默编著：《当代世界历史辞典》，吴开斌等译，武汉大学出版社，1991年，103页。）

莫洛托夫计划与经互会的联盟意义

1.“莫洛托夫计划”提出的背景

“莫洛托夫计划”这个名称不是苏联的概念，而是欧美国家用来与马歇尔计划作对应的概念，这非常符合冷战时代美苏关系和东西方关系的风格与特征。

1947年6月马歇尔计划提出，东欧各国都有强烈参与计划的愿望，一方面东欧各国的经济状况普遍都很糟糕，急需援助来恢复与重建经济；另一方面东欧各国此时的政权大多实行多党联合政府，其中的亲西方政党希望借助马歇尔计划，扩大与西方的联系，以加强它们的政治地位。

6月下旬，莫洛托夫率领苏联代表团赴巴黎，打算按美国的要求与英法先行召开协商会议，结果不欢而散。随后苏联立即发动抨击与谴责马歇尔计划的宣传攻势，并且拒绝出席7月12日开始的巴黎经济会议,同时决定阻止东欧各国参与计划。7月9日斯大林在接见要求最强烈的捷克斯洛伐克政府代表团时说:“马歇尔计划是直接针对苏联的,捷参加这个计划将是对苏联的敌对行为;捷的态度关系到苏捷关系的原则性问题;捷接受英法邀请不符合苏捷条约的精神。”(引自王绳祖主编:《国际关系史》第七卷,世界知识出版社,1995年,213页。)斯大林还要求捷克斯洛伐克与苏东国家做到“全体一致”。

美国企图通过马歇尔计划分化苏东国家关系的用意落空之后,遂报之以经济压制政策,不但对苏东国家取消贷款、严格限制出口,还迫使其他西方受援国对苏东国家实行贸易禁运,不准出口工业基本设备、拖拉机、滚珠轴承和医疗器材等物品。

苏联为了抗衡马歇尔计划,防止东欧国家的离心倾向,并且在事实上由于苏联阻止东欧各国加入马歇尔计划,苏联就唯有承担起援助东欧各国的责任,帮助它们解决经济上的困境。因而在这样的背景之下,苏联所采取的援助措施就被西方统称为“莫洛托夫计划”。

2.“莫洛托夫计划”的主要内容

1947年七八月间,苏联先后与保加利亚、波兰、捷克斯洛伐克、匈牙利、南斯拉夫和罗马尼亚等国缔结了一系列双边经贸协定。通过这些协定,过去东欧各国与西欧和其他地区进行的大宗进出口商品贸易通通转向苏联,也就是说,东欧各国所需的战略物资如能源、粮食、工业技术设备等都改由苏联提供,同时苏联则成为东欧各国产出商品的吸纳市场,并由苏联提供贸易信贷优惠,从而形成了以苏联为核心的苏东贸易圈。事实上,这并非理想的经贸模式,只是苏东国家在当时的国际环境之下,别无选择,唯有如此。

3.苏东经济互助委员会的建立

随着国际冷战环境的日益恶化,西方对苏东国家的经济封锁越来越严重。苏联为了进一步安抚东欧国家,乃决定在苏东之间建立多边经济合作机构。1949 年 1 月 5 日,苏联与保加利亚、罗马尼亚、波兰、匈牙利、捷克斯洛伐克共六国的代表在莫斯科举行经济会议,讨论苏东经济合作问题。1 月 25 日六国发表《关于成立经济互助委员会的公报》,表示"坚决反对侵犯各国主权及其国民经济利益的马歇尔计划",并确定经济互助委员会的基本任务是:"以交流经济经验、相互给予技术上的援助,彼此在原料、粮食、机器、装备等方面提供协助。"公报还宣称,经互会是一个开放性的组织,凡赞同经互会原则并愿意同上述各国进行广泛经济合作的其他欧洲国家也可加入。[《国际条约集(1948—1949)》,世界知识出版社,1959 年,167 页。]1949 年 2 月阿尔巴尼亚、1950 年 9 月德意志民主共和国先后加入这个组织。

经互会的建立,实际上是把斯大林关于资本主义和社会主义两个平行市场的理论付诸实践,并试图建立一个可以与西方资本主义世界市场相抗衡的社会主义世界市场。

4.实施"莫洛托夫计划"和建立经互会的联盟意义

通过"莫洛托夫计划"的实施和经互会的建立,东方阵营在建构上获得了一个非常重要的布局机会并取得了重大进展:

第一,作为因应马歇尔计划的反击措施,"莫洛托夫计划"的实施过程中,苏联不但在经济上,而且在政治上和外交政策上,促使东欧各国集结在苏联周围,最终整合成为一个共同利益框架。莫洛托夫后来说:"西方有些作者认为,苏联不接受马歇尔计划是其外交政策的一大失误。"可是,"我们退出该计划恰恰是一着胜棋。"(丘耶夫编著:《莫洛托夫访谈录——同莫洛托夫的 140 次谈话》,军事科学院外国军事研究部编译,吉林人民出版社,1992 年,91 页。)从某种意义上说,马歇尔计划确实给了这样的机会:莫斯科吹响了集结号,东欧国家纷纷列队于苏联旗下。

第二,在东欧各国内部的政治角力中,亲西方的力量遭受一次颇为沉重的打击。非共产党人的捷克斯洛伐克外贸部长胡贝

东西方两大阵营的对峙

特·里普卡在 1947 年末强烈责怨美国的政策与措施，他说：“这些白痴开始使用老一套的讹诈手段了：‘好，你可以得到 20 万或 30 万吨，甚至 50 万吨小麦，但有一个条件——你把共产党人从捷克斯洛伐克政府中撵出去。’现在，这些华盛顿白痴把我们一下子赶进了斯大林主义的阵营。”（引自托马斯·帕特森等：《美国外交政策》下册,李庆余译,中国社会科学出版社,1989年,609页。)美国封杀了东欧各国来自西方的生存之路,各国经济唯有快速而猛烈地转轨,使东欧各国的国际定位和国家的生存体制进一步向苏联靠拢并且维系在苏联身上。

第三,苏联原本期待美国能够提供巨额经济援助来帮助其经济重建,其自身的经济压力已经非常大。美苏关系的恶化实际上对苏联打击很大,但是苏联不肯屈服于西方的压力,就唯有升旗应战。于是,苏联不得不在这种非战争状态之下继续维持国民经济的高强度军事化,它要坐上东方阵营盟主的位置,同时要促使东欧国家成为其追随者,那么它就必须承担起盟主的相应职责,为其追随者解困。所以,苏联从资源的整合与配置上乃是勉力去支持这种冷战体制,莫洛托夫晚年说:“我记得,战后捷克的粮食和饲料都是我们提供的,而我们却饿肚子。”(丘耶夫编著:《莫洛托夫访谈录——同莫洛托夫的140次谈话》,军事科学院外国军事研究部编译,吉林人民出版社,1992年,92页。)严峻的外部环境和严峻的经济状况,促使苏联采取大动作来强化东方阵营的部署与力量集结。

第四,“莫洛托夫计划”和经互会的实施,初步完成了苏联对东欧各国的国家体制,特别是经济体制的改造,这将成为苏联长期控制东欧国家经济命脉的杀手锏。

(1)东欧的苏联模式计划经济,在冷战的国际环境下,已经无法与资本主义世界市场对接或谋求在资本主义世界市场环境中生存,大宗商品的进出口和战略物资的输入已经被隔绝。

(2)东欧各国大宗商品的进出口和战略物资的输入高度依赖苏联,经济生存的命根子就捏在苏联手里。

(3)大部分东欧国家原来的工业基础薄弱,在苏联的援建之下,建立了一批大、中型骨干企业,其技术、设备,甚至生产的主要原材料都由苏联提供。而我们知道,苏联实行了一套完全不同于欧美国家的技术参数体系,一旦采用了苏联的技术参数,那么,设备的引进、零部件的补充，原材料和产品的适用性就受到严格的限制。

总之，此后即使个别东欧国家有了离心倾向，客观地说，其转向将困难重重。苏东国家已经一起进入“一荣俱荣，一损俱损”的状态。表面上看，苏联勉力帮助东欧国家渡过了战后初期的经济难关，但是若从冷战对峙和东方阵营的建构这些层面上去分析，则诚如莫洛托夫之所言，是“一着胜棋”。

苏东国家的军事联盟体系的形成

1.苏东国家军事结盟的主要框架

苏东国家在结成军事联盟体系上的方式与西方有所不同，它在构建军事联盟的过程中，追求的是结盟本身的实际结果，并且都是以防范德国作为主要理由。这一方面与苏联的外交政策理念及外交风格有关，另一方面则是东欧国家各成员在军事力量的实力上与苏联根本不成比例，这个集团的军事防务将完全依赖苏联的支撑。

因此，这个体系实际上是由一系列的双边军事合作条约所构成。苏联通过这种双边军事合作条约的方式，确立了苏联国境以西的防卫前沿各有关国家在法律、政策和后勤支援上充分“配合”苏联军事力量的部署，提供一切必要的便利，同时把该国的军事力量纳入苏联的军事指挥系统。

苏东集团直至1955年才把这个军事联盟系统整合成为一个多边框架——建立华沙条约组织。

2.苏东国家军事结盟的主要形式

苏联与东欧各国的双边军事条约分成两种类型，一种是在第二次世界大战后期，苏联与捷克斯洛伐克、南斯拉夫和波兰三个国家签订的内容大致相同的“友好互助和战后合作条约”，它们规定，在对德战争结束以后，缔约国仍需共同采取措施，预防和消除任何来自德国或德国的盟国“重新侵略的威胁”；一旦缔约一方因此卷入与德国或与其盟国的军事冲突时，另一方应立即采取一切可能的手段提供“军事及其他方面的援助和支持”。

另一种是冷战展开过程中,作为对西方的反制措施而签订的双边军事合作条约。1948年初,美国鼓动并支持西欧国家建立布鲁塞尔条约组织,苏联于是通过与罗马尼亚、匈牙利和保加利亚缔结双边军事合作条约的方式作为反应方式与反制措施。

此外,在苏联的引导和鼓励之下,1947~1949年间东欧各国之间也签订了一系列的双边军事合作条约,如波捷、保罗、匈波等之间的军事合作条约。据统计,到40年代末,苏联东欧国家间的这类双边军事合作条约总数达到35个。通过这个复杂的军事联盟体系,东方阵营在军事防务和安全方面的功能得以建立起来。

3.华沙条约组织的建立

1949年4月4日欧美十二国正式成立北大西洋公约组织。按照斯大林在尖锐冷战时期的惯例,一般在西方推行某个冷战政策或举措的时候,都会采取相应的措施做出反应,但是面对北约的成立,苏联此次除了发动猛烈的宣传攻势予以抨击以外,在策略上并未采取成立类似的组织架构这样的行动。数年之后,1954年10月,美英法意加比荷卢八个北约国家与联邦德国代表签署了《巴黎协定》,决定结束对联邦德国的占领,接纳联邦德国加入北约组织。德国重新武装并且加入军事联盟集团,这是一个相当敏感的问题。苏联于11月13日照会美国、中国和23个欧洲国家,坚决反对巴黎协定,并建议召开全欧安全会议,讨论建立欧洲集体安全体系的问题,西方国家拒绝了这一建议。

于是,1954年11月29日,苏联与波捷匈罗保及阿尔巴尼亚、民主德国等八国在莫斯科召开“欧洲和平与安全会议”。会议做出决议称,如果美国和西方国家批准巴黎协定,苏东国家“不得不采取迫切的措施,同爱好和平的国家联合起来的力量来对抗上述由西方国家组成的军事集团的侵略势力,以保障自身的安全。”(刘德斌主编:《国际关系史》,高等教育出版社,2003年,365页。)1955年5月5日《巴黎协定》生效,9日联邦德国正式加入北约组织。5 月 11 日,苏东国家在华沙召开第二次“欧洲和平与安全会议”,14 日,苏东八国签署了《友好合作互助条约》,即通常所称的《华沙条约》。

此时,《华沙条约》突出强调了军事结盟的一般原则,并且同北约一样引用了《联合国宪章》的相同条文,它的第四条规定:“如果在欧洲发生了任何国家或国家集团对一个或几个缔约国的武装进攻,每一缔约国应根据联合国宪章第五十一条行使单独或集体自卫的权利,个别地或通过同其他缔约国的协议,以一切它认为必要的方式,包括使用武装部队,立即对遭受这种进攻的某一个国家或几个国家给予援助。”(引自齐世荣主编:《当代世界史资料选辑》第一分册,北京师范学院出版社,1990 年,157~158 页。)条约有效期 20 年,1975 年起自动延长 10 年;1985 年到期时又决定延长 20 年。

华约组织的最高决策机构为政治协商委员会,由各国党的第一书记、总理、国防部长、外交部长组成,负责协商与决定缔约国的国防、政治、外交、经济等重大问题,每年至少举行两次会议,会议主席由成员国轮流担任。其下设立常设委员会和联合秘书处。总部和武装部队联合司令部、联合参谋部均设在莫斯科。后来又于 1969 年增设国防部长委员会,1976 年成立外交部长委员会。

华沙条约组织的历任武装部队总司令均由苏联国防部第一副部长担任,其他成员国的国防部长或军事首脑出任副总司令。

中苏结盟与东方阵营的扩展

1949年 12 月 16 日毛泽东率领中国党政代表团到达莫斯科,这是毛泽东首次出国访问。毛泽东在抵达莫斯科火车站时发表书面演讲，表态认同了苏联的领导地位："目前的任务，是巩固以苏联为首的世界和平阵线。"（《中华人民共和国对外关系文件集（1949—1950）》，世界知识出版社，1958年，73页。）当天下午6时，斯大林和苏共全体政治局委员及外交部长维辛斯基在克里姆林宫迎接毛泽东一行。在随后与斯大林的会面中，毛泽东向苏联方面说明此行的目的是向斯大林祝贺70大寿，也顺便到苏联各处看看。（师哲：《在历史巨人身边——师哲回忆录》，中央文献出版社，1991年，335页。）但实际上毛泽东此行有着重大的战略考虑和现实的利益目标，主要是与苏联重修一个新约以取代1945年8月"中华民国"与苏联根据雅尔塔协定所签的《中苏友好同盟条约》，从而重新定位中华人民共和国成立之后的中苏关系，同时也希望能够争取苏联向新中国提供经济援助。

苏联初时对签订新约兴趣不大，直至1950年1月2日，即毛泽东到达莫斯科半个月之后，双方才就中苏签订新约以取代旧约问题达成共识。这一方面说明苏联原本无意放弃旧约在中国所获得的各种特权，另一方面说明苏联对于毛泽东的这一次访问在事先沟通不足的情况下，既把握不准，也没有太高的期待。在中苏达成了签约意向之后，周恩来于1月20日抵达莫斯科，22日开始举行会谈。

1950年2月14日《中苏友好同盟互助条约》及附件，包括关于中国长春铁路、旅顺口和大连的协定以及贷款协定签订，条约的矛头与旧约一样仍然指向日本及其同盟国。

从毛泽东到达莫斯科至中苏完成签约，历时两个月，显然双方的关系要理顺颇费周折，这同时也引起西方媒体和观察人士的关注与猜测。导致中苏谈判费时而又艰难的原因主要是：

（1）必须从1945年和1950年两个中苏盟约的实质内容的转变去评估谈判的艰巨性。1945年旧约对中国主权有严重的损害，1950年新约除了要收回中国被侵害的权益之外，还必须建立在独立自主、平等互利基础上的合作。那么,要求苏联从旧约的立场转变到接受新约的立场上来,显然不是轻而易举的。

（2）从更加广阔的视野着眼,苏联该如何给中苏战略关系定位,也不是一件容易的事。第二次世界大战结束前后,美苏联手在中国国共关系问题上压制中共，加上 1948 年苏南冲突导致关系破裂事件，使苏联担心新中国会不会走南斯拉夫铁托的道路呢?所以,苏联需要考虑怎样才能“拴住”中国。这是苏联领导人当时颇费心机的问题。

（3）从新中国的立场来看,该如何给中苏战略关系定位,同样不是一件容易的事。一方面 1949 年 6 月 30 日毛泽东在《论人民民主专政》一文中以驳论形式论及所谓一边倒问题——倒向社会主义阵营、倒向苏联一边;另一方面新中国领导人一再表达了新中国将奉行独立自主、维护领土主权完整的外交方针。于是,这两个方面如何协调、统一,也是令人瞩目的。

（4）中苏关系的现实框架,是限于理顺双边关系呢还是进一步上升到结成战略同盟关系的层次，这也需要双方磋商来达成共识。

从签署《中苏友好同盟互助条约》的结果上看,只能说初步理顺了中苏双边关系，同时，中苏战略关系的定位则相当明确——双方在东西方冷战的国际政治格局中结成战略同盟,在这样的定位下中国成为社会主义阵营的成员。

在冷战格局与东西方对峙的态势中,新中国“一边倒”的外交方针无疑明显加强了苏联和苏东集团的战略地位。

中苏结成战略同盟,使得东方阵营不但势力的覆盖面大为拓展,而且在西太平洋地区获得了有力阵地。这对于美国正在部署中的太平洋战略构成了极大的牵制,并产生了一系列的变数。美国对东方阵营的南翼与东南翼的遏制线被迫下移至赤道线以南。

从战后东方阵营的形成过程中可以看到,它显然不是苏联早在第二次世界大战以前就宣称的基于意识形态价值体系的 “社会主义阵营”,而是典型的国际关系领域的国家集团;“社会主义阵营”这个名称在战后国际大环境中的框架、内涵、量能已有本质上的改变,其行为方式应循着国际政治的行为方式去考察和分析。从地缘政治环境来看,作为综合实力相对较弱的东方阵营,各成员的领土山水相接,在欧亚连成一片,从而形成了相对较佳的内线防守格局和拥有中苏的广阔腹地,这一有利条件在一定程度上抵消了美国的超级大国的力量优势。

第五章　两大阵营对美苏的从属性

在东西方两大阵营的所有成员分别与苏联、美国结成两大排他性联盟关系之前，从国际法理上来说，它们之间并不具有统属关系，即使从意识形态价值体系的理论上说，同样不具有统属关系。用西方社会的概念来说，国际社会就是各独立国家之间的交往形成的。

如果说，国际社会在经历了惨烈的第二次世界大战并步出战争之后，理当设法保持一个较长时期的和平环境，重新寻找各自国家的定位和追求现实可行的国家利益的方向，那么，可以推断，由不同的经济制度和不同的经济模式，例如市场经济模式或计划经济模式，还有不同的经济社会发展阶段，例如已经工业化的或尚未工业化的、发达的或欠发达的，或许还有产业形态方面，例如资源产业开发型的、高科技产业开发型的、加工贸易型的，综合发展型的，在考虑到宗教、文化和民族关系等林林总总因素的基础上，将在国际交往领域中形成各种各样的国家利益集团进行博弈，这会是一种常态的国际合作与冲突。自然，大国及强国将在其中的一些国家利益集团中居于强势位置。所有国家，逐利相处，各适其所，或许对别国的做法看不顺眼时还会说点闲话。可是，我们所描述的这种局面，结果却未在战后初期出现，使得这样的描述变成了想象，变成了国际关系领域里的"田园式"境界。而罗斯福所构想的着眼于和平时期的"大国合作"局面初现于大战后期，想不到一步出战争就夭折了，这使得给罗斯福贴上 “理想主义者”的标签竟然变成了“不争的事实”。战后展现在国际社会面前的是世界分裂为既非和平状态也不是战争状态的东西方两个对立世界。

在本章，我们将简要通过对东西方关系的层次分解来揭示和分析东西方关系的基本框架，并从中寻找出其中最具根本性的制约力量，认清东西方关系的本质。

东西方关系的层次分解

东西方的基本概念，在空间范畴上，主要是分布于北美、西欧和日本、澳大利亚等少数亚太国家所构成的“西方”；以及分布于苏联、东欧和靠近苏联的少数亚洲国家所构成的“东方”。事实上，两个对立的世界，并非两块“铁板”，它们可以衍生出许多种关系。但是，我们的思路仍然是按照国际关系的概念与原理来划分这些关系。

学术界在事实上存在一个使用哲学的“矛盾”理论来分析国际关系和东西方关系的流派，其使用的术语和原理基本上都是意识形态视角的。例如冷战时代的“国际社会的三大主要矛盾”的提法，即“帝国主义与社会主义之间的矛盾、帝国主义国家内部之间的矛盾、帝国主义与被压迫国家和民族之间的矛盾”。近年已经不再流行这样的提法，但是仍然存在一些着眼于意识形态的“战后世界的五大矛盾、六大矛盾”之类的视角主张，再有就是20世纪 70 年代流行一时的“三个世界理论”，它们都有一个共同的缺陷，那就是都没有把美苏两个主导型国家的关系单列出来，更加不要说把美苏关系视为战后世界最具有全局性影响的国际关系，或者说是一个最典型、最关键的“矛盾”，而只是把其简单笼统地归入资本主义与社会主义的关系之中。而在这种视角下的东西方两大阵营的定位同样也就值得商榷了。另外,“矛盾”立论,刻意凸显其对立的特性而对国际关系即国家之间的竞争关系做了极大的限制。

鉴于西方外交界和学术界把战后初期及冷战时代的国际关系浓缩为东西方关系,并且把资本主义和社会主义两种对立的意识形态体系也“浓缩”进去。这种认识并非无懈可击,但是如果在不突出意识形态观念的前提下,却也大体不谬。我们可以把战后的东西方关系至少分解成为八个层面:

1.两个主导型大国美国与苏联之间的关系

美国已经是超级大国,而苏联则是准超级大国,它们的综合国力居于全球第一和第二位。同时,美苏分别是全世界实行资本主义制度和社会主义制度的最有代表性的国家。另外战争结束时的战后安排以及战后新的世界秩序的重塑都主要由美苏两国来决定。再有,战后国际关系史的主线都是围绕着美苏关系来展开,并且战后东西方关系中的危机事件与重大事件基本上都是源于美苏关系。

所以,直至冷战结束为止的战后世界历史,具有全局主导性的一组对应关系就是美苏关系,任何其他层面的对应关系都无法与之相比拟。而这组关系展开的性质,不过是大国的实力政治较量而已,“美国和苏联虽然各自都以自己的方式,以进步的卫士和先驱自居,但是他们在全球范围内的角逐与周旋,无不是为了增强自己的实力地位和担忧对方可能增强地位……它们之间的冲突同以往历史上大国之间的所有冲突一样,是很寻常的冲突——当然这并不是说,这一冲突因此就不那么危险了。”(彼得·本德尔:《盘根错节的欧洲》,马灿荣等译,世界知识出版社,1984年,7页。)

2.西方国家集团与东方国家集团之间的关系

这一组关系可以有两个层面上的定位,但是这两个层面明显引起歧义:一是凸显其意识形态的制度特质的分野;二是作为国际政治领域中的两个结成联盟的国家集团来看待。不管是否做出这种区分，这一组关系都被人们称之为“东西方两大阵营”关系。把意识形态视为国际关系的支配因素的论者会突出这种按照社会制度划分类型的特征。但是我们认为这组关系是受制于美苏关系的，它是美苏关系的一种展开形式。以美苏关系为核心，以东西方两大阵营的对立为基本形态，这是冷战时代东西方关系的基本框架。

3.主导型国家美国与其阵营内从属型国家之间的关系

这种关系是建立在政治、经济、军事防务上的共同利益的交换之上，它通常表现为，美国向它的同盟国提供经济援助和防务上的军事保护，而美国的同盟者则认同美国在集团内部的领导地位，同时支持美国的外交战略并予以相应的配合。它们之间的关系远不是一种平等的伙伴关系，其中也存在一些安全利益和经济利益上的分歧和摩擦。

从杜鲁门主义的提出与贯彻，马歇尔计划的实施，北大西洋公约组织的建立到欧洲自主意识的觉醒，欧共体与美国的周旋，法国戴高乐主义、联邦德国的“新东方政策”和日本的“全方位外交”的推出，以及英美特殊关系的终结，表明了冷战时期的西方阵营内部关系极为活跃也极为复杂。

4.主导型国家苏联与其阵营内从属型国家之间的关系

战后的大部分东欧国家政权是由苏联扶持起来的，苏联为其提供了政治上和军事上的保护以及经济上和其他资源方面上的支持。从执政者的角度来说，东欧各政权一直接受苏联的“指导”和约束，而从国家关系的角度来说，则受到苏联较高强度的控制。在东西方冷战对峙的基本格局之中，东欧为苏联提供了非常重要的前沿阵地和成为构筑东方阵营的必不可少的“基本群众”。

在中苏关系破裂以前，中国作为东方阵营的一个重要成员，地位比较特殊。中国一方面承认了苏联在阵营内部的主导地位，另一方面又坚持独立自主的外交方针，在实际交往关系中，苏联很难支配中国，所以作为一个从属型国家的特征并不明显。

5.美国与东方阵营从属型国家之间的关系

自从美苏对立局面形成和苏联对东欧的支配地位确立之后，美国就一直奉行离间分化苏东关系的政策。政治上对东方阵营各成员的执政者施加压力，鼓励与扶持其反对势力；而经济上往往促使其实行亲近西方的对外经济交往政策和外贸政策，同时运用经济援助的筹码来吸引东欧国家改变亲苏政策。

在 1947 年 6 月马歇尔计划的决策方针中，这种政策被充分考虑和实施。但是，苏联方面在加强对东欧国家的控制的同时，也非常关注与防范来自美国和其他西方国家的离间与渗透。

1948 年 “南斯拉夫的铁托元帅与斯大林闹翻了……华盛顿幸灾乐祸，对这一令人惊奇的发展变化喝彩欢迎，而此时南斯拉夫则在推进铁托主义——一种在政治上和意识形态上保持独立的共产主义式样。”对于铁托主义，美国不仅不介意，“而且还向南斯拉夫提供援助，这是美国向所有与克里姆林宫作对的国家进行的一种主动表示。”（塔德·舒尔茨:《昨与今——战后世界的变迁》，中国军事科学院外国军事研究部译，东方出版社，1991 年，143~144 页。）1956 年的波兰事件和匈牙利事件，1958~1961 年的第二次柏林危机及“柏林墙”的出现和 1968 年的布拉格事件中，都存在某种美国背景因素。

6.苏联与西方阵营从属型国家之间的关系

毫无疑问，苏联作为最强势的欧洲国家，在东西方对立的态势下，与西欧仍有着无法完全割断的地缘关系。苏联与美国一样，也奉行分化离间美欧关系的政策。只是冷战时代，苏联在西方的国际形象不佳，所以，只有在一些无法规避的现实利益的驱使之下，保持有限的接触与交往。

苏联主要是通过地缘政治环境的因素和与西欧的传统经济联系来影响西欧国家，但是苏联自身可运用的资源与筹码并不多。1949 年苏联爆炸了核武器之后，倒是利用了欧洲国家的“核恐惧”促使其奉行较为温和地对苏政策。在戴高乐主义和联邦德国勃兰特政府的“新东方政策”实施以后，苏联与西欧才有较多独立于美国之外的交往。

7.西方阵营从属型国家与东方阵营从属型国家之间的关系

这一组关系在美苏尖锐冷战阶段几乎没有多大的发展空间，只存在于一些较次要的区域事务和较次要的经贸关系。但是，在一个大规模核战争的武器部署框架之下，所有处于军事冲突前沿的东西欧国家承受着东西方、尤其是美苏对抗的最大也是最直接的风险。故共同的处境促使它们发挥有限的影响，力图来降低这种风险。戴高乐在1958~1969年执政期间不断强调欧洲不仅是指西欧，也包括东欧，而“欧洲是欧洲人的欧洲”。

随着两大阵营主体结构的解体，当“大国仍然把东西方关系看做全球性的，并且期待欧洲人在世界其他地区也对它们唯命是从；欧洲人则从欧洲出发看待世界，对于世界其他地区发生的事情，只有在涉及他们切身利益时，他们才愿意介入，他们希望避开由于那些与他们毫不相干的冲突而出现的风险。”（彼得·本德尔：《盘根错节的欧洲》，马灿荣等译，世界知识出版社，1984年，7~8页。）

8.美苏两个主导型国家与东西方阵营从属型国家之间的关系

这一组关系类似于“三个世界”理论中的第一世界与第二世界之间的关系，这也不是东西方关系中的实质性层面，它只在特定层面与特定事件中表现出来。它通常是在美苏关系有所缓和的背景下，美苏联手干预某些事态，例如1956年在苏伊士运河战争中对英法的约束；1959年苏联领导人赫鲁晓夫访美之后，美苏在台海问题上的表态与干预；在古巴导弹危机过后于1963年7月美英苏三国签署了《禁止在大气层、外层空间和水下进行核武器试验条约》（简称《部分禁止核试验条约》），此约的意图主要在于保持美英苏的核垄断优势，限制其他国家发展核武器，重点是阻止法国、中国发展独立的核武器系统，等等。

而站在从属型国家的角度来看，自身实力上要弱得多以及客观上不得不依附于大国的现实利益考虑，使它们常常只能做出顺从的决定。但是,随着从属型国家的境况“已不再是要么‘生存’,要么‘死亡’……联盟的性质也就发生了变化。”这样,“欧洲人同各自盟主在看法和利益方面互不相同,60年代这个问题日益突出。”(彼得·本德尔:《盘根错节的欧洲》,马灿荣等译,世界知识出版社,1984年,7页。)

在以上八个层面的错综复杂关系中,前四组关系较具实质性意义。然而,在东西方两个对立面之中,从上述结构中却产生了一个关键性问题:究竟哪一组关系是本质上的核心、并且制约、支配了其他各组关系?这是一个根本性问题,一个必须清楚界定的核心问题。我们认为在实际上,只不过在第一和第二组关系之间做出判断和选择而已。

制约战后东西方关系的根本力量

五六十年代的苏联领导人尼基塔·赫鲁晓夫曾经这样看待美苏关系的定位:“国际紧张局势的情况就像一棵卷心菜。如果你把菜叶一片一片地剥去,就会看到菜心。而国际紧张局势的核心就是美苏关系。”(转引自丹·考德威尔:《论美苏关系》,何立译,世界知识出版社,1984年,4页。)这话道出了战后东西方关系最本质的现象。

从国际政治的力量均衡原则上看,美国的实力超群,到1950年,美国经济是苏联的3倍,是英国的5倍,是日本的10倍;军事上,虽然美国军队从战争结束时的1212万人迅速裁减至朝鲜战争前的150万人左右,但是美国却拥有武器系统、军事技术和军事力量资源上的巨大优势。“然而,当时的政治领袖们都不认为美国在独领风骚,他们眼中的世界是一个美苏两国在力量上平分秋色的世界。苏联有三大力量资源:军事力量、地理位置和软力量资源。”苏联虽然把战争结束时的1136万军队复员裁减了2/3,

但仍保留了一支约四百余万人、175 个师的庞大常规军队；"它地处欧亚两大洲之间的地理位置，使它在扩大战后政治影响的竞争中占尽了便宜，可直接把政治赌注投向欧洲、中国和日本。其超越国度的意识形态和共产主义政治体系这些软力量资源对许多国家颇具吸引力。""从这一意义上讲，战后的力量均衡是建立在一种资源对称的基础之上的。"（约瑟夫·奈：《美国定能领导世界吗》，何小东等译，军事谊文出版社，1992 年，60~61 页。）而拥有这样优越资源的国家就是美国和苏联。

我们还可以通过雅尔塔两极体制的表现形态和运行规则去认识美苏的主导性和支配地位。

雅尔塔体制的表现形态

雅尔塔体制的表现形态必须明确区分为两个不同时期：

（1）初创阶段：罗斯福—斯大林阶段，即第二次世界大战后期的表现形态，通过首脑外交、政治会谈以及使节、电文的直接往来等方式寻求共识，达成合作协议，这是一个在运行机制上以美苏合作行使有关世界事务的主导权、支配权的时期。它通常表现为对错综复杂的全球和区域事务设立框架，定下基调，并做出相关安排。

（2）战后冷战阶段：分为四个时期，即冷战酝酿时期、尖锐冷战时期、对抗与缓和交替展开时期、实质性缓和与冷战终结时期。这个阶段美苏的主导权、支配权基本上表现为分别在各自的势力体系内行使。

冷战酝酿时期（1945~1947 年）：美苏合作的机制越来越无法运作而渐至瓦解，原来为合作而建立的机制如外长会议、联合国安理会、处置主要战败国的和平会议均表现为难有建设性的特征。

尖锐冷战时期（1947~1953 年）：即杜鲁门—斯大林时期，冷战在世界范围内全面展开，以覆盖全球的对峙方式分别运用其各自的主导权与支配权，期间出现了两次冷战高潮，即第一次柏林危机和朝鲜战争。美苏双方针锋相对、自行其是，合作机制已经不

赫鲁晓夫和肯尼迪的较量。

存在，而协商机制也基本停顿。

对抗与缓和交替展开时期(1953~1985年):朝鲜战争结束后，美苏逐步恢复对话，关系有所改善。美苏关系持续表现为这样的状态：展开对话,缓和对抗,谋求妥协,偶有合作,但冷战对峙仍是基调,危机不断。期间发生了四场严重危机,即第二次柏林危机、U2间谍飞机事件、古巴导弹危机和苏军入侵阿富汗的危机。至于其间发生的越南战争,其中直接的苏联因素并不突出,但是美国卷入战争,与其全球遏制战略部署有关,因此,美国阶段的越南战争,根源还在于美苏对抗。

实质性缓和与冷战终结时期(1985~1991年):美苏展开全面对话,在一系列重大国际问题上通过高密度的首脑峰会进行协商、妥协,并展开仍属有限度的国际合作。在美苏的共同干预之下,长时间困扰国际社会的一连串国际热点问题,如苏联入侵阿富汗问题、两伊战争问题、越南侵略柬埔寨问题、安哥拉问题和中美洲问题等都得到降温或基本解决。双方还签署了“中导条约”——销毁已经部署在欧洲的中程导弹。在一些美国较为积极介入的重大事件中,苏联也予以一定程度的配合,如德国恢复统一问题、海湾战争问题。在某种程度上可以说,美苏有限度地重温了雅尔塔体制早期的合作。

雅尔塔体制的运转法则

雅尔塔体制的运转法则，简言之就是只在两极体制内合作或者对峙。关于合作时期的法则无需多论,重点还是美苏对抗时期的法则。

1.无论合作还是对抗,美苏都只以对方为战略对手,并且保持美苏对世界事务的有效主导

或许我们可以借用在武侠小说中常见的这么一些人文心态与人文现象来说明、理解这个问题:

被对手视为死敌,既是实力、分量、地位的表现,而且也是一种资格,一种受尊重和被重视的标志;

无敌最孤独,故有“独孤求败”的情结;

不被对手放在眼里,是为受轻侮,往往视为耻辱;

不被对方视为对手,连叫阵、对弈的资格都没有,尤其对自视有一定分量者,更是血脉贲张的奇耻大辱;

旗鼓相当,棋逢敌手,于是高手过招,见招拆招,竟有洋洋得意之满足感。

国际关系领域似乎也存在这样的人文心态与现象,或许没有那么张扬与夸张而已。冷战时期美苏都极力保持两极体制,抑制任何“第三种力量”的发展壮大,并且美苏两强的战略思维如出一辙——天下皆作“两极分野”观之,不是站在西方阵营一方就只能是站在东方阵营,没有任何中间道路可走。

1950年10月中国出兵朝鲜参战,并给美国为首的“联合国军”以重大打击。当11月30日杜鲁门举行记者招待会时威胁要采取包括使用原子弹在内的“必要步骤以应付军事局势”。于是英国担心美国深陷于东亚的旷日持久的武装冲突而忽略西欧,首相艾德礼旋风式地访问华盛顿。他告诉美国领导人,他“怀疑中共完全是为俄国谋利,中共考虑的是他们的独立和力量”。艾德礼的意思是提醒美国人,中国不是他们的主要敌人,英美共同的首要敌人是在欧洲的苏联。国务卿艾奇逊应杜鲁门的要求回答了艾德礼的看法,称“中国共产党人‘是服从莫斯科的共产党人’,一切都按照莫斯科模式办事,‘甚至是比东欧卫星国还要优秀的学生’”。[引自《战后世界历史长编》第六分册(1950—1951),

上海人民出版社,1985年,124页。]即美国无意把中国看做一个“次要的”,但却是独立的敌人。

此时的美国国务院顾问约翰·杜勒斯针对联合国内部的亚非中立集团竟指责它们在这场反共产主义的较量中“中立是不道德的”。此后在美国引领下的西方世界看来,“由铁托、尼赫鲁(按:印度总理)和纳赛尔(按:埃及总统)推广为世界性运动的不结盟思想,被认为是一种更高级形式的懦夫行为”。(彼得·本德尔:《盘根错节的欧洲》,马灿荣等译,世界知识出版社,1984年,58页。)把“不结盟”和“中立”主张视为可耻行为,在尖锐冷战时期甚至成为政敌之间的“杀手锏”。联邦德国的社会民主党提出了“不结盟”的口号,以对抗阿登纳的“西方一体化”政策,“而当人们责备他们说,不结盟就意味着中立时,他们就急忙起来辩解,似乎一提到中立就是一种道义犯罪似的”。(彼得·本德尔:《盘根错节的欧洲》,马灿荣等译,世界知识出版社,1984年,59页。)

苏联也经常以维护苏联的利益就是维护社会主义的整体利益来要求东方阵营各成员服从莫斯科的意旨,甚至把民族独立运动也纳入这一“事业”之中。在东方阵营内部,任何离异倾向和疏远苏联的迹象都会遭到毫不留情的打击。

2.冷战规则:对峙只在两极体制的框架内进行而避免失控

战后美苏的对抗关系是极为严重和恶劣的,国际局势长期持续处于紧张和动荡不安的状态之中。

但是我们从战后几次极为严重的危机如第一次和第二次柏林危机、朝鲜战争以及古巴导弹危

1953年1月出任美国国务卿的约翰·杜勒斯在任内提出“战争边缘”理论并推行“战争边缘”政策,宣称把国际局势控制在战争一触即发又不让其爆发,是一门高超的“外交艺术”。

机等,在激烈的对抗背后,我们仍然可以清晰地看到双方都有一条明确的底线,这条底线就构成了冷战规则,那就是美苏双方都避免由它们自己迎头相撞,把"冷战"弄成"热战"。美苏两国的"本土都一直保持在冲突范围之外。两国的军队从未直接交火,因为两国领导人都害怕这样一种敌对的对抗很容易升级为一场无法控制的冲突。"(丹·考德威尔:《论美苏关系》,何立译,世界知识出版社,1984年,25页。)如果美苏让事态失控,较量的结果只能是两败俱伤,并且将必然产生这样一个逻辑后果——两极体制在这种战争较量中解体,而谁能以赢家面目出现,则是谁都把握不住的。

以1948年6月的第一次柏林危机来看,6月18日英美单方面在西部德国发行新马克,这对东部德国是一个灾难性冲击。于是苏联在24日宣布对西部德国至西柏林之间的陆上交通包括公路、铁路、水路实行全面交通管制,即通常所说的封锁柏林,苏联试图以这种强硬措施促使西方与之谈判妥协。美国方面反应强烈,有一位美国将军要求派遣一支装甲纵队强行沿着东德的通道推进,另一位美国将军则建议对苏联军队实施轰炸。(托马斯·帕特森等:《美国外交政策》下册,李庆余译,中国社会科学出版社,1989年,616页。)在杜鲁门的高级助手和顾问中,有的主张采取"强制外交"作为反应,也有建议美国等西方国家撤出西柏林。杜鲁门把这两种主张都视为极端的方式,他选择了刺激较小的空运来应对。但同时,他又装腔作势,命令通常意味携带着原子弹的重型轰炸机B-29飞往英国,声称必要时他将"使用原子弹";后来证实这批轰炸机并未装载核武器。事实上,苏联也是留有余地的,他给西方国家预留了三条空中走廊并估计西方强大的空运力量可以对付。结果,在长达11个月的危机期间,西方国家一共组织了二十七万七千多架次的空运,苏联从未加以阻拦。同时,双方在危机过程中一直保持着外交接触。

事实上,正是受到这个冷战规则的约束,才导致斯大林和杜鲁门在朝鲜战争中各有一次战略性判断错误。斯大林于1950年初同意金日成武力统一朝鲜的计划,(沈志华:《毛泽东、斯大林与朝鲜战争》,广东人民出版社,2004 年,176 页。)是建立在美国不会或来不及干预的判断之上,也就是说,如果会产生美国军事干预这个结果,斯大林是不会赞成的。事实证明斯大林估计错了。但是斯大林事先采取了措施,他不但没有采纳赫鲁晓夫的让苏联远东军区司令马利诺夫斯基去当驻朝鲜大使或派出一两个坦克军团的主意,而且把朝鲜军队中所有的苏联军事顾问全都撤回去。斯大林对表示毫不理解的赫鲁晓夫厉声说:“那里太危险,不能让我们的顾问们住在那儿,他们可能成为俘虏。我们不能留下能指控我们参与此事的证据,那是金日成的事。”(《赫鲁晓夫回忆录》下册,鲍世绍等译,中国广播电视出版社,1988 年,360~361 页。)即使在麦克阿瑟仁川登陆、平壤失陷之后,斯大林也绝不去碰这条底线。相反,他除了旁敲侧击希望中国出兵施以援手之外,就是与中国协商收留退入中苏境内的朝鲜残部。而美国方面是在做出越过三八线并不会招致中苏军事卷入的判断之下采取行动的。美国参谋长联席会议要求麦克阿瑟密切关注中苏的动态。在中国发出警告之后,杜鲁门特意于 1950 年 10 月 15 日抵达太平洋威克岛会晤麦克阿瑟。麦克阿瑟信誓旦旦地向杜鲁门保证,“朝鲜的冲突是赢定了;而中国共产党参加战争是不太可能的”。(哈里·杜鲁门:《杜鲁门回忆录》第二卷,李石译,生活·读书·新知三联书店,1974 年,435 页。)杜鲁门担心的是,与中国爆发大规模军事冲突之后,可能会使与中国结盟的苏联介入,这是杜鲁门极力要避免的。杜鲁门信任他的前方司令,结果产生了决策失误。中国出兵参战之后,不管战场的局势如何演变,美苏之间都是小心翼翼地不要去刺激对方。中美双方则心照不宣地连宣战都免了,杜鲁门也不允许麦克阿瑟把战争扩大到中国本土。

3.冷战时期的武力使用规则

美苏在他们力量范围的衔接区域都部署了强大的军事力量,并且都以对方作为战略上的敌人和主要的防务对象,但是为了避免触及冷战规则的底线,双方在武力的使用上也有一套相应的规则。

一是不使用武力来攻击两个大国的另一方的武装部队或领

土，这一点在朝鲜战争中对双方有极大的约束力。二是冷战时期美苏最终在事实上而不是在法律协议上承认对方的势力范围，并且基本保持不在被认同的势力范围区域进行武装干涉。三是在危机处理期间所使用的武装力量，尽可能动用美苏各自盟国的军队。四是一旦使用核武器都必将触发全面战争；因此，除非发生全面战争，否则都只把核武器作为威胁手段或威慑的工具。（这部分的分析参见丹·考德威尔：《论美苏关系》，何立译，世界知识出版社，1984 年，38~40 页。）

4.美苏都对其盟国实施强有力的约束以有效控制对抗的强度

前述斯大林同意金日成发起武力统一朝鲜半岛的军事行动，虽然在某种程度上出现了失误，但是整件事情的发展演变过程中的应对都是在斯大林的掌控之中。在第二次柏林危机期间的 1961 年 8 月，事态演变为东德当局修筑“柏林墙”来阻止东德人逃往西柏林，几个大国和东、西德之间的摩擦加剧。但是在整个 1961 年的柏林危机中，双方没有打过一枪。“事实上，有证据表明，东德部队并没有得到可用于实战的弹药。这意味着东德的部队害怕爆发武力冲突和冲突升级。”（丹·考德威尔：《论美苏关系》，何立译，世界知识出版社，1984 年，37~38 页。）

“冷战首先是苏联和美国之间的事情，其次才是东欧国家和西欧国家之间的事情。”

当冲突或危机发生时，“期间的决策工作就集中在华盛顿和莫斯科。尽管美国和苏联通常向它们各自的盟国通报情况或与之进行磋商，但在决定对一个特定危机做出什么反应时从未给予盟国以平等的发言权”。（丹·考德威尔：《论美苏关系》，何立译，世界知识出版社，1984 年，41 页。）

第六章　两大阵营的功能与作用分析

关于东西方两大阵营究竟有什么功能和发挥什么样的作用，这是一个学术界至今极少涉及的课题。因为当人们已经习惯于只从意识形态视角去观察两大阵营问题时，这会是一个逸出视野之外的话题。显然，我们在这里所作的分析，一方面是拓展两大阵营问题研究的视野，另一方面则是带有探讨性质的见解表达。

既然两大阵营是分别在美苏的战略主导之下建立起来的，那么它们就必定被主导型大国赋予了特定的功能和发挥着被设计出来的作用。不难理解，这些特定的功能和作用是被限定在分别为美国和苏联各自的战略目标和利益服务的，究竟会是什么样的功能和作用呢？

首先，从美苏两极关系的状况来看，雅尔塔体制已经从联合主导国际事务转变成分立对峙，这使得两极结构需要在新的状态之下进行自我修补和加固充实以适应这种变化。

其次，由于美苏都是综合实力和可筹集、可支配战略资源相当丰富的大国，摆开对峙的阵势就意味着双方都试图抢占战略先机进行相应的战略资源的重新优化、整合和配置。以集团化的方式展开冷战，既是这种战略部署的基本方式，又是调动、整合、配置、投放这些资源的体现。

再次，美苏两大国的对抗和可能的碰撞就意味着巨大风险。而进行风险控制是一个无法忽略、无法回避的政策与策略。集团化可以用来降低美苏各自所承受的对抗风险或者把一部分风险分摊转嫁给本阵营的其他成员。这在国际政治中是非常现实的问题。

另外，两大阵营解体以后，美苏的对抗风险处于更直接的、裸露的状态，从而提供了一个历史事实的逆向反证来揭示两大阵营的这种护卫功能与作用，美苏在70年代以后不得不进行他们战后很长一段时间不愿意举行的军备控制和裁军的谈判，并达成一连串约束力有限的协议。

两大阵营与雅尔塔体制

美苏两极体制在战争后期的建构过程中，着眼于战后的大国长期合作目标而形成了相应的合作机制，在这一战略目标的规定与约束之下，美苏双方的决策思路、资源配置方式、领导人的思维方式与交往方式都是围绕着这种合作关系而展开的。可是美苏两极体制转变为对立关系之后，体制的内涵就发生了根本性的变化，双方的决策思路、资源配置方式、领导人的思维方式与交往方式也跟随发生变化。美苏各自对本阵营的设计与内部资源的整合是上述变化的体现，并且双双走上了集团化对垒的道路。我们从两大阵营的产生过程可以发现，它们既不是对美苏两极关系和状态的否定，也不是因应冷战局面的出现去取代美苏两极的对应关系。恰恰相反，两大阵营的初始和首要的基本功能就是对美苏两极分别予以强化，从而起到在结构上进一步充实、加固雅尔塔体制的作用。

两极体制与两大阵营是“纲”与“目”的关系

雅尔塔两极体制，我们在运用和解读这个概念所包含的意义时，需要明确如下几个重要的内在关系：

第一,雅尔塔体制建立的初衷,以及在它的早期运作中,是为了大国合作而设计的,并非是为了冷战或两极对抗而设计的。有些读物把冷战时期的两极关系视为雅尔塔体制的基本特征,这是不确切的。应该说是冷战对峙改变了雅尔塔体制的形态。故可以把雅尔塔体制简化为两极体制来看待,却不能简单地等同于冷战体制。

第二,两极体制形成后,它的基本框架和运作平台,为后来美苏两极关系重新定位明朗化之后的对抗,提供了现成的便利。也就是说,雅尔塔体制本身的发展演变趋势,是可以有两个截然相反的方向:美苏合作则会是联合主导国际事务,美苏分立则会是以覆盖全球的态势展开全面对峙。而这两个截然相反的结果的存在,深层次或本质上的决定性因素是美国和苏联是当时全球仅有的两个综合实力超群的主导型强国。究竟向哪一个方向发展演变,则是由美苏的现实关系的处理来决定的。

第三,对于两大阵营与雅尔塔体制的关系,必须明确,两极是"纲",阵营是"目",纲举目张。美苏两极是主心骨,两大阵营则是分别集结附着于其上的后发共生体,也就是说,两极关系演变成冷战对峙之后,被塑造建构起来的两大阵营,就如两个构件,分别接驳于两极身上。我们可以做出这样的逻辑判断:如果两极体制能够建立在罗斯福的"大国合作"的基础之上,并且在战后存续和发展的话,那么就不会产生形成所谓东西方两大阵营了。

关于其中的对应关系,我们可以这样区分:一是建立在历史事实基础上的简要逻辑表述是——东西方两大阵营乃是雅尔塔体制对立关系状态下的衍生品、派生物,是一种次生形态;二是可能引起歧义或理解上出现偏差的表述是——两大阵营是雅尔塔体制的必然产物,这是不确切的,因为雅尔塔体制最初形成阶段,并无这样的动机与意图;三是不符合历史事实与历史逻辑的表述是——资本主义与社会主义的对抗导致了"以美国为首的资本主义阵营和以苏联为首的社会主义阵营的形成",这个前提的假设是不能成立的，因为这种对抗自19世纪以来就一直存在，事实是美苏的对抗才导致两大阵营的形成和对抗，而不是两种价值体系的对抗导致这一结果。导致美苏严重对立的主导因素是美苏各自的战后对外战略和现实的国家利益。这种认识具有更加符合历史事实的学理支持。

两大阵营对雅尔塔体制在结构上的充实

雅尔塔体制的两极结构本身并不仅仅是地缘政治意义上的两个大国的概念，不过，两极本身的力量构成也并不包含东、西欧和一些亚太国家作为它们的附属结构。当两极关系是联合主导国际事务的状态的时候，它是通过美苏两极之间的协商机制以及联合国和布雷顿森林货币体系等权力系统来行使美苏的主导权的。通过这些制度化的权力系统和常设机制，雅尔塔体制在战争末期和预期的战后大国合作中，就能够发挥支配国际事务的作用。由于美苏两个主导型大国在这个阶段不是对抗的关系形态，而是把各自的战略利益融入它们之间的合作之中，因此，它们实现各自的利益目标根本就无需借助各自在政治上、军事上结成排他性的联盟来强制索取，即是从逻辑推理上来说，罗斯福—斯大林时期的合作，不允许也没必要建立两大阵营来保证美苏各自独享的利益。从这个意义上来说，两大阵营对雅尔塔体制在结构上的充实不可能是指这个阶段和这种状态。

杜鲁门—斯大林时期的雅尔塔体制已经出现了表现形态上的转变，也就是说，两极结构仍在，体制的运作形态却已经改变。原来通过合作行使主导权的运行方式逐渐失灵，美苏合作的协商机制和制度化的权力系统则出现失效或者产生了变异，例如联合国安理会启动运作之后的状况，与当初设计时候的初衷大相径庭，美国操纵联合国大会并且试图控制联合国安理会，而苏联唯一的筹码就是在安理会行使否决权，联合国组织在大国的对抗中迅速“工具化”。三大国在雅尔塔会议倡议设立、在波茨坦会议上完成决策的外长会议，是在 1945 年 9 月 11 日首次举行的,至 1947 年 12 月 15 日由美国国务卿马歇尔宣布“无限期休会”之后就寿终正寝了。布雷顿森林货币体系所建立的两大国际金融机构——国际货币基金组织和国际复兴开发银行,在很长一段时期内就成了西方世界的权力系统。总之,美苏两极合作是互相倚靠的关系,美苏两极分立则是各自孤立存在并且可能互相伤害的状态。因此,把两大阵营看成对分立状态的“两极”结构分别进行加固和充实,为两个核心提供外层保护,并在整体上进一步支撑了两极结构。两大阵营的这种功能,在逻辑上是说得通的。

在 1946 年 9 月 24 日台面化的美国遏制战略的纲领性文件《美国与苏联的关系》中,美国决策层提出“应准备与英国和其他西方国家一道建立我们自己的世界,这个世界将追求它自己的目标”。这个“建立我们自己的世界”的构想,从美国此后采取集团化的规模和布局的动作来看,就是以建立西方阵营的方式来加固美国这一“极”。美国不但重新整合和发掘自己的力量资源来整固自己的阵地及投放到对苏遏制之中,而且运用其在西方世界的主导能力,调动和集合了已经尾随在美国之后的西方追随者的力量资源来配合美国的战略目标,并成为美国势力体系的外围与前沿阵地。在 1950 年 4 月美国国家安全委员会第 68 号文件(NSC－68)中,明确提出:“作为自由世界的力量中心,美国负有艰巨的领导责任。我们必须用积极的计划来组织和集中自由世界的力量和资源以促进和平,通过在自由世界中创造一个克里姆林宫被迫适应的环境来挫败它统治世界的计划。”(齐世荣主编:《当代世界史资料选辑》第一分册,北京师范学院出版社,1990 年,112 页。)

斯大林则在冷战开始后使用惯常的“革命语言”,提出把社会主义国家的力量、资本主义国家的工人运动、民族解放运动三大力量联合起来,埋葬资本主义的号召。“东欧国家的共产党都已经掌握着政权,而在西欧则存在着虽然没有单独执政但却在一定程度上参政的不容忽视的共产党（如法共和意共等）……把有关国家的共产党联合起来并建立某种国际性的组织，不仅可以提高苏联的国际地位和影响，而且有利于苏联对这些国家共产党的控制和操纵。”（张盛发：《战后初期斯大林大国合作政策的结束》，载《东欧中亚研究》，2000年第5期。）值得我们关注的是，建立共产党情报局的设想在1945年就提出来了，但是斯大林却迟迟没有付诸行动。当杜鲁门主义和马歇尔计划推出之后，斯大林就赋予共产党情报局以新的战略含义而组建起来，它反映了苏联开始对其势力体系内部的资源和力量进行国际整合，把战争结束时作为战略缓冲区的东欧、巴尔干地区布设成为与西方世界对峙的前沿阵地，从而首先整固了苏联作为“极”的地位。

两大阵营与冷战对峙

鉴于美苏的冷战对峙与东西方两大阵营产生之间的因果关系，故两大阵营登上国际舞台乃是美苏之间的对抗由两国的对手关系转向东西方众多国家加入冷战战团的一种强悍的表现形态。出于冷战的战略需要，美国和苏联都分别发挥各自所拥有的力量优势进行国际性的、集团化的资源整合、配置与投放，在完成各自阵营的力量布局和集结的过程中进一步展开全方位的冷战对峙，从此之后集团化对峙就成为冷战的基本形式，并且由于集团化对峙的范围、规模的扩大，在事实上也进一步强化了冷战格局和深化了冷战的严重性。从而使得东西方关系进一步复杂化和对立局面定格下来，国际局势弥漫着气势恢宏而令人窒息的氛围，极具震撼力。

两大阵营的形成过程就是冷战对峙的进一步展开

美苏关系的逐步恶化与不断升级，最初是表现为双边关系的对立，这在杜鲁门执政初期就已经显露出来了。从1945年4月下旬在波兰问题上美国对苏联的强硬立场,到9月伦敦外长会议美苏双方的激烈交锋，然后再到1946年3月初在伊朗苏军撤军问题上的争执,另外双方在德国问题和朝鲜问题上都找不到妥协的途径而自行其是,期间除了英国尾随美国,形成了美英与苏联之间的对立之外,整个1946年,冷战战略尚在酝酿的过程之中,同时集团化的对抗局面不但还没有出现,甚至还未看出端倪。我们强调,以两大阵营这种集团化方式进行东西方对抗,是美苏冷战战略的政策产物与逻辑后果。

1947年三四月的莫斯科外长会议陷入僵局，这一结果符合美苏冷战业已开始的美苏关系新趋势。此后美国的决策者急于动员集团军投入并展开冷战，苏联的决策者则处于高度的戒备状态,随时准备做出反应与采取反制措施。马歇尔计划和莫洛托夫计划的推出与实施,一方面如前述,它们是对双方各自的同盟者在上阵前的资源配备与“武装”投入方式,另一方面则是集团化的集结过程与战略部署的表现形式。

马歇尔计划在决策阶段就已经考虑到如何把苏联排除在外的问题,它选择了有针对性的附加条件让苏联“知难而退”,故意设计成“看起来是俄国拒绝了美国慷慨的提议,因而进一步分裂了世界”。(托马斯·帕特森等:《美国外交政策》下册,李庆余译,中国社会科学出版社,1989年,622页。)这正是美国决策者追求的战略效果,美国宣称所有的欧洲国家都可以参加马歇尔计划,苏联、东欧国家并未被排除在外。西方许多著述都只是轻描淡写地说,美国看起来就缺乏诚意,一个简单的理由就是“国会在被说服为反苏的杜鲁门主义提供资金后,那么快就批准给俄国资金是不合逻辑而且自相矛盾的。”[托马斯·帕特森等:《美国外交政策》下册,李庆余译,中国社会科学出版社,1989年,623页;另参见孔华润(沃伦·科恩)主编:《剑桥美国对外关系史》下册,周桂银等译,新华出版社,2004年,262页。]这样质疑固然有道理,但问题是,这只不过是美国决策者耍的花枪而已。我们在本书第四章已经分析和指马歇尔计划从公布之日到实施完毕差不多持续了五年时间，在此期间苏联的反击也是一波接着一波。

出，美国当局通过“欧洲整体原则”故意藏起了马歇尔计划针对苏联的“方向标”，而斯大林在1947年7月9日接见捷克斯洛伐克政府代表团时就已经认定“马歇尔计划是直接针对苏联的”。一旦苏联明确做出了这一判断，其政治体制在政策的决策效率上因简单、直接而显示出比对手更加快捷。美国国会批准实施马歇尔计划已是1948年4月，而苏联作为对马歇尔计划的反击而实施的莫洛托夫计划从1947年7月就开始付诸行动了。1947年9月九国情报局成立时再次对马歇尔计划进行猛烈抨击并做出应战姿态；1949年1月成立苏东经济互助委员会时，又把马歇尔计划作为反击目标，在经互会成立公报中，称“人民民主国家和苏联认为不能屈服于马歇尔计划的操纵，因为这一计划破坏国家主权和它们国民经济的利益”，美英和其他西欧国家的政府“事实上就断绝与人民民主国家和苏联间的贸易关系。注意到这一情况，会议讨论了人民民主国家和苏联组织更广泛的经济合作的可能性问题。”（齐世荣主编：《当代世界史资料选辑》第一分册，北京师范学院出版社，1990年，155页。）这样，苏联对来自西方的威胁所“采取的每一步行动均被美国视为对自己及其西欧朋友的安全的威胁。在美苏两国从盟友转向敌手的过程中，一方在寻求自身安全的同时都降低了另一方的安全感。”［孔华润（沃伦·科恩）主编：《剑桥美国对外关系史》下册，周桂银等译，新华出版社，2004年，263页。］

马歇尔计划和苏联所做出的强烈反应，显示出美苏双方都高度重视其中的冷战战略含义。结果双方都把它作为在欧洲展开冷战的战略举措，西方与东方、还有两个阵营的特征壁垒分明。“马歇尔计划在两个竞争对手之间制造了更深的裂缝。它鼓励对东西欧之间的贸易进行限制，并帮助西德复兴，因而引起莫斯科对它的强敌的恐惧……美国提出并制订计划的方式，在一定程度上可以说明为什么它成为造成分裂的原因。”（托马斯·帕特森等：《美国外交政策》下册，李庆余译，中国社会科学出版社，1989年，624页。）

当马歇尔计划尚在美国的立法程序的过程中，美国政府就迫不及待地要求西欧国家考虑按照马歇尔计划的合作模式进行军事协作。1948年3月西欧五国布鲁塞尔条约签订，杜鲁门连任竞选获胜之后不久，美国—西欧正式结成大西洋军事联盟的计划付诸实施。正如美国共和党参议员罗伯特·塔夫脱在国会争论北约问题时指称北约“是对俄国的威胁……是对军备竞赛的刺激。”（托马斯·帕特森等：《美国外交政策》下册，李庆余译，中国社会科学出版社，1989年，625页。）北约组织的建立是美苏对抗的一种高级形式，是双方冷战全面展开的标志。

两大阵营的对立是冷战对峙的深化

冷战对峙的深化，既是指冷战形式与冷战领域的拓展，同时也指对抗强度的提升，还有为了冷战进行资源的超限配置以及采取不寻常的政策措施等。

1949年发生了两个震撼性的重大事件，促使美国重新审视其全球战略的部署：一件是8月苏联成功试爆了原子弹，从而终结了美国短暂的核垄断历史；另一件是10月中华人民共和国宣告成立，并表示会奉行向苏联“一边倒”的政策。美国决策层在一番争论之后，决定要强化和提升对东方阵营的遏制目标和手段。1950年1月30日杜鲁门指示国务院和五角大楼重新审议美国的外交政策和防务战略。两院部协调委员会的下属机构、由保罗·尼采任主席的特别委员会于4月14日完成了文件的编制并提交国家安全委员会，它被编为国家安全委员会第68号文件（NSC－68）。文件对苏联的战略意图、目标和实施能力进行了重新的评估，预计将出现长期的全球紧张状态，认为美国对苏联实施遏制的政策需要进一步强化。“这份文件使冷战从政治方面加速转向军事方面。它还要求增加军费，必要时可从占国民生产总值的5%增长到20%，要求军队有对付常规和局部战争的各种能力。”（J.布卢姆等：《美国的历程》下册第二分册，杨国标，张儒林译，商务印书馆，1988年，520页。）

这份文件提出了比1946年克利福德报告更有针对性的遏制政策的目标，称遏制政策“是运用除战争以外的一切手段来实现如下的目标：（1）阻止苏联势力的进一步扩张；（2）揭露苏联意图的虚伪；（3）迫使克里姆林宫多少要收敛其控制权和势力；（4）总之，平时就要这样去培养苏联体系内破坏性的种子，迫使克里姆林宫至少要把它的行为限制在适合于国际准则的范围内。”文件宣称，保持美国强大的军事力量“是实行‘遏制’政策的必不可少的后盾，实际上是一种深思熟虑的逐步施加高压的政策，假如没有精良的军事力量，一切都成为空谈”。（齐世荣主编：《当代世界史资料选辑》第一分册，北京师范学院出版社，1990年，108~109页。）

然而有批评者指出，这份秘密报告掩饰了事情的复杂性，“它对苏联的动机和能力做了包罗无遗的种种假设，却没有提供充分的证据”。这样，美国的决策者怎样才能劝说国会愿意把更多的财力和资源投入更大力度的对苏遏制呢?国务卿艾奇逊的助手爱德华·巴雷特后来回顾说：“我们正为此发愁，当时——就NSC－68号文件来说——感谢上帝，朝鲜战争发生了。”（转引自托马斯·帕特森等：《美国外交政策》下册，李庆余译，中国社会科学出版社，1989年，627页。）1950年9月，杜鲁门下达了实施第68号文件的指令。

显然，东方阵营有着自己的战略考虑，使得美苏以及东西方之间的战略决策与部署在调整中发生了直接的碰撞。直至1949年初,斯大林一直都没有答应金日成提出的与苏联签订结盟性质的苏朝友好互助条约或者苏联援助朝鲜的秘密协定的要求,这是因为“在保持苏联对朝鲜半岛的局势有所控制和影响的同时,避免与美国发生直接的冲突,避免刺激美国采取过分强硬的政策”。(沈志华:《毛泽东、斯大林与朝鲜战争》,广东人民出版社,2004年,49页。)金日成显然想利用苏联作为靠山,为他的军事行动获得外交上强有力的支持。但是在整个1949年,斯大林都反对朝鲜以军事手段解决朝鲜统一问题。

1950年初,斯大林改变了此前在朝鲜问题上的考虑及相应的政策。主要原因在于中华人民共和国的建立和《中苏友好同盟互助条约》的签订,一方面使得东北亚的战略态势出现了有利于东方阵营的变化,另一方面新中国收回了被苏联损害的主权权益。“因此,如果斯大林要维护苏联战后设定的远东战略目标,就必须在中国领土之外另有所图,以弥补由于中苏新条约的签订而在远东失去的权益。于是,莫斯科对朝鲜半岛政策的改变就应运而生了。”(沈志华:《毛泽东、斯大林与朝鲜战争》,广东人民出版社,2004年,177页。)

朝鲜战争是两大阵营形成之后的一次局部热战的高烈度较量。苏联充分运用两极体制运转法则中的武力使用原则,一方面苏联是东方阵营在战争发生过程中的战略制定者与控盘者,另一方面苏联设法不投入自己的军队和承担直接的军事义务,按照冷战规则的底线以回避与美国可能发生的直接军事火拼,所以战争中动用的是作为苏联盟国的朝鲜军队和中国军队。如果战争进行得不顺利或者出现危机,“则有中国这个盟友来承担责任,其结果同样可以实现苏联的既定目标”。(沈志华:《毛泽东、斯大林与朝鲜战争》,广东人民出版社,2004年,192页。)朝鲜战争对于朝鲜半岛、对于中国此后的外部环境有着非常严重的长期影响。同时也向美国和西方展示了中国在东方阵营中的战略地位和不容轻视的实力。

有关美国在朝鲜战争中的得失，历来论者分歧很大。从纯军事观点来看，美国在朝鲜战争中的表现，总体上没什么可以炫耀的。但是从美国的全球战略和外交战略方面所取得的重大进展来看，美国显然得分了。正如美国参谋长联席会议主席奥马尔·布雷德利在1951年5月15日出席美国国会“远东军事形势听证会”做证时的证言所称：

“我们在朝鲜采取的军事行动是成功的……

“世界其他地区的力量，不仅没有削弱，反而有所巩固。使美国和北约组织内外的友邦，在备战方面有了更强大的动力。

“我们把军队的人数增加了一倍；战略物资产量激增……

“集体安全的思想经受了考验，而且已经坚持下来。信赖集体安全的那些国家已经证明他们能团结一致，并肩战斗。

“迫切要求与日本举行和谈，并为在太平洋地区谈判增强防御力量做出安排。

“这些都是我们进军朝鲜以后的结果，是克里姆林宫所不曾预料到的——我敢肯定，也是他们非常不欢迎的后果。”（约翰·斯帕尼尔：《杜鲁门与麦克阿瑟的冲突和朝鲜战争》，钱宗起等译，复旦大学出版社，270~271页。）

事实上，朝鲜战争给美国带来了强化全球遏制战略和加强西方阵营建设的战略契机：一是美国当局利用朝鲜战争的危机和紧张局势，从国会争取到更多的军事开支拨款和扩充常备军规模的授权，以及派出4个建制师的兵力常驻欧洲，从而在对东方阵营实施全面遏制战略中，取得更加雄厚的资源和权限，加大了遏制力度。二是满足了美国针对中苏和整个东方阵营的全球战略部署需要持续的国际紧张局势加以配合的要求，也就是说，美国的遏制战略原本就需要复杂的立法和政策支持，朝鲜的“局部热战”让杜鲁门政府轻而易举地获得了一系列立法与政策实施的“通行证”，其中就包括NSC－68号文件的实施。三是美国借助朝鲜战争敦促北约成员国加强军事一体化合作，增加军费开支及扩充常备军规模，使成立一年多来还只是空架子的北约得以快速充实起来。四是美国加快了在太平洋地区和中东地区的遏制战略部署，借助朝鲜战争清除了许多阻力与障碍。如此来看，麦克阿瑟为中国出兵初期所遭到的阻击而气急败坏，以及最后一任“联合国军”总司令克拉克因在“没有取得胜利的停战协定上签字”而黯然神伤，都只不过是武夫的眼光与境界而已。

两大阵营在朝鲜战争中的较量，进一步凝固了东西方的冷战格局，双方在战略上、在政策的配套上、在资源的投入上有更多的举措来支持全面冷战。

两大阵营的护卫功能

美苏两大强国在第二次世界大战后的对抗和可能的碰撞就意味着双方都面临着巨大风险。美苏双方谁都很清楚，风险的控制是一个无法忽略、无法回避的政策与策略问题。通过集团化就可以用来降低美苏各自所承受的对抗风险或者把一部分风险分摊转嫁给本阵营的其他成员。由美苏这样的战略动机赋予了两大阵营应运而生的地缘政治价值，并由此在东西方关系中最大限度地凸显了两大阵营存在的基本功能的现实价值。

两大阵营的形成与存在，从表现形态上来说，它们既是美苏两极核心的外在的、外围的形态，又是美苏两极展开冷战对峙的最基本的承载体。

（1）两大阵营分别为美苏两个核心提供了一种外在的、外围的护卫作用。对于美国和苏联而言，它们势同水火的“单挑”对抗，仿如两虎相争，很容易导致两败俱伤。两大阵营的形成并保持与美苏关系相一致的对立，使得任何对抗所产生的碰撞与打击将首先由两大阵营中的从属型国家来承受。如果说美苏是“战车”，两大阵营就分别是它们的“装甲”；如果说美苏是“忍者神龟”，那么两大阵营就分别是它们的“龟壳”。美苏两个主导型国家则各自获得了游刃有余的战略与策略的回旋空间，这样两大阵营就以非比寻常的意义充实、稳定、加固了雅尔塔体制的两极结构。

两大阵营构建过程和完成基本建构之后所发生的第一次柏林危机和朝鲜战争，突出而且典型地显示了这种功能。在柏林危机中，美苏除了它们驻扎在危机区域的军队必须承受对抗风险之外，危机与冲突的综合风险则主要由西德和东德来承担，两大阵营的其他成员则视冲突的规模和强度承受程度不等的对抗风险。至于朝鲜战争就更加清晰地显示了这些特征，苏联在朝鲜战争中避免加入战场的军事较量，不但使他自己的军事力量资源处于完整的“库存”状态，并且给对手造成了强大的心理压力和构成了有力的战略牵制。

（2）东西方的从属型国家将取代美苏本土成为美苏首先向对方发动攻击时的替代目标。从地缘战略上分析，欧洲处于美苏两大强权之间，既是两大阵营基本成员的集结地，又是美苏角斗争夺的战略重心。在美苏的对抗格局之中，欧洲成为最没有安全感、最容易受攻击的区域，恰好说明东西方两大阵营的成员会成为美苏向对方发动攻击时在战略运用上的替代目标，以降低美苏自己受到报复伤害的可能性。欧洲远比美国和苏联本身更容易被选择作为攻击目标，这一层含义正是两大阵营作为美苏之间对抗的战略缓冲区的价值。

自 1949 年 8 月苏联正式拥有核武器之后，西欧国家就突然失去了由美国的核垄断所提供的核保护的相对安全感。在形成核力量均势之后，美国和苏联为了避免对方的核报复，就不会轻易向对方使用原子弹了，但是正如法国领导人戴高乐深为担忧的那样，“谁能制止他们在两国之间的地带投弹，即投在中欧和西欧呢？因此对于西欧的欧洲人来说，北大西洋公约组织已经不能保障他们的生存了。”（戴高乐:《希望回忆录》第一卷，上海人民出版社编译室法语组编译，上海人民出版社，1973年，211页。）以戴高乐为代表，欧洲国家普遍意识到了这种巨大的风险。

（3）通过两大阵营的对垒，从总体上看，美苏得以把它们的战略对抗的部分风险转嫁到欧洲国家和其他从属型国家身上，其中最为绝妙之处，则莫过于把美苏的根本利害冲突通过两大阵营掩盖在刻意渲染的“两大社会制度、两大阶级集团、两大意识形态价值体系”的对立与冲突之下，把两大阵营的从属型国家作为这种对立与冲突的牺牲品。在这种态势之下，美苏两个始作俑者就得以隐身于其中而只承担各自作为阵营成员一分子的部分风险。

在朝鲜战争中，麦克阿瑟试图把战争大规模地引向中国本土，从而引起了美国文官政府与前方战区司令的权限、民主与共和两党、美国与它的西欧盟国之间的激烈争论。可见，一方面中国既为自己的安全利益也为履行作为东方阵营成员的职责出兵朝鲜承受着巨大的风险，而另一方面美国的“盟国害怕在远东爆发一场大规模的战争，害怕美国力量相应的从欧洲调往世界的另一端——或者说害怕第三次世界大战。在这场战争中，俄国人很可能会占领它们的国家……”（约翰·斯帕尼尔:《杜鲁门与麦克阿瑟的冲突和朝鲜战争》，钱宗起等译，复旦大学出版社，1985年，268页。）即中美以中国为战区的大规模战争很可能触发东西方之间的全面战争，与中国有结盟关系的苏联一旦加入战争，西欧将是苏联采取行动的目标。另外，冷战时代的战略分析家都相信，当苏联自己遭到美国的大规模攻击，尤其是核攻击时，苏联势必也会选择迅速攻占西欧国家，把战火引到西欧。

（4）美苏通过建立各自的联盟集团，就在地理位置上获得了部署攻击对方的较为有利的基地。这是战略与力量资源配置的优选原则的发挥，也是从属型国家的力量资源被主导型国家整合利用的体现。

美国在第二次世界大战结束前后，在全球分布并建立了380多处军事基地；冷战开始以后，美国在欧洲、地中海、中东和西太平洋地区的军事基地与军事设施做了有针对性的部署或调整。

美国具有以高效技术武器为主的武器系统，需要大量位置合适的基地和设施予以支持，集团化联盟提供了优越的便利。1966年3月戴高乐对驻扎在法国的美军军事基地和军事设施下达了驱逐令，1967年3月美国被迫撤出在法国的军事基地和军事设施就有三十几处，以及数万驻军。战后日本被美国占领并在数年之后转为盟友关系，其本土四岛和冲绳群岛、小笠原群岛等建立了大量的美国军事基地和军事设施，甚至直到1971年美国还掌控着整个冲绳县的行政管辖权，日本成为美国在西太平洋地区最主要的军事力量的集结基地。

苏联在东西方对抗格局形成之后，常年驻扎在东欧各国的军队达三四十万人，其中在前沿国家民主德国驻军近二十万人。苏军的相对优势体现在具有较高攻击力的地面常规部队，在国外建立军事堡垒可以弥补其机动性不如西方发达国家的欠缺。

另外，战后各军事强国都竞相发展战术导弹和远程导弹。中短程导弹从50年代开始成为战区和战役的最重要的武器品种，而发挥这种武器的攻击力首先需要合适的发射基地。美国在50年代就在联邦德国和土耳其建立了针对苏联的导弹发射基地，对苏联构成了严重的威胁。赫鲁晓夫执政时期试图在古巴建立导弹发射基地，以牙还牙威胁美国本土，结果触发了1962年的古巴导弹危机。

总之，东西方两个集团形成联盟体系，进一步发挥了美苏两个军事强国的军事优势，从而在事实上也提高了这种对立的严重性。

那么,两大阵营的从属型国家加入这种对抗性质的国家集团要面临着巨大的对抗风险,何以不选择规避反而坚持要抱成一团去分摊可能是灭顶之灾的风险呢?这里包含着非常复杂的因素,按照国际政治的安全理论,集体安全原则和集体安全体系,在无法回避的对抗中将获得较高的安全系数。而被刻意鼓动起来的意识形态对立也降低了从属型国家的自主选择权。再有就是许多国家也有受眼前现实利益的驱动,而被卷入这种集团化的洪流,例如接受了马歇尔计划和莫洛托夫计划的这些国家。同时主导型大国在外交影响力上的巨大牵引作用,也使得势单力薄的从属型国家无法摆脱这种约束。

关于两大阵营在美苏尖锐冷战时期被赋予的功能和作用,后来的一些历史事实可以作为逆向反证:即美苏两个核心在某种程度上丧失了两个阵营分别作为它们各自的“防护罩”与“装甲”的保护功能之后,就意味着美苏两个核心结构再度处于裸露状态。这一层的时代意义是巨大的——它一方面使美苏之间的争斗,出现两败俱伤的风险成本陡升,另一方面是两极框架从根本上受到了结构性的撼动,尤其是来自新兴国际战略力量的强有力的挑战和冲击。其结果就是从20世纪70年代开始,国际政治格局走向多极化的局面逐渐出现,雅尔塔体制进入启动解构的历史进程。虽然此后一个时期内,美苏仍然是多极政治结构中的核心,但是美苏对世界事务的影响力和支配地位日趋下降则已经是不争事实。

第七章　两大阵营瓦解的历史后果

从40年代末开始，首先在东方阵营出现了内部关系的破裂事件，而到了五六十年代，美苏各自的冷战联盟体系都出现了结构性解体的变化。在东方阵营内部，联盟体系的解体是以崩裂式的形态瓦解的。其中又以匈牙利事件、中苏战略同盟决裂和布拉格事件最为震撼和典型。在西方阵营内部，则首先表现为内部关系的不断弱化与二流强国的自主倾向的日益上升。其间也发生了1958~1969年戴高乐执政的法国与美国关系紧张，矛盾与冲突相当尖锐激烈的情况。因此，到60年代中后期，两大阵营中的具有一定实力的二三流国家，在政策宣示和外交行动上，不但有了各自的主张和诉求，而且与各自阵营内的主导型大国摩擦增多并进行了抗争。这些现象昭示着东西方两大阵营为了冷战而建立起来的联盟体系逐渐瓦解了。

两大阵营瓦解的历史后果是什么?我们认为东西方两大阵营瓦解的历史价值是正面的，是值得肯定的。一方面在两大阵营解体的废墟上崛起了西欧、日本和中国等几个新的国际力量中心，从而孕育、催生了国际政治格局走向多极化的局面；另一方面两大阵营瓦解构成了对雅尔塔两极对立体制的致命打击，这对于缩短冷战的延续时间是具有正面意义和起到了促进作用的。此外，两大阵营的瓦解使美苏继续尖锐对抗的“受伤”风险大大提升，美苏各自为了降低这种风险，就不得不进一步约束它们之间的对抗行为，比较经常地采取“缓和”措施。

东方阵营的分崩离析

在严峻的冷战局势之下，苏联极为关注其阵营内部是否与莫斯科保持一致的动向。莫斯科一再宣称社会主义的整体利益高于一切，与苏联在政治立场上和行动上保持一致，是对共同事业予以支持的基本保证和基本前提。任何分离倾向和自行其是的行径都是不能允许的，这使苏联对东欧各国实行高强度的控制政策。至于苏联以外的其他社会主义国家的独立自主权，国家与民族的切身利益，甚至在危机和困境中的自主改革与应变的权利，通通都遭到漠视和压制。在东方阵营内部，缺乏一套各成员之间相互认同和尊重的共同约束规范，缺乏可以进行长期战略合作的环境和制度基础，因此，它的分崩离析和解体是必然会发生的。这一趋势是以一系列的严重事件的发生，并且造成无法弥合的后果来表现的。

东方阵营才建立不久，苏联和南斯拉夫的关系就发生了严重冲突，并且于 1948 年公开破裂。此后苏联在东欧各国内部进行了数次严厉的清洗“铁托分子”的政治运动，以儆效尤。这种斯大林主义的做法，只是把不满与离心倾向暂时压制下去而处于潜伏状态。1956 年的波匈事件、五六十年代的中苏关系和 1968 年的布拉格事件成为东方阵营内部关系发生严重裂变的主要环节，并使东方阵营归于解体状态。

苏南关系破裂引发的危机

1948 年 6 月 28 日，在苏联的操纵安排下，欧洲共产党和工人党情报局做出决议，将南斯拉夫共产党开除出情报局，开创了社会主义国家公开决裂的先例。

关于苏南冲突的根源和起因，过往的见解不外乎这几个方面：一是第二次世界大战中，“苏联为了维护与英美的联盟利益，采取了支持南斯拉夫流亡政府的措施，这引起了南共的强烈不满”；二是在的里雅斯特的领土争端中，苏联没有在美英苏的解决方案中维护南斯拉夫的利益、尊重南斯拉夫的主权；三是南斯拉夫和保加利亚直至1948年初都一直热衷于筹建巴尔干联邦。“如果巴尔干联邦建立起来，在苏联的西面将会出现一个东欧大国，这是苏联不愿意看到的现实”；（刘德斌主编：《国际关系史》，高等教育出版社，2003年，366页。）四是苏联在帮助南斯拉夫建立国有工业体系的过程中，一直试图控制南斯拉夫的经济命脉，如苏联坚持援建的大型国有企业要控制51%的股权等。

西方国家通常则认为，苏南冲突“其原因在于当苏联希望贝尔格莱德继续作为其顺从的受庇护国同时又在为自己的利益而榨取南斯拉夫的经济”。（塔德·舒尔茨：《昨与今——战后世界的变迁》，中国军事科学院外国军事研究部译，东方出版社，1991年，143页。）

但是，据沈志华教授所掌握的档案资料和据此的研究认为，“苏南之间以往的矛盾并没有影响其关系的性质，直到1948年初苏南仍然保持着联盟关系；冷战的发生使斯大林改变了对西方及东欧各国的政策，而铁托对这一政策性变化的误解造成苏南之间的重大分歧；苏南分歧的焦点在巴尔干，即南保联邦、南阿关系及希腊革命问题；斯大林要求社会主义阵营绝对服从莫斯科统一指挥和铁托坚持要保证南共在巴尔干的特殊地位导致苏南最终分裂；南斯拉夫走上独立发展的道路是苏南冲突的结果，而不是它的起因。”（沈志华：《1948年苏南冲突起因的历史考察——来自俄国及东欧国家解密档案的新证据》，载《历史研究》，1999年第4期。）

至于斯大林为什么要这么严厉地制裁南斯拉夫，以至于铁托成为两大阵营对垒时期的“弃儿”，沈志华教授的研究结论认为：“斯大林坚决制裁铁托在很大程度上是为了统一东欧各党政策，节制对西方过分和过早的挑战，但苏联—东欧集团的强化反过来恰恰加剧了对抗，凝固了冷战格局。”（沈志华：《1948年苏南冲突起因的历史考察——来自俄国及东欧国家解密档案的新证据》，载《历史研究》，1999年第4期。）

总之，苏南冲突的深层次原因既非意识形态的歧见，也不完全是现实中的国家利益冲突，而是斯大林要牢牢掌握东方阵营在东西方冷战中的主导权以及运用好策略。斯大林在与美国和西方的对峙中，一方面垒砌墙头，另一方面小心翼翼，避免授人以把柄。但是对于任何可以加剧东方阵营内部分化的事情，美国都试图加以利用和鼓励。美国后来向南斯拉夫提供贷款援助，给予最惠国待遇。“1963年10月，南斯拉夫总统约瑟普·铁托还应邀访问华盛顿，这是美南关系更加密切的一个明证。”（丹·考德威尔：《论美苏关系》，何立译，世界知识出版社，1984年，46页。）这种状况恰恰给了苏联领导人一个教训，即在自行“清理门户”时，也应该避免把鱼赶到湖的那一边去。从地缘战略上看，苏南决裂实际上对苏联及东方阵营是一次重大打击，丢失了一块颇有价值的前沿阵地。

1956年的波匈事件所引起的严重裂痕

1.背景：苏共二十大与非斯大林化

斯大林于1953年3月5日去世，他所安排的党政最高领导人是马林科夫和莫洛托夫，但是他们在苏共党内缺乏足够的威信和稳固的地位。时任苏共中央书记的赫鲁晓夫于同年6月底联络了一些高层人士设局逮捕了内务部部长贝利亚，稍后成立特别法庭予以审判并处以死刑。此举令赫

苏联内务部是一个集公检法大权于一身的部门，贝利亚权倾朝野，即使是高层官员，也怕他十分。

鲁晓夫声望提升,9月取代马林科夫成为苏共中央第一书记。

1956年2月，苏共二十大召开。它有三个重要政策上的变化:一是承认社会主义发展道路的多样化,声称存在着“通向社会主义的许多道路”;二是提出了所谓国际共产主义运动的总路线,即要与资本主义“和平共处、和平竞赛、和平演变”,这实际上预示着苏联愿意调整甚至重新确立与西方国家的关系;三是通过赫鲁晓夫在大会期间所做的秘密报告《关于个人崇拜及其后果》,历数斯大林当政时期独断专行的种种问题,昭示着苏联开始了“非斯大林化”的进程。

苏共二十大在欧亚各国共产党中产生了政治意识上的重大冲击。此后苏联在本国和东欧各国推行非斯大林化运动,采用了一些“斯大林主义”的手段清洗斯大林主义分子,这又使苏东各国执政党在组织上受到了重大冲击。

2.波兹南事件

1956年3月12日,波兰党政最高领导人贝鲁特在莫斯科突然逝世,奥哈布接任波党第一书记。在苏共二十大和非斯大林化的背景之下,奥哈布大刀阔斧做出政策调整。一方面为此前数年来清洗所谓铁托分子的历次运动受牵连的人士,尤其是原波党领导人哥穆尔卡及其支持者恢复名誉，另一方面推行新的经济政策,对波兰的经济体制做了一些调整,其中措施之一就是普遍提高全国工人的工资待遇。

1956年6月波兰西南部工商业城市波兹南斯大林机车车辆制造厂的一万多名工人提出了增加工资和减税的要求。28日,到华沙请愿的工人代表团的要求被政府拒绝了,于是在波兹南当地演变成示威游行并发生骚乱,到次日傍晚已经有53人死亡,两百多人受伤,三百多人被捕。事件接着波及波兰全国各地,罢工、示威游行此起彼伏,并引起了全世界的关注。因为事件发生时有些人喊了反苏的口号，所以6月30日苏联官方发表声明把事件定性为“帝国主义的颠覆活动”。

波兰当局最初也把事件作为敌对活动来对待,但是不久之后就承认了工人的要求和不满具有合理性。奥哈布谴责了中央和地方领导者的官僚主义及愚昧无知,同时坚持采取独立于苏联的自主行动。复出的哥穆尔卡更指出:“把痛心的波兹南悲剧说成是帝国主义特务和挑衅分子闹出来的,这种笨拙的企图在政治上是非常幼稚的。”“造成波兹南悲剧和使得整个工人阶级感到深刻不满的原因,应该在我们自己中间,在党的领导和政府中间去寻找。”(哥穆尔卡:《关于波兰目前局势》,世界知识出版社,1957年,9~10页;参见齐世荣主编:《当代世界史资料选辑》第一分册,北京师范学院出版社,1990年,585页。)8月24日,波兰当局要求由苏联派到波兰担任国防部长的苏联元帅罗科索夫斯基回国。至于事件中的被捕者大部分在9月底至10月初的审讯中被无罪释放。另外,一些改善民生的措施,如提高工资、降低消费品价格等政策颁布实施。还有一个重大安排,那就是波党准备在即将召开的八中全会上推举哥穆尔卡重新出任中央第一书记。

苏联一直关注着波兰的事态,赫鲁晓夫终于按捺不住而进行干预。先是由罗科索夫斯基及其支持者策划了流产的军事政变,接着10月17日驻扎在波兰的苏军出动坦克对华沙做包围态势。10月19日置若罔闻的波兰当局按计划召开了八中全会,出人意料的是会议刚开始,赫鲁晓夫未经邀请就带领卡冈诺维奇、米高扬、莫洛托夫等“一班强有力的人物”来到华沙。在苏军围城和赫鲁晓夫亲自上门问罪(一个外国版的“兴师问罪”成语典故)的情况下,哥穆尔卡受中央委员会之托,向赫鲁晓夫要求靠近华沙的苏军马上转移,否则他将通过广播电台向全国说明真相,同时也表明了波兰不会做出任何有损于苏联和整个东方阵营的事情的立场。波兰领导层拒绝了赫鲁晓夫提出的哥穆尔卡及其支持者不能进入政治局和罗科索夫斯基必须进入政治局的要求。而会场外,波兰的各界人士在苏军的炮口之下举行了示威游行,支持哥穆尔卡和波兰领导层。罗科索夫斯基已经无法调动和指挥波兰军队,然而波兰却全国秩序井然。赫鲁晓夫见此情景,唯有作罢,声称不再干涉波党政治局人选问题,但要求发表一份重申波苏友谊的公报。次日苏军撤回基地,波党八中全会继续举行,哥穆尔卡被推举为第一书记,波兰局势平稳。

1956年11月15日,哥穆尔卡率波兰党政代表团访苏,双方领导人达成了一系列协议。苏方同意取消波兰在11月1日以前的22亿卢布的债务,以补偿波兰在1946~1953年期间低价向苏联提供煤炭而遭受的损失,并再向波兰提供7亿卢布的长期贷款。12月17日两国政府签署了关于临时驻扎在波兰的苏军的法律地位的协定,规定苏军不得干涉波兰的内政,苏军的任何军事行动均须波兰政府同意。至此,波苏关系得到了改善。也大大缓和了波兰人民的情绪。

3.匈牙利事件

苏共二十大以前,匈牙利劳动人民党领导层内部已经存在激烈的矛盾和分歧。由苏联扶持的匈党第一书记拉科西·马加什一方面照搬苏联的政治经济体制,在内外政策上亦步亦趋跟随苏联,结果国内经济状况不佳,另一方面拉科西紧跟苏联发动的清洗铁托分子运动并借机打击迫害党内异己分子,两位著名的高级领导人拉伊克和卡达尔分别被处死和监禁。拉科西奉迎和模仿苏联到了着迷而荒唐的地步,他把苏军解放匈牙利的日子确定为国庆日;把国旗设计成类似于苏联的加盟共和国国旗;军队服装换成苏式的;甚至学校的记分制也要与苏联保持一致。匈牙利人民被强迫接受了许多在感情上很难接受的东西。

斯大林去世后,苏联领导人了解到匈牙利乱象环生,反拉科西和反苏情绪激烈,乃试图防患于未然。1953年6月下旬,赫鲁晓夫在莫斯科召见拉科西并予以斥责,同时决定拉科西的总理职务由纳吉·伊姆雷接替,但继续担任党的第一书记。7月上任的纳吉采取了一系列措施改善了经济状况和人民生活状况,政治经济局面逐步好转。然而,这样的变化却不是拉科西所认可的,于是他又跑到莫斯科“向赫鲁晓夫诉说纳吉的一系列政策已使匈牙利的社会主义面临危机。”(王绳祖主编:《国际关系史》第八卷,世界知识出版社,1995年,308页。)结果,1955年3~11月纳吉受到整肃,以推行“修正主义路线”、犯“右倾错误”等政治理由被撤职并清洗出党。纳吉有较高威望和一批支持者,这些支持者在党内和社会上不断进行抗争。拉科西则采取各种手段进行压制。

苏共二十大和非斯大林化令反对派受到鼓舞而活跃起来。1956年3月17日,由一批青年自由派知识分子成立了裴多菲俱乐部,他们多次举行辩论会和报告会,拉伊克冤案和纳吉下台事件成了关注的焦点。党内外各界要求为拉伊克平反、重新起用纳吉的呼声很高,同时也把矛头指向拉科西,要求清算拉科西的罪行和追究他的政治责任。

6月底波兹南事件发生后,拉科西一方面调整经济政策和增加消费品供应,以稳定大众的情绪,另一方面却逮捕了裴多菲俱乐部成员和查封了一些刊物,进一步加剧了矛盾。苏联驻布达佩斯大使、26年后成为苏联最高领导人的安德罗波夫电告莫斯科称:“布达佩斯将使波兹南事件看来好像是一次友好的集会。”(袁明主编:《国际关系史》,北京大学出版社,1994年,385页。)为了稳定匈牙利局势,7月中旬赫鲁晓夫指派苏联副总理米高扬到布达佩斯进行领导层的改组,迫使拉科西辞职,由格罗接任。格罗采取了一些补救性质的举措,如为拉伊克案平反,重新把纳吉接纳到党内,释放了300名所谓的铁托分子。但是因这些行动为时已晚而无济于事,平息不了全国性的强烈不满。

9月间,各种各样的俱乐部大量涌现,激进的主张接连提出来。10月20日,波党八中全会的决定和哥穆尔卡重新出任第一书记的消息传到布达佩斯之后,匈牙利高校学生决定10月23日举行声援波兰的大游行;裴多菲俱乐部则向当局提出十点要求,主要内容是:进行政治经济体制改革;确认言论自由与新闻自由;对拉科西执政时期进行清算;维护匈牙利的民族尊严;苏军立即撤出匈牙利以及反对苏联的大国主义等。

10月23日，政府发布了禁止任何示威游行的公告，但公告效果适得其反，不但学生照计划行动，许多民众出于对公告的极度反感也加入了示威行列。在群情汹涌之时，格罗在当晚发布措辞强硬的广播讲话，将参加示威游行的民众称为“暴徒”，于是骚乱发生了。一些反政府组织把事先准备好的枪支弹药分发给愤怒的示威者，示威者和保安人员互相开枪，流血事件接连出现。匈牙利当局高层在24日凌晨召开紧急会议，一方面决定再度起用纳吉为总理，另一方面又通过电台宣布正在发生的事件属于“反革命性质”，宣布立即实施戒严令，并请求苏军协助平定暴动。苏军快速开进布达佩斯，镇压示威者。事态进一步恶化，一些布达佩斯的警察部队和驻军也加入暴动，他们把武器散发给示威者，流血事件不断扩大。匈牙利在拉科西统治时期积累了多年的社会不满，出于各种动机包括具有西方背景的人群纷纷加入暴动，局势完全失控。

10月24日下午，赫鲁晓夫派米高扬和苏斯洛夫乘装甲车进入布达佩斯，指责格罗的无能并要求其辞职，指派卡达尔接任第一书记。此时的总理纳吉不愿意采取强硬的措施，他希望用温和的手段来平息事态，他把正在发生的事件称为“民族民主运动”，并在10月29日宣布结束一党制、在秩序恢复之后举行多党自由选举；提出即时改组政府，解散保安部队，要求苏军撤走等措施。结果，苏联做了妥协，撤走军队，并发表宣言“承认苏联过去犯下了有损社会主义国家地位平等的原则的错误”。（袁明主编：《国际关系史》，北京大学出版社，1994年，386页。）纳吉于11月1日向苏联大使安德罗波夫宣布匈牙利退出华沙条约并奉行中立，同时致电联合国秘书长宣布这一决定，呼吁联合国及四大国确保匈牙利的中立。与此同时，暴动全面指向各地政府部门和公职人员，布达佩斯市委大楼遭到武装袭击，市委书记和50名卫兵全部被杀害。

纳吉的立场表明他试图争取国际介入和脱离东方阵营来平息事态,同时暴动却越来越惨烈,卡达尔决定与纳吉政府决裂,这几个因素促使苏联决定直接进行干预。11 月 2 日苏联领导人紧急征询了波兰、罗马尼亚、捷克斯洛伐克、中国和南斯拉夫的意见,除铁托对武装干涉有所保留外,都赞成采取行动。11 月 4 日凌晨,苏军坦克再抵布达佩斯,苏军用了四五天时间镇压了暴动。卡达尔在苏联帮助下重建了匈牙利政权。匈牙利事件造成了巨大损失,“有两千五百多人死亡,近两万人受伤。经济损失达两百多亿福林,相当于匈一年国民收入的四分之一”。(吴于廑,齐世荣主编:《世界史现代史编》下卷,高等教育出版社,1994 年,97 页。)

纳吉和他的政府班子中的追随者二十多人到布达佩斯的南斯拉夫大使馆避难。但是南斯拉夫显然不愿意为纳吉一班人提供长期保护,纳吉于 23 日离开南斯拉夫大使馆后被苏军拘捕。1958 年 6 月匈牙利最高人民法院判处纳吉死刑。

苏军开入匈牙利当天,在美国安排下,联合国大会举行紧急特别会议,通过美国的提案,谴责苏联的军事干涉。

4.波匈事件与东方阵营的内部裂痕

波匈事件都同样显示出有三条冲突主线存在:一是民众与执政当局在权益上的冲突;二是波匈核心领导层内部两种不同政策主张与执政管理模式的冲突;三是波匈等国与苏联在突发事件的危机处理方式并由此体现在国家的发展模式上的冲突。后两条冲突主线对东方阵营的内部关系产生了严重影响。

莫斯科的本意是通过强悍措施制止阵营内部的任何离心倾向和不稳定因素,维护苏东集团的已有结构的稳定。但是其平息事态的手法和法理依据,不但有违国际法律原则,即使按照社会主义国家之间的并不完整的规范来看,也是显得相当粗暴的,缺乏对波匈等阵营成员的基本尊重。以这种被称为“斯大林主义”的处理方式试图阻止波匈等国的“非斯大林化”倾向,在波匈领导层和人民大众中反而加剧了对苏联的反感和不信任。波兰事件最后以妥协的方式解决，而匈牙利事件则以镇压的方式平定。

另外，从波兰在20世纪90年代公布的一些档案材料中，也可以看到，中国领导人对赫鲁晓夫处理东欧事务的做法显然有不同看法，同时关系逐步紧张起来的中苏在对待波兹南事件的立场上显然不同，中国对哥穆尔卡的支持使中苏关系更显得微妙。波兰学者维尔布兰在研究了相关档案资料之后认为：“中共领导人虽对波兰部分摆脱苏联控制的做法表示赞赏，但他们真正关心的……主要却是想利用这种局面迫使苏联领导人以平等伙伴态度来对待自己的党和国家。”（安杰伊·维尔布兰：《中国与波兰1956年十月事件》上，参见冷战中国网，http://www.coldwarchina.com/ozyj/dowt/000746.html.）

波匈事件显示东欧各国和中国都有提升对苏联的独立性与自主权的要求，事件之后苏联也做了一些温和调整。但是，苏联、东欧及中国之间的关系缺乏制度化的机制予以规范，莫斯科的政策一直在“放松—收紧”之间摇摆。

中苏战略联盟关系的破裂

中苏之间的关系存在一些矛盾和分歧，这并不是问题，国家关系是难求完美的融洽。苏共二十大及对斯大林的评价，中苏双方存在明显的分歧，1956年4月5日和12月29日，中共先后在《人民日报》发表《关于无产阶级专政的历史经验》和《再论无产阶级专政的历史经验》，已经有展开论战的味道。

我们可以观察到，这个时期的中国领导人在处理中苏关系时，也有些举棋不定的情况。一方面中国是东方阵营中间与美国为首的西方阵营展开冷战的坚定国家，由于二战后初期美国“扶蒋压共”和“扶蒋反共”政策，以及中华人民共和国成立以后美国的僵硬立场，在朝鲜战场上兵戎相见，在台海问题上不断制造障碍，都使得中美关系在整个50年代毫无转圜余地。因此，中国希望苏联能够当好社会主义阵营的头，以更加坚定的姿态同西方阵营展开冷战较量。另一方面,自从斯大林去世之后,短暂执政的马林科夫和随后的赫鲁晓夫都在谋求与西方缓和及改善关系,这不仅是外交政策问题,在中国看来还涉及意识形态问题,即所谓路线问题。中国对苏联的举动是有看法的,这就使中国在意识形态问题和对待西方的政策问题上,越来越多地提出不同于苏联的主张。中国的主张和立场显然很难与“老大哥”协调起来。

1960年6月下旬在罗马尼亚布加勒斯特会议上,苏联领导人对中国进行了严厉的指责,这导致中共代表团在6月26日发表了措辞强硬的声明。“中共代表在同苏共代表的会谈中表示了他们的气愤。也正是在这次谈话中赫鲁晓夫尽倾气恼,大肆攻击毛泽东,结果招致不可挽回的后果。他把中国领导人称做‘老套靴’,‘其理论是从鼻孔里挖出来的’。正是这些人身攻击,比政治和理论问题的争论更成为减少分歧、恢复正常关系道路上不可逾越的障碍。”(列·别·杰留辛:《关于苏中冲突起因的若干思考》,载《当代中国史研究》,1998年第3期。)一般认为,这个事件标志着中苏两党关系公开破裂。7月16日,苏联终止了343个对华专家合同,废除了257个科技合作项目,并陆续撤走1390名在华工作的专家。

在这个过程中,阿尔巴尼亚问题加剧了中苏之间的不和。阿国是东欧集团中最弱小的国家,但是在与苏联发展关系中,却有着强烈的屈辱感。有一次,阿尔巴尼亚请求紧急提供谷物援助,赫鲁晓夫得知所需数量后,下令满足了要求,但又说:“我们这儿的耗子吃得真多啊!”对于阿尔巴尼亚人站

一次赫鲁晓夫在阿尔巴尼亚做正式访问时,不顾阿尔巴尼亚领导人的民族感情,乱提建议,随后又突然缩短访问时间,应铁托的邀请到南斯拉夫打猎去了。

到中共一边，赫鲁晓夫毫不掩饰自己的愤怒。他说："他们整个军队都穿我们的包脚布，而他们还在骂我们。"（列·别·杰留辛：《关于苏中冲突起因的若干思考》，载《当代中国史研究》，1998年第3期。）在1961年10月举行的苏共二十二大上，赫鲁晓夫不但公开指责阿尔巴尼亚的内政外交，甚至"号召推翻阿尔巴尼亚的领导人"，（刘德斌主编：《国际关系史》，高等教育出版社，2003年，391页。）两国于同年12月断交。中国与阿尔巴尼亚两国此后则成为莫逆之交。

苏联开始在中苏边境采取一些敌对行动，如策动中国边民及少数民族反叛，在中苏、中蒙边境集结重兵等。

中苏战略联盟关系破裂的重大后果主要体现在三大方面：

一是社会主义阵营和国际共产主义运动分裂为两个对立的中心，东方阵营由此经历了一次严重的精神和实力上的内耗，元气大伤；

二是美国决策者开始有意识地利用中苏的矛盾与对立，有区别地对待中国和苏联。美国情报部门在1962年2月份的分析报告《苏联与共产主义世界的政治发展》已经关注到这个问题。1962年11月22日美国国务院给其驻外使馆发出通电，指示了对待中苏冲突的应对方式。美国外交界认为："中国正在提倡以更好战的更咄咄逼人的政策反对西方。"（牛大勇：《肯尼迪政府

1972年2月21日毛泽东与尼克松的历史性握手，中美两国隔绝二十多年后，开始了关系正常化的历程。

是怎样观察和利用中苏分歧的?》,见章百家,牛军主编:《冷战与中国》文集,世界知识出版社,2002 年。)主张美国政府此时宜采取较为低调的策略,以诱使中苏进一步加剧冲突,并对新兴领导力量中国施加更强硬的立场。中苏不能联手对付美国,这正是美国求之不得的事情。而到了尼克松执政时期,在战略上又演化为“打中国牌”的政策动向。

三是中国作为两大阵营分化解体过程中,较早分离出来成为综合实力较弱的一个力量中心,对多极化局面的初步形成是一个重要的推动。1963 年 11 月在约翰·肯尼迪总统被刺前夕,在一次记者招待会上曾经表示:“政府有意根据中共态度的变化而改变对华政策。”[山极晃:《中美关系的历史性展开(1941—1979)》,鹿锡俊译,社会科学文献出版社,2001 年,36 页。]不管美国对待中国是采取更加强硬还是灵活的温和立场,都在客观上把中国作为新的一“极”来考虑。

1968 年布拉格事件的冲击

1.“布拉格之春”改革运动的兴起

捷克斯洛伐克是第一次世界大战结束时,从奥匈帝国解体中分离出来的,它在第二次世界大战前属中欧概念的国家,已经完成工业化。战后被纳入东欧区域,建立苏联模式的政治经济制度,属于这个区域中工业和经济底子比较好的国家。实行计划经济二十年,由于不顾国情,长期坚持优先发展重工业,经济在日益严重的失衡中每况愈下,人民生活水平在五六十年代持续下降,民怨日深。

1967年,捷克斯洛伐克的经济状况相当糟糕,各界要求改革的政治呼声很高。一批知识分子在《文化生活》这一公开刊物上不断发表针砭时弊的文章,捷共党内也形成了以斯洛伐克第一书记杜布切克为首的改革派。在 1968 年 1 月的捷共中央全会上,改革派获得主流地位,杜布切克取代任职近十五年的诺沃提尼成为中央第一书记;3月，诺沃提尼的总统职位由老将领斯沃博达接任。4月5日,改组后的捷共中央全会通过了推行政治经济体制全面改革的长达63页的《行动纲领》。这个纲领的最大特色是宣布将“创立一个新的、符合捷克斯洛伐克国情的、有人道面目的社会主义社会。”例如“它明文取消了不许非党员担任工业、文教及其他部门高级领导职务的规定。它强调的是建立一个在共产党领导之下的(而不是由共产党牢牢控制的)紧密团结、富有创造性的社会。”(塔德·舒尔茨:《“布拉格之春”前后》,张振第等译,新华出版社,1983年,432页。)它提出制定新宪法来代替1960年通过的按照苏联的模式写的宪法。在外交政策部分,《行动纲领》表示将执行与其他共产党和共产党国家保持友好关系的政策,但是它拒绝捷克斯洛伐克同西方隔绝,提出要执行一种更加积极的欧洲政策,其目的是发展互利关系,保障欧洲大陆的集体安全。这样，由杜布切克的共产党改革派在这一年春天发起的改革运动，就被称为“布拉格之春”。

5月底捷共中央全会决定将诺沃提尼开除出党中央委员会，暂停其党籍,并决定9月9日召开捷共“十四大”以确认并深化行动纲领。“布拉格之春”改革运动明显表现出捷克斯洛伐克试图摆脱苏联模式和苏联控制的意向,它向世人表明地处欧洲心脏的这个国家正在谋求新的发展模式。

2.严寒来自莫斯科

苏联高度关注捷克斯洛伐克正在发生的事态,5月3日午夜,杜布切克、总理切尔尼克等“应苏共中央的邀请”飞往莫斯科,苏联最高领导人勃列日涅夫对捷克斯洛伐克的做法表示极不满意,杜布切克当场做了辩解。5月8日苏联召集波兰、匈牙利、保加利亚和民主德国领导人在莫斯科商讨捷克斯洛伐克的局势,提出将采取强硬措施。5月17日苏联国防部长格列奇科到访布拉格,当日稍晚苏联总理柯西金也突然抵达布拉格,他们迫使捷方同意6月份在捷波边界举行华沙条约组织成员国“训练参谋人员”的军事演习,这显然带有警告和施压的含义。柯西金还试图说服杜布切克放弃一些改革措施。

6月18日至7月1日华沙条约国的演习在捷波边境地区举行。在这个敏感时刻,6月27日,布拉格几家报纸同时发表了由科学家倡议、小说家瓦楚利克执笔,由知识界70位知名人士签名的《两千字声明》,它一方面号召各界支持捷共的进步派领导实现改革的行动纲领,另一方面它指责战后以来捷共领导人的错误政策,使党变成了一个“权力组织”,呼吁人们自行组织起来以“公开批评、做出决议、游行示威”等方式,迫使“那些滥用自己权力”的人离职。声明还表示,坚决支持政府反对“外国势力”的干涉,直至手拿武器来支持它。(《两千字声明》的全译文见塔德·舒尔茨:《“布拉格之春”前后》,张振第等译,新华出版社,1983年,488~495页。)

这份声明发表后几个小时就传到了克里姆林宫,勃列日涅夫打电话给杜布切克,“抗议这一‘反革命’的正式宣言……迫使捷克斯洛伐克当局谴责这个声明,并要求与它划清界限。”(塔德·舒尔茨:《“布拉格之春”前后》,张振第等译,新华出版社,1983年,497页。)捷共中央主席团意识到《两千字声明》可能成为捷克斯洛伐克招来某种干涉的借口,捷国内各界也对这个声明议论纷纷,争论激烈。于是捷共中央主席团当晚发表声明,指责它是对捷共、民族阵线和政府的不信任,是“对于整个民主化过程的明显威胁”。可是捷克地区各州一百个县有半数以上的地方党代会却同意《两千字声明》的内容与主张。

7月8日杜布切克收到了苏联、民主德国、匈牙利、波兰和保加利亚五国最高领导人的信件,要求他参加华沙条约国最高领导人会议,“讨论两千字声明引起的对捷克斯洛伐克共产主义事业的威胁”。捷共中央主席团开会讨论之后,决定拒绝参加这一次最高级会议,但复信建议改集体会谈为双边会谈。此时苏联的主要喉舌《真理报》和《文学报》已经公开把两千字声明称为“反革命声明”;同时,军事演习结束后的苏军却迟迟没有撤离捷波边境地区。

从7月15日至7月底，苏联及波兰、匈牙利、保加利亚和民主德国不断向捷克斯洛伐克发出警告，声称捷克斯洛伐克事态的发展已经危害了社会主义国家的共同利益，它们不能坐视敌对势力的破坏。极为反常的是，苏联此时在炎夏季节频繁地在其西部地区举行军事演习。杜布切克否认了苏联所称的危害的存在并拒绝苏联的指责，呼吁其他国家不要干涉捷克斯洛伐克的内政。

经过协商，杜布切克与勃列日涅夫各率最高层人员于7月29日在捷边境小镇切尔纳举行了会谈，双方立场对立，原定一天的会议开了四天，最后以杜布切克做了一些让步而收场。8月3日，捷与上述苏东五国在斯洛伐克首府布拉迪斯拉发举行了联席会议，最后发表了一项空洞而平淡的宣言。宣言没有提及捷克斯洛伐克的“反革命”危险，苏联还许诺撤走演习结束后仍然停留在捷境的苏军。杜布切克在会后发表演讲认为“没有理由为我们的主权担心”，捷克斯洛伐克人普遍以为这是他们的胜利。连西方的报刊也都这么认为。苏联显然以这样的方式先稳住捷克斯洛伐克人，为苏联最后完成干涉的准备争取时间。华盛顿的高级官员指出：“华沙条约有40万大军放在捷边境线上，在波兰和东德机场上至少集中了300架苏联军用飞机，它们只需飞几分钟就能袭击捷克斯洛伐克的目标。”（塔德·舒尔茨：《“布拉格之春”前后》，张振第等译，新华出版社，1983年，526~527页。）

8月中旬，两位苏联已经不太信任的领导人——南斯拉夫领导人铁托和罗马尼亚领导人齐奥塞斯库先后访问布拉格，苏联静观事态。捷境的苏军还是没有任何撤退的迹象。8月16日苏联的几位最高领导人从黑海休养地秘密回到莫斯科。8月18日勃列日涅夫打电话通知民主德国领导人乌布利希、波兰领导人哥穆尔卡、匈牙利领导人卡达尔和保加利亚领导人日夫科夫，苏联已决定下达军事干涉捷克斯洛伐克的命令。上述四个国家的军队也将参与军事干涉。

8月20日晚11时苏联、波兰、民主德国、匈牙利和保加利亚军队从北面、东北、东面和南面分18路越过捷克斯洛伐克边界，8月21日凌晨，配备有轻型坦克、装甲车和反坦克炮的空降部队在布拉格和布拉迪斯拉发机场降落。入侵行动一共部署了50万军队，48小时之内有近20万人开进捷克斯洛伐克。当夜正在举行会议的捷共中央主席团获知消息之后挫败了主席团里亲苏成员的阻挠，在凌晨时分通过并发表了《告捷克斯洛伐克社会主义共和国全国人民书》，指入侵行动"违反了社会主义国家之间关系的基本准则，破坏了国际法的基本准则"，号召全国的武装力量和全体国民，"不要抵抗前进中的外国军队"，领导干部都应该坚守岗位，而"宪法授权的有关机关已召集国民议会和共和国政府会议，党中央主席团也正在召集党的中央委员会，以便应付业已形成的局势。"（塔德·舒尔茨：《"布拉格之春"前后》，张振第等译，新华出版社，1983年，546~547页。）这个文告在政治上挫败了苏联试图把入侵行动安排成为"兄弟国家的军队"应捷克斯洛伐克新政权的请求入境的打算。

随后杜布切克等4名主要改革派领导人被绑架到莫斯科。捷共党中央大厦被占领，捷国民议会、政府办公大楼被包围，所有政府和国家的要害部门均被占领或军事管制。捷克斯洛伐克的电台、报社和一些党务机关转入地下活动。

21日捷共有关部门通过电台召唤分布于全国各地的十四大代表，宣布代表大会提前于8月22日在布拉格切卡德工厂召开。结果，苏联人没有把这件事当真，而1543名代表中，有1192名出席了大会，并选出了新的中央委员会和中央主席团，大会推举维·希尔汗（一个不太知名的经济学家）在杜布切克恢复工作以前代理中央第一书记。22日和23日中午，布拉格和全国还举行了一小时大罢工，同时市民响应十四大号召，闭门不出，寂静吞没了布拉格。此后人民又响应号召，把全国，特别是布拉格变成地理上的无人区，全国各地各种路标被破坏或掉转方向，实行"街道无名化”，拆走或者搞乱布拉格全城的街道标志和门牌，收藏或销毁地图及其他任何指示城市位置的资料，使占领军的行动经常陷入混乱。

苏联企图扶植一个亲苏新政权的计划，迟迟实现不了。22日夜，勃列日涅夫接受了拒不妥协的捷克斯洛伐克总统斯沃博达的会晤要求；在23日晚间的克里姆林宫的会谈中，斯沃博达坚持不释放并恢复杜布切克等人的职务，谈判就无从谈起；24日凌晨，勃列日涅夫突然宣布同意释放杜布切克等4名捷克斯洛伐克领导人，并让他们以自由人身份参加会谈。在随后的谈判中，苏联提出了十六点要求，包括使苏军的入侵在实际上合法化，以加强捷克斯洛伐克与联邦德国边境的防务为由让苏军驻扎长期化，撤换一批改革派领导人，宣布捷共十四大为非法无效，按照苏联式的社会主义来改变捷的政治发展方向，恢复新闻书报检查制度等。（塔德·舒尔茨：《“布拉格之春”前后》，张振第等译，新华出版社，1983年，605，610~611页。）捷方为避免大规模的流血牺牲，在毫无选择余地的情况下，被迫接受了大部分要求。8月26日双方签订了苏捷秘密协议并发表了《苏捷会谈公报》。一些捷克斯洛伐克的年轻人视此为“第二次慕尼黑”。10月16日苏捷双方又在布拉格签署了《关于苏联军队暂时留驻捷克斯洛伐克社会主义共和国境内的条约》，条约规定东欧四国即行撤军。

1969年1月1日，捷克斯洛伐克实行国家联邦制，形成捷克和斯洛伐克两个政治实体。4月17日，捷共中央全会改组了中央主席团，胡萨克取代杜布切克出任中央第一书记。胡萨克上台之后决心消除“布拉格之春”的任何痕迹。至此，“布拉格之春”在来自莫斯科的寒流摧残之下宣告彻底夭折。

杜布切克被安排去当新的联邦议会主席，1969年底改派驻土耳其大使，1970年初，他被赶出捷共中央委员会，成为政治上不起作用的人。几个月后，杜布切克被召回国，6月26日，捷共中央委员会宣布开除杜布切克出党，他被安置在斯洛伐克的一家工厂办公室工作。

3.布拉格事件引起的冲击

自从1964年赫鲁晓夫下台，勃列日涅夫开始执政。勃列日涅夫集团不仅继续推行所谓“社会主义大家庭”经济一体化，强制实行苏东“国际分工论”，例如把罗马尼亚指定为农业和原料产地，而且还提出了一系列新的控制苏东集团的政策主张与措施，诸如后来被称为“勃列日涅夫主义”的“有限主权论”和“国际专政论”。

1968年7月3日在克里姆林宫的一次会议上，勃列日涅夫第一次提及关于社会主义大家庭不容侵犯这个后来称为“勃列日涅夫主义”的政策。11月12日勃列日涅夫在波共代表大会上讲话时宣称：“当社会主义的内外敌对势力试图扭转某个社会主义国家的发展，复辟资本主义制度，当那个国家的社会主义事业遭到了危险——对整个社会主义共同体的安全构成威胁，这就不再仅仅是那个国家人民的问题，而变成了一个共同的问题——所有社会主义国家关心的问题。”（齐世荣主编：《当代世界史资料选辑》第一分册，北京师范学院出版社，1990年，168页。）因此，“大家庭”的其他成员就有权采取行动，包括军事行动。对于“有限主权论”，苏联的宣传机构做了进一步的解释说，“社会主义大家庭”的利益是“最高主权”，这个大家庭有权决定其他成员的命运，“其中包括它的主权的命运”。［谢显益主编：《中国外交史（中华人民共和国时期）》，河南人民出版社，1988年，363页。］“有限主权论”实际上是一种伪主权理论，它试图为苏联粗暴践踏国际法准则提供强词夺理的理论依据。另外，苏联领导人还宣称历史的发展，要求把“一国的专政”上升为“国际的专政”，为此必须进一步完善可以用来保卫“社会主义大家庭”的工具，即华沙条约组织和经济互助委员会。

苏联正是使用这一套披着意识形态外衣的强权政治理论，为自己对捷克斯洛伐克的入侵行动作辩解。

1968年的布拉格事件在国际共产主义运动和东方阵营内部引起了巨大的反响和分歧。苏联恩威并施拉拢了波、匈、保和东德四个东欧国家一同出兵侵略本阵营成员捷克斯洛伐克，这一事实在国际共产主义运动史上是极为恶劣的。同时中国和南斯拉夫、罗马尼亚、阿尔巴尼亚等三个东欧国家以及意大利共产党和法国共产党等都强烈谴责实施侵略的行径，这标志着战后的社会主义阵营实际上已经解体。苏联此后维持的仅仅是这个阵营的一个残缺部分。

东方阵营解体的主要症结考察

关于导致东方阵营解体的主要原因，历来人们都是从意识形态的分歧和国家利益的冲突去考察分析，焦点则集中在苏联的大国沙文主义和民族利己主义，这是有许多事实根据支持的。但是，问题的主要症结出在哪里呢？我们认为可以从以下三个方面去进行重点考察：

第一个症结是联盟内部约束机制上的缺失，即未能达成约束本集团内部各成员的国家行为的有效共同规范。社会主义国家之间的关系，从政治学上来说是一种新型的国家关系。然而在实践中，这种关系的定位从一开始就存在严重的缺陷，它未把已有的主权尊重原则和其他国际法原则确定为处理相互之间关系的基本框架和基本规范。在社会主义阵营的内部关系上，并未认同所谓“资产阶级的国际法原则”，而只是试图以意识形态的理论原则及某些国际惯例处理国家间的关系。然而这些原则往往缺失清晰的法律条文和程序化的操作规程,弊端非常明显。事实上,对于诸如马克思主义的“无产阶级国际主义”信条在解读上就已经产生了严重的歧义。大国大党试图垄断这一理论原则的内涵的解释权,在实践中必然形成了“霸王条款”。所以,与其去指责苏联的大国沙文主义和民族利己主义,不如去关注苏联作为一个大国和作为第一个社会主义国家在国家的政治框架建构上的致命缺陷。当苏联作为国际舞台上的社会主义国家“独行侠”的时候,他与其他国际行为主体的碰撞与不和,就给人们这样一个“解释”的空间:新型国家、意识形态及社会制度不同、敌意的存在;可是当苏联不再是独一无二的角色的时候,在苏联主导之下结成集团的社会主义阵营内部不断产生冲突的时候,上述“解释”就失去了正当性和有效性。

第二个症结是意识形态理论框架存在明显的缺陷而凸显了时代的局限,即在所有成员的社会主义制度发展模式上或称为走什么样的社会主义道路上过分追求一元化。社会主义阵营内部的所有成员都信奉马克思的科学社会主义,在实践上大体形成了苏联、南斯拉夫和中国三种有本国特色的社会主义发展模式,这种多样化本来是有重大实践价值的探索,最终却成为阵营内部冲突的导火线。然而,受到苏联模式压制的中国及大部分东欧国家同样以一元化的视角看待苏南冲突与匈牙利事件。虽然苏共二十大在原则上声称承认社会主义发展道路的多样化,但是“一元化”的指导原则却从未改变。所以,直至社会主义阵营解体,国际共产主义运动都未能认同与接纳在同一意识形态下国家制度的差异,包括国家决策机制、经济体制的多样化与民族化,还有利益主体不同之下的利益民族化。归根到底,在社会主义阵营的联盟时期,社会主义制度已经附着于主权国家形态,却没有得到相互的主权尊重,甚至尚未有这种意识上的觉醒。它表明社会主义阵营内部实际上缺乏国际政治意义上的长期战略合作的基础。有一种看法认为,“不管国际共运如何风云变幻,有一点是可以肯定的:从仿效苏联模式的单一化,到探索适合本国实际的一体多元化是大势所趋。”(黄安年:《当代世界 50 年的多样性统一进程》,载《世界历史》,1995 年第 3 期。)只是当这一趋势形成时,社会主义阵营已经面目全非了,并且问题的症结并没有解决。

第三个症结是国家利益的分歧处置失度而引起严重冲突。虽然从东方阵营各成员的执政党之间的意识形态立场来看,分歧与冲突是明显存在的,但是从国际政治集团与主权国家形态下的国家行为来看,国家利益冲突才是本质的。按照一般的国际政治原理来分析,如果把社会主义阵营内部各成员之间的关系放之于主权国家形态下进行考察,那么根据国际通则,无论是不同的意识形态分野还是同一意识形态体系下的个体差异与分歧,仍可和平共处并且维持正常的国家合作关系。实际上任何国家之间存在国家利益冲突本身就属于正常的国际政治现象,关键在于遵循什么样的规则和渠道去化解、处置或寻求妥协。由于社会主义国家之间在社会发展水平与现代化程度上有着颇大的差异, 即苏联、捷克斯洛伐克、匈牙利和德意志民主共和国已经基本实现了工业化,波兰至多处于初步的工业化状态,中国、南斯拉夫、保加利亚、罗马尼亚和阿尔巴尼亚等国家的工业化程度则很低,因此,各社会主义国家的国家利益诉求与发展战略的重点布局有很大的差异。这样,各国在对外交往中,无论是面向社会主义联盟或是针对西方国家,都会首先做出自身的国家利益考量。外交协调就成为整合集团共同利益的必由途径与关键环节。但是作为社会主义阵营的主导型国家,在缺失有效的共同规范的情况下,苏联却实施国际上典型的强权政治来对待其他社会主义国家,并且把苏联自身的战略利益和国家利益等同于社会主义阵营的整体利益,再以其单方面倡导的意识形态见解压制其他社会主义国家的任何异议,这一切的一切都以极其恶劣的方式掩盖在“无产阶级世界革命”的使命与东西方两大阵营对垒的需要的旗号之下。

总之,许多政治家和分析观察人士为社会主义阵营最终的这种局面和结果而扼腕叹息。但是如果调换另一种角度与思维去分析,除了在国际共产主义运动史上留下深刻的教训和无尽的思考之外,社会主义阵营内部的这种不成熟关系的终结,对于重塑当代的国家关系和推动国际政治沿革走向更加成熟的多极化趋势,在事实上具有正面的促进意义。这或许是社会主义阵营的最重要的历史遗产和历史价值。

西方阵营的弱化与内部分化

战后西方阵营的弱化与内部分化,在50年代也开始了。西欧各国经济的恢复与实力的增强,还有西欧联合进程取得重大进展,美苏恢复对话与东西方外交接触重新活跃起来,都是重要的催化剂。对于美国来说,西欧走向联合是一把双刃剑,欧共体的壮大本身就弱化了美国的权威和有效支配权;在这个过程中,老牌大国英国在走向相对衰落中陷于挣扎状态而不得不与美国保持适当的距离并选择回归欧洲;在美苏的核打击能力日益增强的情况下,西欧国家自身的安全危机意识也跟着越来越凝重,自主掌握国家命运促使法国戴高乐主义和联邦德国“新东方政策”的诞生。日本在战后被美国占领的状况下,只不过是美国的附庸国而已,丧失了强国地位的日本一门心思发展经济,结果一鸣惊人创造了经济史上的奇迹,并产生了自主外交和调整日美关系的要求。

巴黎—波恩轴心形成时期的欧共体

1.欧共体成立过程

1950年5月9日,法国外长罗贝尔·舒曼公布了一份备忘录,提议“把法德的全部煤钢生产置于一个其他欧洲国家都可参加的高级联营机构的管制之下”,也就是说,以法国和联邦德国的煤钢工业作为基础,然后把西欧其他国家的煤钢企业整合在一起,由一个超国家的联营机构进行统一经营和管理。这份备忘录声称：假如这一计划得以实现，“将保证欧洲联邦共同经济基础的建立和发展”，它可以改变这个地区长期从事军火制造导致它自身“不断成为牺牲品”的状况，这“意味着将来在法德之间发生战争是不可想象的，而且在物质上也不再可能。”[引自《战后世界历史长编》第六分册(1950—1951)，上海人民出版社，1985年，201~202页。]这就是舒曼计划，这个计划是号称“欧洲第一公民”的法国人让·莫内创议的。(让·莫内：《欧洲第一公民——让·莫内回忆录》，孙慧双译，成都出版社，1993年，338~340页。)经过协商，法国、联邦德国、意大利、比利时、荷兰和卢森堡六国同意加入这个计划，并于1951年4月18日在巴黎签署了《欧洲煤钢联营条约》。按照条约规定，六国建立起欧洲煤钢共同市场。到1958年，煤钢共同体的国际钢铁贸易额增长了157%，钢产量增长了65%，明显高于非煤钢共同体成员国。

为了体现六国联营的理念，与会者做了别出心裁的安排：该条约文本使用了联邦德国的墨水，荷兰的纸张，法国的印刷术，然后由比利时、卢森堡装订，再配上意大利的文件飘带。

欧洲煤钢共同体的长足发展推动了欧洲联合的升级。1957年3月25日，上述六国政府首脑在罗马市政大楼签订了《欧洲经济共同体条约》和《欧洲原子能共同体条约》，总称为《罗马条约》，条约自1958年1月1日起生效。条约确立经济共同体的宗旨是：在各成员国之间消除各种关税及经济壁垒，废除阻止人员、劳务和资本自由流动的各种障碍，建立对待第三方国家的共同关税率和共同贸易政策，建立共同的农业政策、商业政策、运输政策和环保政策等。(弗兰西斯·斯奈德：《欧洲联盟法概论》，宋英编译，北京大学出版社，1996年，20~21页。)另外还决定成立欧洲投资银行，设立议会、部长理事会、共同体委员会和司法机构等以保证共同体的正常运作。

此后欧共体成为全球瞩目的区域经济和政治的一支重要力量,在欧洲产生了重大影响,并且随着其成员之间合作领域的不断拓展,欧共体在对外事务方面逐步形成了“用一个声音说话”的政策机制。在这个过程中,也不断尝试摆脱对美国的依赖与跟从。欧共体在法国戴高乐重新执政之后,显示出更加明显的独立性。欧共体的权力中枢一直由法德主导,而政治上法国常常充当欧共体的发言人。联邦德国则由于其雄厚的经济实力,同样拥有重要的发言权,于是就形成了巴黎—波恩轴心的结构。

2.巴黎—波恩轴心的形成

在戴高乐重新执政前的战后法德关系,在美国的欧洲战略和欧洲联合趋势的牵引之下有了极大的改善,但是双方一百多年来积累下来的民族世仇却并未消解,相互之间的戒心仍然存在。1949 年康拉德·阿登纳就任德意志联邦共和国第一任总理并持续执政十几年,奉行了与法国和解的政策,这种政策促使他积极响应舒曼计划和参与设计建立欧洲经济共同体。然而法国这个阶段却缺乏强势的政府和有威望的领导人,法德两国关系中化敌为友的深层次问题仍然悬着。

1958 年 6 月 1 日,戴高乐重登政坛执掌法国大权。戴高乐曾是战时抗击德国法西斯的一面旗帜。阿登纳不能确定,他的上台会不会阻止法德和解的势头。1958 年 9 月 14~15 日,阿登纳访问法国,戴高乐特地选择了他的乡间宅邸科隆贝双教堂来接待这位年长的政治家。

会谈中,阿登纳直截了当地对戴高乐提出了“信任问题”,他说:“目前的问题在于弄清楚是否能实现一种持久的事情。法国和德国或者可能长期真诚相待,这对于这两个国家和欧洲都有莫大的好处;或者继续互相疏远,互相对抗,从而使自己遭到不幸。”他征询戴高乐,“您打算给法国的政策指定什么方向呢?”

（戴高乐：《希望回忆录》第一卷，上海人民出版社编译室法语组编译，上海人民出版社，1973 年，182~183 页。）

戴高乐很清楚，阿登纳是战后联邦德国非常难得的国家引路人，同时德国在欧洲经济发展中的领头羊地位是法国所不能相比的。在业已形成的欧洲经济共同体的合作框架中建立法德之间的互相倚靠并发挥中枢作用将是明智的选择。所以，戴高乐告诉阿登纳："由于欧洲的统一的重要性——这种统一首先要求巴黎和波恩合作，我认为必须尝试把历史的进程颠倒过来，使我们两个民族言归于好，并使它们的力量和才能联合起来。"（戴高乐：《希望回忆录》第一卷，上海人民出版社编译室法语组编译，上海人民出版社，1973 年，184 页。）

接着，两位领导人就两国的相互支持提出了一些明确要求。首先，"受屈辱和受束缚的德国向法国提出的要求，就是帮助它在国外恢复别人对它的尊敬和信任，从而恢复它的国际地位；其次，面对苏联集团，特别是当柏林受到的威胁时，法国要保障德国的安全；最后是承认它统一祖国的权力。"戴高乐表示："法国将以建立两个民族的谅解的名义，以欧洲的均衡、团结与和平的名义，帮助德国……"同时要求联邦德国必须做出下述承诺："接受关于边界问题的既成事实，对同东方的关系采取善意的态度，永远不制造原子武器，对于国家的统一要采取经得起任何考验的忍耐态度。"（戴高乐：《希望回忆录》第一卷，上海人民出版社编译室法语组编译，上海人民出版社，1973 年，184 页。）另外双方在欧共体的两个有明显分歧的问题上达成了妥协，一个是农业共同市场问题，另一个是是否接纳英国加入共同体问题。法国是一个农业经济相当发达的国家，主张实行共同的农业政策；对于英国，戴高乐认为，"只要英国在经济和政治方面继续维持现状，法国就认为应当把它排除在外"。联邦德国对这两个问题刚好与法国相左，但是阿登纳最终表示："既然没有比六国团结成功更为重要的事，因此我答应您，我将采取行动，使您讲的这两个问题不致妨碍这种团结取得成果。"两人还决定，"在我们两个国家之间，在一切领域内，建立直接的和特惠的关系……”(戴高乐:《希望回忆录》第一卷,上海人民出版社编译室法语组编译,上海人民出版社,1973年,186,188页。)

于是两位领袖的首次会谈开创了法德关系的新时代。会晤后的公报宣布:两国领导人认为“必须一劳永逸地消除以往的敌意”,强调法德之间的“合作是欧洲一切组织建设的基础。”[康拉德·阿登纳:《阿登纳回忆录》(三),上海外国语学院德语组译,上海人民出版社,1973年,515页。]

1958年11月,东西方之间的第二次柏林危机发生。戴高乐兑现了他在9月中旬向阿登纳所做的承诺,在西柏林地位问题包括在西方内部的政策协调上坚决站在联邦德国一边,这使阿登纳深受鼓舞。在随后欧共体内部合作的发展方向上,戴高乐坚决抵制美国和英国的影响,并与意大利、比利时、荷兰和卢森堡产生了一些摩擦,阿登纳在不刺激和得罪英美的前提下,尽量与戴高乐保持协调一致。

在戴高乐看来,1962年7月2日阿登纳访问巴黎时,东道主举行了隆重的欢迎仪式是具有象征性意义的。在巴黎的欢迎仪式之后,戴高乐与阿登纳来到法国摩默隆军营一起主持了一个盛大的阅兵仪式。两人并肩站在指挥车上,检阅了一个法国装甲师和一个德国装甲师,两支历史上一直以敌人的身份相见于战场的军队今日成了争奇斗胜的“盟军”。两位领袖最后来到了见证法德结下世仇的多个战役发生地——兰斯,在战争痕迹斑斑的兰斯大教堂中,“法国的第一人和德国的第一人共同祈祷上苍,愿莱茵河两岸友谊的事业将永远替代战争的灾祸。”(戴高乐:《希望回忆录》第一

从1958年9月至1962年年中,戴高乐和阿登纳之间有近四十次通信和十五次会晤,在一起会谈了一百多个小时。

卷，上海人民出版社编译室法语组编译，上海人民出版社，1973年，189页。）正如戴高乐在爱丽舍宫接待阿登纳时的一句标志性感言：“在您光临的时候，我们实际上在庆祝使我们两国从过去世仇变成坚定的朋友这一巨大的转变。”

两个月后，戴高乐到联邦德国访问，此行主要是与联邦德国探讨两国结盟的相关安排。戴高乐强调，法德之所以考虑结盟，是因为法德必须面对欧洲所面临的形势，首先是由于美苏冷战已经对欧洲构成了无法回避的威胁；其次是法德合作是未来欧洲自信和强大的基础；再次是要使欧洲保持和平、均衡与团结，需要有一个强大的欧洲共同体，而这个共同体的轴心就是法德合作。1963年1月，阿登纳为签订《法德友好合作条约》再度访问巴黎。条约对两国首脑会晤、部长磋商予以机制化，规定：“两国政府在就所有重大外交政策问题，首先是有关共同利益的问题，采取任何决定前，应进行协商，以尽可能采取相似的立场。”条约的签订，标志着法德和解这一历史进程基本完成。至此，“巴黎—波恩轴心”形成。

3.法德依托欧共体谋求复兴

战后的西欧呈现着一个利益多元化与各利益主体需要进行多重整合的局面，同时美国作为战略主导型大国具有决定性的导向地位。在西欧的切身利益整合中的核心议题之一就是西欧的联合，法国作为欧洲大陆的最重要国家之一，在这种联合进程中扮演着特殊的角色。

法国在第二次世界大战中实力与强国地位都遭受重大挫折，战后有重振世界强国的强烈要求。但是面对美国和苏联两大实力超群的强国和近代以来德国的多次致命威胁，法国依靠自己的力量已经很难实现它的战略目标。走西欧联合之路无疑是实施其国家战略和消除德国潜在威胁的战略切入点和战略突破口，并在这个历史进程中主导这一联合和谋求在其中的领导地位。

而美国战后在欧洲实施了马歇尔计划和建立北大西洋公约组织，在遏制苏联的战略目标引导之下，鼓励西欧不但在经济上联合，而且在政治上和军事上也加强合作与联合。这就使得走欧洲联合之路的决策在客观上顺应了美国和法国各自的战略需要，尽管它们的战略出发点完全不同。

颇有意思的是美国和法国在做出西欧联合的政策筛选上同样把焦点对准德国问题。美国基于冷战的战略需要，不仅要促成西欧的合作与联合，而且要通过扶持联邦德国作为强有力的前沿阵地来提升对苏的遏制力度。法国则意识到，运用国际联合的方式将有助于约束和防范德国的东山再起，但是后来在实践中，法国越来越明白，没有法德之间的和解，就很难真正实现欧洲的联合。于是，联邦德国就成为美国和法国的一个政策重心。

法德和解的实现，造成了欧洲政治力量结构和政治格局的变化。法德轴心的形成，使英国在欧洲退居较为次要的位置，法德两国逐渐成为西欧政治舞台上的领军者。法德合作成了欧洲联合的"发动机"，决定着欧洲政治发展的方向，并为欧洲联合铺就了一条康庄大道。

有了这个基础，法国的自信心逐步恢复。重新执政的戴高乐这样描述法国的心声："法国对于（美苏）两个巨人中的任何一方都没有嫌隙……如果说为了要建立一种新秩序来代替冷战，有一种声音可以听到，有一种行动可以产生实效的话，那么，这显然是法国的声音和行动。不过要有一个条件：要真正是法国自己的声音和行动，而且它所伸出来的手是自由的。"（戴高乐：《希望回忆录》第一卷，上海人民出版社编译室法语组编译，上海人民出版社，1973年，172页。）依托欧共体，法国开始谋求成为美苏两大势力之外的"第三种力量"。

至于联邦德国，阿登纳所期待的"在国外恢复别人对它的尊敬和信任，从而恢复它的国际地位"的目标，虽然从美国那里能够得到扶持和帮助来增强它的实力，却取代不了法国在欧洲地域对它的认同、尊重及和睦相处。所以，德法世仇的消解是联邦德国复兴必须迈过的一道门槛。借助这一突破，"法国在20世纪中期以后，以其特别地精心设计、独具匠心的精心施工所构建的欧共体之桥，将为德国这台战车所用。对未来强国德国来说……法国无非是德国‘战车’所行高速公路的‘施工队’而已。”联邦德国“在务实中充分地利用共同体的合力扩展自身的经济张力，并把它视为区域政治与国际政治的坚实基础。”（王家福：《世界六强国盛衰战略观》，吉林人民出版社，1998年，232,234页。）

欧洲自由贸易联盟的挣扎与英国回归欧洲

1.英国不甘心在欧洲充当“局外人”

欧洲经济共同体六国被称为欧洲“内圈六国”，从成立之日起就一步步迈向更加紧密的经济一体化进程。英国从1950年法国外长舒曼提出“欧洲煤钢联营计划”以来一直就是“局外人”。当欧洲经济共同体成为引人注目的区域集团的时候，英国却试图另起炉灶建立一个以英国为核心的区域贸易集团与之抗衡。

1959年11月处于欧洲外缘的七个国家——英国、斯堪的纳维亚三国（丹麦、挪威、瑞典）、瑞士、奥地利、葡萄牙——签署了一项相互降低关税的对应协定，组成“欧洲自由贸易联盟”。“这一行动主要是一种拼命挣扎的努力，出自对共同市场的惧怕，而不是这个协定本身有多大建设性的目标。”[H. 斯图尔特·休斯：《欧洲现代史（1914—1980）》，陈少衡等译，商务印书馆，1984年，669页。]事实上，这个被称做欧洲“外圈七国”的自由贸易区有三个明显的缺陷：一是除斯堪的纳维亚三国外，地理位置分散，而不似欧共体六国连成一片；二是各成员在经济上的共同点不多，除英国外都是小经济体，英国一国的贸易额就超过其他六国的总和；三是这个经济集团内部只在工业产品方面互减关税，而不涉及农产品和对外经济政策的协调，作用有限。

2.昙花一现的挣扎

欧洲自由贸易联盟到1961年年中就空心化了。在它显示独立性的三年时间里与欧共体一比较就相形见绌了。1959~1961年间,欧共体六国的工业增长了26%,出口贸易增长了42%;而自由贸易联盟七国仅相应增长14%和20%。另外七国的内部贸易也只占七国全部对外贸易额的16%~20%。

那么,英国主导建立这个贸易集团的目标是什么?这里涉及颇为复杂的政治、经济方面的考虑。战后英国不论是工党还是保守党执政,在外交战略上都坚持丘吉尔倡导的“三环外交”思想,即通过英联邦、英美特殊关系、联合起来的欧洲这三个环节,充当三者的联结点和纽带,以维护英国的传统利益和大国地位。丘吉尔是在1948年10月9日的保守党年会上提出三环外交概念的,他说:“当我展望我国未来时,我感到在自由和民主国家中存在着三个大环……第一环自然是英联邦和英帝国及它所包含的全部成员。其次是包括我国、加拿大和其他英联邦自治领在内,还有美国起着如此重要作用的英语世界。最后就是联合起来的欧洲。这三个大环同时并存,一旦它们连接在一起,就没有任何力量或力量的结合能推倒它们,或者敢于向它们挑战。现在假如你们想象一下,你们就会看到,我们是在这三环中的每个环里都占有重要地位的唯一国家,事实上我们正处在三环的连接点上。”(温斯顿·丘吉尔:《欧洲联合起来》,商务印书馆,1977年,255~256页;另参见刘德斌主编:《国际关系史》,本馆翻译组译,高等教育出版社,2003年,360页。)三环外交是一个不切实际的外交方略,英国始终背着昔日“日不落帝国”的沉重包袱,不但要面对实力有限而战线过长的尴尬,而且错过了搭上欧共体这班车的机会。组建欧洲自由贸易联盟就是在这样的困境之下所作的挣扎。另外,经济上,英国把英联邦国家视为自己的后院,它不愿意与合作者一起分享这个广阔的原料基地和商品市场。所以它试图以七国自由贸易区的方式,谋求巩固和发展在欧洲的利益,同时又不至于失去在英联邦国家的独享经济利益。而如果以欧共体的合作方式,则意味着英国将失去在英镑区的特权。

3.英国不得不选择回归欧洲

五六十年代的世界大环境，让“破落大户”英国的心态备受煎熬。一方面是非殖民地化和新兴国家的民族主义情绪使英国的势力体系在不断收缩中逐步解体，另一方面英国的相对国际经济地位日趋下降。

五六十年代是殖民地获得民族独立的主要年头，作为最大的殖民宗主国，伦敦唐宁街10号只好一面接着一面地回收米字国旗。而到了六十年代，英国的经济实力先后被联邦德国、法国和日本超越，居西方第五位。另外，英国从英联邦国家的经济贸易中得到的好处也越来越少，对英联邦国家的出口贸易，60年代比50年代下降了3.6%，而它同时期对欧共体的出口贸易则有较大幅度的增长。即使在七国自由贸易联盟内，英国从中得到的贸易好处也不能与它未加入欧共体的贸易损失相抵消。

一个残酷的事实是，英国在欧洲正在日益边缘化，在欧洲列强的俱乐部里形单影只，国家定位战略上的这一失误代价极高。所以到60年代初期，英国已经意识到只有及早回归欧洲，立足欧洲才能立足世界，是英国明智选择之下的根本出路。因此，此时的英国做出了两个重要决策，一个是不再优先突出英美特殊关系，把更多的资源和注意力投放到欧洲。另一个是放下身段，决定正式向欧洲经济共同体提出加入的申请。这个申请是1961年8月保守党麦克米伦政府做出的。七国自由贸易联盟的成员国中，丹麦、挪威和葡萄牙也先后递交了申请。这就标志着“欧洲自由贸易联盟”在各成员意兴阑珊的状态中名存实亡。

但是，此时想回归欧洲的英国面前已经没有一道坦途，法国总统戴高乐否决了英国加入欧洲经济共同体的申请。1964年10月至1970年6月，工党威尔逊政府执政，继续推行回归欧洲的政策调整。工党政府顶住了美国要求它出兵参加越南战争的巨大压力，“只给予了道义上的支持”。（李琮主编:《西欧经济与政治概论》，高等教育出版社，1988年，388页。）美国对此颇为不满，英美特殊关系难以为继。

戴高乐之所以两度否决英国的申请，是因为这个时期法美关系紧张而颇为微妙，在戴高乐眼里,英国充当了美国在欧洲政策的代言人,英国如果加入欧共体,那么,欧共体的内部关系就会复杂化，前景就不好预料了，弄不好可能是特洛伊木马,他不能允许美国利用英国来插足欧共体。直到戴高乐政界生涯结束后,英国才于1972年初获准自1973年1月加入欧共体。

1967年5月，威尔逊首相在争取到国会下议院的巨大支持下,第二次提出加入欧共体的申请,但是在同年11月27日,这一申请再次遭到戴高乐的否决。

威尔逊政府还有一个重要的政策宣示,1967年7月,英国政府宣布从1968年起,英国将实施从苏伊士以东地区撤军的计划。这反映了英国最终不得不抛弃名不副实的世界大国政策。

戴高乐主义与法美冲突

戴高乐主义在教科书里是这样表述的:“戴高乐主义是第二次世界大战后期至法兰西第五共和国初期这段时间里逐步演变形成的，这既是法兰西民族在战败之后民族复兴呼声的体现，也是法国在处理战后国际关系问题时的基本精神和基本原则。戴高乐主义的实质内容就是坚持独立自主的外交政策，在战后复杂的国际环境中掌握自己的命运，争取和维护法国在国际事务中的大国地位,并以欧洲联合为基础抗衡美国的政治控制。”(吴于廑,齐世荣主编:《世界史现代史编》下卷,高等教育出版社,1994年,273页。)

另有学者给出简明的定义:“所谓戴高乐主义,用一句话来概括就是:戴高乐为维护民族独立和国家主权，争取恢复法国大国地位的对外政策思想与实践。”（周荣耀:《戴高乐主义论》,载《世界历史》,2003 年第 6 期。）

戴高乐长期关注着东西方关系和美欧关系,他重返政坛时对国际局势已经有他独到的见解。他认为,1958 年的东西方关系所面临的问题与战后初期已经大不相同了:当初欧洲很弱,害怕苏联的扩张和进攻,所以唯有倚靠美国,这才有马歇尔计划实施和北约的建立;美国的强大实力和拥有独一无二的核威慑力量,使美国在承担保护欧洲义务的同时,也获得了对北约、西欧事务的支配权。而现在,西方已经变得强大了,苏联进攻西欧的可能性大大降低了;但是另一方面苏联已经拥有原子弹,美国会愿意冒被苏联核打击的风险来保护欧洲吗?“既然保护作用令人怀疑,为什么还要把自己的命运托付给保护者呢?”所以,戴高乐决意通过在北约内部调整美欧关系以体现法国的自主权;与苏联进一步缓和关系,并把法苏关系定位为“建立谅解和合作的关系”;一旦时机到来,对中国也是如此;此外,决心要发展一支独立的核力量。（戴高乐:《希望回忆录》第一卷,上海人民出版社编译室法语组编译,上海人民出版社,1973 年,210~212 页）

那么,戴高乐在实施其政策理念的 11 年里,所采取的许多个性鲜明的措施与行动,与当时美国政府的全球战略和欧洲战略产生了明显的冲突与摩擦。他一再“不买美国的账”的激烈程度,在五六十年代的东西方两大阵营的二线国家中都是罕见的。

第一,在北约集团内部因分享不到决策权而向美国提出挑战,并采取一系列重大外交与军事行动。戴高乐在回忆录中写道:“自从 1958 年 9 月 14 日起,我升起了我的战斗旗帜。”（戴高乐:《希望回忆录》第一卷,上海人民出版社编译室法语组编译,上海人民出版社,1973 年,212 页。）这里指的是他写给美国总统艾森豪威尔和英国首相麦克米伦的有关北约问题的备忘录,“戴高乐明确要求改组北大西洋公约组织机构,建立一个由美英法三国组成的领导机构,而且法国政府认为这个机构是不可缺少的,否则法国将不参加任何发展北大西洋公约组织的工作，或者将依照这个公约的第12条,保留要求修改公约或者退出该组织的权利。”（引自周荣耀:《戴高乐主义论》,载《世界历史》,2003年第6期。)美英拒绝了法国的要求,于是戴高乐开始按他的计划步骤行事了。

1959年3月,法国通知北约,法国地中海舰队将不再受北约指挥。6月,法国告诉美国,法国的国土上不允许储存美国核武器，美国被迫将驻法国核轰炸机撤往英国和联邦德国。

1960年5月，法国拒绝将其空防系统纳入北约军事一体化。

1963年6月,法国通知北约,法国大西洋舰队在战时不再“自动”归北约指挥,同时收回北约对法国空军中队的指挥权。

1964年4月，法国撤回了在北约海军司令部任职的军官。

1965年5月,法国拒绝参加北约的军事演习。

1966年3月法国宣布退出北约军事一体化机构,10月退出北约军事委员会，只留下联络人员，并要求北约最高权力机构——北约理事会迁离巴黎。要求北约各司令部的总部在1967年4月1日之前迁出法国，要求美国在法国的军事设施和军事基地及数万驻军限时撤出。

第二,坚持发展法国独立的核威慑力量,摆脱美国核保护伞的荫庇，并以此作为自主外交的后盾。戴高乐认为,在美苏都有能力以核武器毁灭对方的状态之下,美苏为了避免对方的核报复,不会轻易向对方使用原子弹，“但是谁能制止他们在两国之间的地带投弹,即投在中欧和西欧呢?因此对

美国在感到非常窝火憋气的情况下于1967年3月14日举行降下星条旗仪式，撤出法国,另找栖息地。

于西欧的欧洲人来说，北大西洋公约组织已经不能保障他们的生存了。”显然，“美国不可能把欧洲联合起来，欧洲大陆也不能指望它动用核威慑力量保卫自己……他坚决主张欧洲人必须依靠自己。”[H.斯图尔特·休斯：《欧洲现代史（1914—1980）》，陈少衡等译，商务印书馆，1984年，656页。]因此，戴高乐坚持独立自主并且坚定不移地发展法国自己的核力量系统。

1960年2月，法国在阿尔及利亚撒哈拉沙漠成功爆炸了第一颗原子弹。其后又不顾美国和一些非洲国家的反对，在当年的4月、12月和次年4月连续进行了核试验。

1961年5月，美国总统肯尼迪访问法国，提出将配备“北极星”导弹的美国核潜艇调派到北约，条件是法国停止核试验，戴高乐没有答应。

1962年集中力量发展核运载工具。

1963年1月，戴高乐表示拒绝接受1962年底美英在巴哈马群岛举行的“拿骚会谈”关于组建北约“多边核力量”的建议，坚持独立自主支配法国自己的核力量。8月，法国与中国都拒绝响应美英苏三国签订的《部分禁止核试验条约》。

第三，发展独立的对苏、对华关系，不受美国对东方阵营的既定冷战政策的约束。戴高乐当然把苏联视为一个严重的威胁，但是他主张提高对苏政策的灵活性与适应性。“在对苏政策中，戴高乐主义最具有实质性意义的是，首先，任何涉及东西方关系的国际大事，法国决不让它成为只是美苏之间的问题，它应当也是法国的问题。”（周荣耀：《戴高乐主义论》，载《世界历史》，2003年第6期。）1960年3月戴高乐邀请赫鲁晓夫全家访问法国，并且在会谈中提出以“缓和、谅解、合作”三原则来处理对苏关系。这明显是抛弃冷战的政策，也为后来联邦德国的“新东方政策”起到启迪与引导作用。在这一政策指导下，在法国与美国闹得脸红耳赤的1966年，戴高乐却正式访问了苏联。

戴高乐对待中华人民共和国的政策，也是主张交往接触，在他谈到对苏的交往原则时还表示“一旦时机到来，对中国也是如此”。1963 年 10 月法国前总理埃德加·富尔访问中国，戴高乐让他承担一项秘密使命——与中国领导人探讨中法建交的可能性。1964 年 1 月 27 日，中法建交联合公报同时在北京和巴黎发表。法国由此成为西方主要国家中第一个同中国建立正式外交关系的国家。中法建交的意义和影响远远超出双边关系的范围，法国终于成了世界上唯一可以与美国、苏联和中国同时保持正常关系的国家。对此，美国表示抗议，苏联保持低调，而英国人则显得有些尴尬，表示要改善中英“半建交”的现状，甚至在日本，也出现了要求与中国建交的呼声。

第四，运用布雷顿森林货币体系的规则，采取行动削弱美元的地位。戴高乐任内一直限制美国资本在法国的投资活动，1963 年法国政府颁布法令规定，凡外国资本购买法国公司股票达到一定数量者，须经法国政府批准，以阻止外国资本蓄意控制法国产业。法国政府就曾经出面制止美国通用电气公司购买法国波尔机器公司的股票。在金融货币领域，法国政府要求废除以美元为核心的货币制度，恢复法郎的金本位制。由于美国在全球过度扩充军力，特别是在越南战争中越陷越深，战争开支相当大，并向盟国包括法国采购了大量战争物资，致使巨额美元外流。1965 年 1 月法兰西银行（法国央行）宣布将根据布雷顿森林货币体系的规则，按 35 美元兑换 1 盎司黄金的固定比价，把法国央行持有的 1.5 亿美元向美国有关金融机构兑换成黄金，还声言以后如有美元结余，将继续该项兑换。同年 2 月，法国财政部宣布退出金汇兑本位制，主张恢复金本位制。这些主张与举措，引起了西方金融市场的波动，国际上出现了黄金挤兑风潮，导致美国的黄金储备锐减，并产生了金融货币的信用危机。此后，美元持续陷于危机状态，至 70 年代初期，美国不得不宣布美元与黄金脱钩。可以说，法国的政策和相应措施是促使美元霸主地位发生动摇的最重要外部因素之一。

第五，在欧洲倡导全面缓和，提出“欧洲是欧洲人的欧洲”的信条和建立“欧洲大厦”的构想，以欧共体为依托，在大国舞台上与美苏进行周旋。戴高乐一直谨慎地处理欧共体的扩编问题，尤其排拒英国的加入，他对太多追随美国的欧洲国家加入欧共体深表担忧。所以，他反复警告，不能让欧共体变成一个美国控制下的“大西洋联盟”。而在欧洲事务的对话机制上，戴高乐则强烈主张建立涵盖苏联和东欧地区的“从大西洋到乌拉尔”的基本框架。他在1964年7月23日记者招待会上指出：“华盛顿和莫斯科各自把世界分割为两个阵营的做法，越来越不符合当前真正的形势了……我们法国人认为，当前的问题是欧洲必须成为欧洲人的欧洲。”[让-巴蒂斯特·迪罗塞尔：《外交史（1919—1984）》下册，汪绍麟等译，上海译文出版社，1992年，297~298页。]1966年6月下旬，戴高乐访苏之后在两国发表的联合声明中强调：“两国政府一致认为，欧洲的问题首先应该在欧洲范围内加以考虑。”（刘德斌主编：《国际关系史》，高等教育出版社，2003年，398页。）

总之，戴高乐以恢复法国大国地位为目标的独立自主外交，有着鲜明的风格和反美倾向，在西方政治舞台上引起很大的争议。

勃兰特政府的“新东方政策”的重要突破

1.德国分裂后联邦德国与苏联建交

1949年，德国在美苏对抗的态势中，终于正式走向分裂。在苏联解除柏林封锁（5月12日）后没多久的5月23日，西部德国宣布正式成立德意志联邦共和国，政府驻节波恩。而东部德国方面也在同年10月7日宣布正式成立德意志民主共和国，都城东柏林。

尽管德国的分裂不是德国人自己造成的，但是分裂后的联邦德国坚持它仍然代表着全体德国人和德国主权。这样的政策宣示自然不会受到英美等西方国家的反对，单方面行动是冷战时代的常见现象。1955年5月5日《巴黎协定》生效，西方世界给予联邦德国以完全独立的地位;9 日联邦德国加入北约。苏联做出强烈反应，于 14 日联合东欧七国包括民主德国在内成立了华沙条约组织。不过,鉴于联邦德国处在东西方的接壤位置,北约把它作为最前沿阵地来部署,这个局面当然为苏联所重视,乃转而开始奉行“两个德国”政策,并寻求机会把与联邦德国建立外交关系当做外交上向西方世界打进一个楔子的契机。1955 年 6 月 17 日,苏联政府通过驻巴黎大使馆向联邦德国驻巴黎大使馆递交了一份给联邦德国政府的照会，希望建立两国的正式官方关系,并邀请联邦德国总理康拉德·阿登纳访苏。这个照会是苏联政府第一次发给联邦德国政府的照会,它意味着苏联从国际法行为上对联邦德国政府的承认。阿登纳也相当重视这个契机,在与美英法三国协商确定了立场之后,阿登纳接受邀请并于 9 月 8 日抵达莫斯科。双方在消除了一些障碍之后于 9 月 13 日签署了建立外交关系的换文。

美国虽然没有反对阿登纳的莫斯科之行,但对两国建交是有疑虑的。因为此举意味着在国际法框架上正式确认了两个德国的事实及终止了恢复德国统一的谈判机会。阿登纳在建交次日的莫斯科记者招待会上试图以联邦德国为正统，以民主德国为非法，宣称波恩政府代表了全体德国人民,联邦德国不认为目前的德波边界为其最终的东部边界。苏联新闻社塔斯社奉命发表声明澄清立场称:“苏联政府把德意志联邦共和国看做德国的一部分……德国边界已由波茨坦协定解决,德意志联邦共和国在它所辖的领土上行使其主权。”(安·安·葛罗米柯等:《苏联对外政策史》下册,韩正文等译,中国人民大学出版社,1989 年,214 页。)几天之后,苏联与民主德国签订了《苏联和德意志民主共和国关系条约》,撤销了苏联驻民主德国高级专员公署，改为成立大使馆和派驻大使,这样苏联就执行了两个德国地位对等的政策。

2.联邦德国的“哈尔斯坦主义”政策

德国分裂为两个国家,这是客观事实,但是在外交政策上是否认同，则是另一回事。面对苏联的两个德国政策,西方国家尤其是联邦德国是不愿意接受的。为了避免国际社会其他国家效法苏联，即同时与两个德国建立及保持外交关系，联邦德国政府特意提出一项外交关系原则,申明:联邦德国政府在国际法上单独代表整个德国，不认同德意志民主共和国的合法性，不同与民主德国建交的任何国家建立或保持外交关系。由于苏联作为主要战胜国之一,对德国的统一负有外交上的责任,因此,这一原则不适用对苏关系。

由于这项政策是 1955 年 12 月在波恩召开的联邦德国驻外使节会议上，以当时的外交部国务秘书瓦尔特·哈尔斯坦的名义予以确认的,故称为“哈尔斯坦主义”。1957 年和 1963 年,南斯拉夫和古巴分别与民主德国建交，联邦德国乃先后与这两个国家中断了外交关系。哈尔斯坦主义的推行,使得联邦德国在以美国为首的西方阵营的保护伞之下，以两德之间较为强势的姿态出现在国际舞台上,的确得到了一些好处。但它是以对抗为其基本特征和前提的，它使得两德关系持续处于敌对状态,进一步加剧了欧洲冷战的紧张局势。不仅如此，哈尔斯坦主义也限制了联邦德国在外交舞台上的活动空间和提升其国际地位。同时,这无疑是一种四处树敌的政策，它对联邦德国在东欧和巴尔干这些地区的经济影响力的建立与扩大也是不利的。

哈尔斯坦主义是东西方冷战对峙环境下的强硬政策，主要是针对苏联之外的东方阵营其他成员，目的则是孤立民主德国。

3.勃兰特政府执政前的“新东方政策”主张

进入 60 年代以后,哈尔斯坦主义这种僵硬的东方政策越来越难以适应国际局势的变化。执政十几年的阿登纳本人也已经意识到这一问题的严重性,但是怎么调整,仅仅依靠原来的执政集团是很难有重大转变的。

1964年开始担任联邦德国社会民主党领袖的维利·勃兰特,他此前曾经出任过两届西柏林市长,任内处理过第二次柏林危机。这次危机给勃兰特的重要启示就是:“进入核对抗时期后,在任何重大的危机中,联邦德国事实上已不再能期望西方盟国的全力投入,除了尽可能避免对抗性冲突外,已无其他出路。”(王绳祖主编:《国际关系史》第十卷,世界知识出版社,1995年,73页。)60年代中期,尚处于在野党位置的社会民主党提出了新东方政策的初步设想,包括两大方面的基本内容:一是倡导与东方国家接近的政策,即在外交上不再排拒东欧国家和民主德国,缓和彼此之间的关系,并且最终实现“以西统东”的目标;二是新政策在策略上宜采取“小步子”,稳步追求双方关系的有效缓和。1966年6月在社会民主党代表大会上,勃兰特更具体提出了东方政策的主张:建议北约组织和华约组织的成员国举行会晤,并主张德国的东西两部分实行“适当的、有监督的和临时的共处”。(陈乐民:《战后西欧国际关系》,中国社会科学出版社,1987年,250页。)1968年3月,勃兰特进一步主张,在有关德国战争问题的最后和约缔结以前,波恩政府应当尊重和承认东德和波兰之间的现行边界。联邦德国各界对于“新东方政策”主张存在很大争议,但是必须做出灵活调整,这是难以阻止的趋势。

4.“新东方政策”的实施

1969年9月28日联邦德国大选。执政20年的基督教民主党仍然获得了46%的选票,而社会民主党赢得了43%的选票。然而第三大党自由民主党已经再也没有兴趣与基督教民主党共同执政了。1969年10月21日维利·勃兰特成为战后第一任社会民主党总理。

“把手伸给东方(德国人称之为东方政策)是勃兰特任职四年半的主要特征。”[H. 斯图尔特·休斯:《欧洲现代史(1914—

1980)》,陈少衡等译,商务印书馆,1984年,689页。]10月28日,勃兰特在就职演说中,阐明了他的"新东方政策",这就是在保持与美国和西欧盟国的密切关系的基础上,积极同苏东国家达成谅解和改善关系,承认战后欧洲的现状,包括承认欧洲现行的边界,承认两个德国并存的局面,通过建立"一个民族,两个国家"的关系,加强东西德之间的交往,在欧洲趋向缓和的环境中通过"接触交往促其变化"的方式争取实现德国的统一。

由于这一年美国总统尼克松上台执政,提出了尼克松主义并进行对外战略调整;苏联也推行较为积极与西方谋求缓和的政策。因此,勃兰特实施"新东方政策",来自两个超级大国的阻力比较小。这个政策的实施,概括起来就是通过签署四个条约加以体现。

1970年夏天,联邦德国与苏联进行了13轮谈判,双方就互不使用武力问题达成了协议。8月12日勃兰特专程访苏,两国签订了《莫斯科条约》,这个条约在性质上相当于双方的和平条约以填补自1945年战争结束以来的空白。此后两国关系明显改善,经济交往活跃,联邦德国很快就成为苏联与西方贸易的最大伙伴。

1970年2月联邦德国开始与波兰谈判。12月7日勃兰特访问华沙,与波兰政府签订了《关于两国关系正常化基础条约》,双方确认了最为敏感的奥得—尼斯线为德波边界,保证以和平方

1970年12月7日,联邦德国总理勃兰特在波兰首都华沙犹太殉难者纪念碑前下跪。

式解决彼此之间的一切争端。勃兰特华沙之行还有一个令全世界为之震撼动容的举动,他在条约签字之前来到华沙无名烈士墓前献花,并在华沙犹太街区殉难者纪念碑前为 1942 年 50 万被纳粹德国屠杀的犹太人下跪致哀,为纳粹时代的德国认罪、赎罪,从而为德国树立了良好的国际形象。

两个德国相互承认和确立正常交往关系是“新东方政策”的核心。但是解决两德问题,首先就碰到西柏林的地位问题,苏联与西方三大国之间存在比较严重的分歧。从 1970 年 3 月 26 日至 1971 年 9 月 3 日,四大战胜国就西柏林问题进行了反复的交涉磋商,最后签订了《关于柏林的协定》(亦称《四方协定》),各方都保证不在西柏林使用武力或以武力相威胁,并规定西柏林至联邦德国之间的过境通道应保证畅通无阻,同时确认西柏林不再是联邦德国的“一个组成部分”,即把它作为与联邦德国有密切关系的自由城市。

四方协定为两德的谈判扫除了障碍,双方在解决了一系列事务性问题之后,于 1972 年 12 月 21 日在波恩签署了《关于德意志联邦共和国和德意志民主共和国之间关系基础条约》,条约避免使用主权平等的字眼而使用了管辖权,但是其规定的权限与主权国无异。1973 年 9 月,两德同时加入联合国。

此外,1973 年 12 月联邦德国先后与捷克斯洛伐克、保加利亚和匈牙利等东方阵营国家建立了外交关系。至此,“新东方政策”全面实施。

“新东方政策”是在美苏关系处于初步缓和的环境下,东西欧的区域关系有了强烈的调整要求而推行的。随着联邦德国再度成为经济强国,以及欧共体中巴黎—波恩轴心的形成,联邦德国必然要谋求在它力所能及的范围内,去调整与改变战后以来由美苏冷战对峙所限定的外交局面,自主发展同苏联、东欧各国的关系,这是联邦德国重新活跃于国际舞台并发挥日益重要的国际影响的开端。

5.勃兰特——稀有的政治家胸襟

2003年11月7日，维利·勃兰特获选成为历史上“德国十大杰出人物”之一。德国前外长汉斯—迪特里希·根舍表示：“我投票选勃兰特总理做德国第一杰出人物，他为国家做出的贡献是不可估量的。”根舍最推崇勃兰特,是因为勃兰特在推行“新东方政策”上为德国化解了同东方各国的紧张关系,提升了德国的国际地位;在西方世界率先免除非洲最贫穷国家的债务；尤其是他以罕见的政治家风范真诚地向第二次世界大战纳粹德国的受害者认罪忏悔，他在华沙犹太人街区殉难者纪念碑前下跪，在耶路撒冷当众唱诵赞美诗乞求宽恕，为德国争得了国际的宽容和谅解。事实上,他的举动并未获得所有德国人的理解,当时的“德国人对他施行外交政策的这种‘感情用事’的方式大不以为然。”［H.斯图尔特·休斯:《欧洲现代史（1914—1980）》,陈少衡等译,商务印书馆,1984年,691 页。］他比他的德国同胞有更宽广的胸怀和更远大的眼光，他为了德国民族的利益不计较个人的荣辱,这种政治家胸襟稀有而难得。历史终将证明德国人会感谢他、赞颂他。

勃兰特所做的贡献也为国际社会所肯定，这使他成为1971年诺贝尔和平奖获得者。

日本的“全方位外交”与日美摩擦

1.结束占领状态之后的日美关系

1951年9月8日,由美国策划的、片面的《旧金山和约》签字。同一天,日美两国签署了结盟性质的《日美安全保障条约》,规定美国拥有“在日本国内及其周围驻扎美国陆、空、海军之权利”,声称其目的是为了“维持远东的国际和平与安全及日本免受外来武装进攻之安全”,并可用于镇压由外来煽动与干涉而在日本引起的“大规模暴动和骚乱”。条约还约束日本在未经美国事先允许的情况下,不得将任何基地及其相关权利“给予任何第三国”。(《国际关系史资料选编》下册,武汉大学出版社,1983年,270页。)日本国民对于条约允许美国在日本可以无限期地驻军和使用日本基地以经营美国在西太平洋的战略利益,同时又回避了对日本的安全问题承担义务深感不满。但是这个时期的日本直不起腰板,试图摆脱对美国的依附是不现实的,且又处在东西方冷战高潮的局部热战——朝鲜战争的环境之中,美国在政治上不会以平等身份对待日本,不过经济上则给予了日本以大量的战争特需订货,向日本进一步开放美国市场,苦甜酸辣都让日本尝一尝。

50年代中期,日本经济开始起飞;繁荣的经济使日本在政治上谋求调整与美国的关系。1957年2月,岸信介内阁成立。对于日美关系的定位,岸信介主张在加固日美联盟,获得美国的安全保护、包括核保护的前提下,争取日美关系对等化,目标首先是摆脱美国的占领体制,以改变对美国一边倒的政策定势,建立日本自主外交的新形象。国务卿约翰·杜勒斯主导下的美国外交并不热心于改变原有的美日关系。但是在日本锲而不舍的要求和压力下,杜勒斯病退离职前终于松了口。从1959年4月至1960年1月,日美双方在举行了22轮谈判之后,于1960年1月19日在华盛顿签署了《日美共同合作和安全保障条约》。新约进一步明确了日美的同盟关系和美国对日本承担防卫义务,同时日美对等关系的色彩也更明显一些,日本获得了较多的自主权。但是日本在野的左翼政党势力强烈反对这个条约,认为它有违战后日本宪法的精神,加大了日本被美国引导到战争中去的危险。5月20日,日本国会仍然批准了这项新约。

2.日本“多边自主外交”与“全方位外交”

60年代是日本创造经济奇迹的黄金时期,经济实力快速攀升，先后超越了英国、法国和联邦德国，在西方世界仅次于美国。日本的相对经济实力的变化有多大，我们可以通过一组数字来比较：1955 年，日本的 GNP 约为 240 亿美元，相当于美国的 6%、联邦德国的 56%；1955~1968 年，西方美英法德意加六大工业国的实际 GNP 增长幅度为 78%，而日本是 250%左右，同时期西方六大工业国的实际人均 GNP 平均增长幅度为 53%，而日本则是 210%。到了 1973 年，日本的 GNP 规模达到 4078 亿美元，相当于美国（13021 亿）的 31%、联邦德国（3472 亿）的 117%。

日本在 60 年代后期成为一个经济大国，为了谋求自身更多的经济利益，它同美国在对外投资、出口市场和货币汇率等方面的摩擦日益严重起来。日本产品的优越性能、价格优势和有针对性的销售策略形成了对美国和西欧的强大贸易攻势，一时间在国际社会出尽风头，结果经受着来自美国的巨大压力。

而另一方面，日本经济实力的快速增强进一步推动了日本政府和人民要求调整对美关系，以改变日本在政治上长期从属于美国的状况，这种呼声和抗争行动日益高涨。60 年代中后期在日本兴起要求全部收回美军占领地的民众运动，这是一次反美情绪的大发泄。美国自旧金山和约之后，一直控制着整个冲绳县的行政管辖权，在日本各地圈占大量土地作为军事基地。在日本举国要求收回国权的巨大声势中，美国尼克松政府于 1971 年 6 月 17 日与日本签署了《归还冲绳协定》，该协定在 1972 年 5 月 15 日正式实施，小笠原群岛和冲绳群岛的行政管辖权交回给日本。

1972 年 7 月田中角荣就任日本首相，他提出“自主地决定外交政策，承担与经济地位相称的国际责任”的主张，谋求从经济大国向政治大国转变。1972 年 2 月下旬美国总统尼克松历史性地访问中国，中美关系解冻。田中角荣也于 9 月下旬展开中国之旅，双方就一系列历史遗留问题和双边关系问题达成了谅解，发表了具有转折性意义的《日中联合声明》并宣布实现邦交正常化。以此为突破口，日本积极发展与苏联、民主德国、越南等东方营垒国家的关系。1973 年中东“十月战争”和石油危机发生之后,日本和西欧等其他西方国家为了获得稳定的石油供应,改变了在阿以冲突中追随美国的一贯政策,指责以色列对待阿拉伯国家的外交与军事政策,不再配合美国行动。12 月 10 日,日本政府派出特使三木武夫出访中东各国,公开表示不支持美国的中东政策。另外,田中首相任内开始试图改变战后以来,日本领导人到华盛顿“朝拜”的形象,以解决日本的“面子”问题。自 1951 年 8 月至 1972 年 1 月,日本首相共有 12 人次访问美国,而美国总统却从未踏足日本。“日本舆论称这种长期单方访问为不平等的‘朝拜’式外交”。(王绳祖主编:《国际关系史》第十卷,世界知识出版社,1995 年,318 页。)1972 年 8 月田中首相又到美国“朝拜”,但是地点改在夏威夷。1973 年 7 月田中首相第二次访美时,与尼克松总统约定,1974 年美国总统访问日本,1975 年日本天皇访美。后来接替尼克松出任总统的杰拉尔德·福特和日本天皇裕仁先后按约定互访。

1974 年三木武夫出任首相, 提出在维持日美密切关系的同时,在中苏两个东方大国之间奉行“等距离外交”,并进一步利用中苏敌对关系谋利。三木此举最终延误了中日和平友好条约和日苏睦邻合作条约的谈判进程,从而使这个政策宣告失败。

1975 年西方七大工业国首脑会议的机制建立, 这是日本自战败以来首次以西方大国的身份出现于国际舞台。1976 年福田赳夫上台执政,提出了实施“全方位外交”的方针。至此,日本的对外关系比较注重其自身的外交风格与自主决策,甚至野心勃勃地提出要向政治大国迈进。

3.日本与美国的贸易摩擦

毫无疑问,日本是美国最要好的盟国之一。但是自从日本成为经济大国之后,它一直奉行经济外交以优先确保其全球经济利益。60 年代日本的纺织服装业成为一个优势产业,产品大量销往美国,占领了美国市场的可观份额,使美国南方纺织业大受打击。

尼克松政府迫于压力，通过国会立法，实行纺织品进口限额的贸易保护主义措施。日美之间进行了一轮贸易战之后，双方做出了妥协，1971 年 10 月 15 日双方达成了纺织品贸易协议。日本于是另辟蹊径，先后发起电视机等家用电器和节能经济型汽车的强大贸易攻势。日本对美国的贸易顺差节节攀升，美国政界、商界一片哗然。美国的智囊机构甚至把这个问题上升到安全范畴加以重视。美国除了采取更加严厉的贸易保护主义措施之外，还通过外交途径迫使日本进一步开放消费品市场，迫使日元持续升值。在经济竞争的过程中，日美之间的经济摩擦不时出现阶段性的白热化状态。

战后西方阵营内部的弱化与分化，并非以崩裂式的形态迸发，而是一部分从属型国家经过下列因素增强了自身的实力和独立自主性：（1）英法德意日等传统列强在第二次世界大战中遭受重大打击，实力快速下降，经过战后一个时期的休养生息和美国的援助扶持，还有科技变革带来了生产力的巨大飞跃，实力的恢复增强了这类国家摆脱从属地位的信心；（2）西欧的联合，在西方内部自成次级区域集团，这种力量组合方式除了实力上的提升之外，也推动其自身区域核心利益的形成，这种区域集团的核心利益与主导型国家的利益有一部分并不重叠甚至存在冲突；（3）当五六十年代美苏关系对话、缓和与对抗交替发生的时候，两种情况都刺激着西方内部从属型国家更加萌发了谋求自主利益的欲望，缓和时企求获得更多的实惠性的国家利益，紧张对抗时则希望能够更多一点掌控自己国家的命运；（4）在核战争的阴影笼罩之下，西欧希望自行与“敌人”缓和关系来降低风险，攸关利益促使其执行的外交政策并非总是与本阵营主导型国家保持一致。

在诸多因素的共同作用之下，西方阵营内部出现了明显的分化。这个阵营汇集了第二次世界大战以前的欧洲及其他地区的主要列强，随着经济实力的因素在国际政治环境中发挥着越来越大的影响力，它们在战后的复兴就必然加强了它们在西方阵营内部和在国际关系中的地位,并且有了在西方阵营内部与主导型国家美国进行权力再分配的强烈要求。当这个趋势形成的时候,实际上就在西方阵营的板块中崛起了新的力量中心,这就跟东方阵营在这个时期的解体一起支持了多极化局面的形成。

废墟上崛起的新国际战略中心与多极化趋势

从国际关系的角度来看,东西方两大阵营的分化解体或许是对雅尔塔两极体制的一次最强有力的冲击,它造成了两极体制形成以来最严重的致命伤,而它最具全局性和最具实质性的意义则是导致了全世界各主要国际战略力量的重新建构和重新组合,形成新的国际政治格局。这构成了两大阵营走向瓦解的最直接的历史后果。

东西方两大阵营的分崩离析,在国际政治舞台中留下了一片废墟。新的领导力量在这一片废墟中萌芽并破土而出,西欧、日本和中国再度成为国际政治均势格局的制衡力量,形成了新时代、新环境之下的多极化趋势。

多极化的出现就是在两极的长期全面的对抗中,美苏两个主导型大国的战略力量资源的损耗日益增大,它们的权威地位也不断受到挑战,国际政治舞台上的每一股国际力量的能量积蓄发生了微妙的变化。两大阵营处于逐步的分化与瓦解状态,是对美苏的最大挑战。当国际社会和美苏领导人都不得不面对多极化的趋势和接受这个局面时,两极体制在事实上就遭到了前所未有的实质性否定。

1969年1月美国总统理查德·尼克松上台执政,他任命了哈佛大学教授亨利·基辛格担任总统国家安全事务助理。基辛格是一名现实主义的外交理论家,他潜心研究过17世纪至19世纪活跃于欧洲政治舞台的法国红衣大主教黎塞留、英国的卡斯尔累、奥地利的梅特涅和普鲁士的俾斯麦等均势外交高手的均势理论和实践，(刘靖华:《霸权的兴衰》，中国经济出版社，1997年，138~139页。)结合两大阵营解体之后的国际政治现实，提出了他的"多极"均势理论。他的战略思维和现实政策主张，深为尼克松所信任与赏识，从而被委以要职且成为尼克松政府的主要外交智囊和外交政策的设计者。

尼克松的"五大力量中心"论

1971年7月6日，美国总统尼克松在美国堪萨斯城对一批新闻报纸和杂志的编辑发表讲话，首次提出了"五大力量中心"的理论。尼克松说："美国不再是从经济角度来说的世界头号国家……当我们展望今后5年、10年或许15年的时候，我们会看到5个强大的超级经济力量，它们是：美国、西欧、苏联、中国，当然还有日本。""这五大力量将决定世界在本世纪最后三分之一时间里的经济前途，而且由于经济力量将成为其他力量的关键因素，这五大力量将决定世界在本世纪最后三分之一的时间里在其他方面的前途。"

"五大力量中心"论反映了美国在两大阵营分崩离析之后对当时国际政治经济力量分布状况所作的现实分析与判断，这一分析判断的根本意义，不在于究竟是不是五极，以及究竟是哪五极，而在于美国承认了由美国占有优势的两极世界正向共同分担责任的多极世界过渡，这样的一个新时代正在到来。

诚然，五极说最初遭到了一些非议与质疑，显著的一个问题是所谓的五极在实力上是不均衡的。因此，后来基辛格对这一概念做了修正，他认为"美苏是军事上的两极，美苏和中国是政治上的三极，美日西欧是经济上的三极"。(袁明主编:《国际关系史》，北京大学出版社，1994年，440页。)基辛格的这一修正，抓住了五个力量中心的最基本特征，体现了新的国际政治格局是"多力量、多层次、多中心的多极化"状况。

不均衡的多极化局面有着很大的局限性，这是不容忽视的，即美苏两极仍然可以在多极化之中继续发挥主导作用。但是这样的局限性，却掩盖不了国际政治结构的实质性变化。

尼克松在 1972 年 1 月 3 日出版的《时代周刊》专访中表示："我们必须记得，世界历史上享有相当长期和平的唯一时期，是势力均衡存在的时期……如果我们有强大、健康的美国、欧洲、苏联、中国和日本，各自制衡，不要互相抵制，甚至能够均衡，我相信世界将更美好、更安全。"（亨利·基辛格:《大外交》，顾淑馨等译，海南出版社，1998 年，682 页。）

从"石油危机"爆发中看美欧关系及多极化趋势

1973 年 10 月 6 日第四次中东战争（亦称为"十月战争""斋月战争""赎罪日战争"）爆发，埃及、叙利亚等阿拉伯国家试图为 1967 年的第三次中东战争（亦称为"六·五战争""六天战争"）雪耻，收复被以色列占领的领土。

战争第一阶段（10 月 6 日至 15 日）埃及取得了一定的战果。战争第二阶段（10 月 16 日至 22 日）战场形势发生逆转，埃及陷入被动；以色列取得重大突破。战争期间，美国等西方国家向以色列空运大量军火和提供各种援助。处于弱势的阿拉伯国家无助之下，只好起用"石油武器"——对支持以色列的国家实行石油禁运。这样 10 月 16 日，石油危机爆发。

阿拉伯石油生产国为了打击以色列及其西方支持者，决定把石油作为战略武器，采取减产、提价、禁运以及国有化等措施开展了一场震撼世界的石油斗争。

10 月 6 日爆发战争当天，叙利亚首先切断了一条输油管，黎巴嫩也关闭了输送石油的南部重要港口西顿。10 月 7 日，伊拉克宣布将伊拉克石油公司所属巴士拉石油公司中的埃克森和莫比尔两家美国石油公司联合拥有的股份收归国有。

阿拉伯各产油国在几天之内连续采取三个重要步骤：

第一,10 月 16 日,科威特、伊拉克、沙特阿拉伯、卡塔尔、阿联酋 5 个阿拉伯国家和伊朗决定,将海湾地区的原油市场价格提高 17%。

第二,10 月 17 日,阿尔及利亚等 10 国参加的阿拉伯石油输出国组织部长级会议宣布,立即减少石油产量,决定以 9 月份各成员国的产量为基础,每月递减 5%;对于美国等支持以色列军事进攻的国家的石油供应,逐月减少 5%。

第三,10 月 18 日,阿拉伯联合酋长国中的阿布扎比酋长国决定停止向美国输出石油。接着利比亚、卡塔尔、沙特阿拉伯、阿尔及利亚、科威特、巴林等阿拉伯主要石油生产国也都先后宣布中断向美国出口石油。由于荷兰为美国向以色列运送军火提供了协助,因此也被实施石油禁运。

产油国以石油为武器,战后西方国家首次尝到软肋被扼的滋味。

美国政府应对石油危机的紧急措施极不寻常:(1)减少班机航次;(2)限制车速;(3)对取暖用油实行配给;(4)星期天关闭全国加油站;(5)禁止或限制户外灯光广告;(6)白宫和联合国大厦周围的室外电灯限时关掉;(7)尼克松下令减低其座机飞行的正常速度,取消总统周末旅行的护航飞机;(8)国会通过法案,授权总统对所有石油产品实行全国配给;(9)国防部正常石油供应紧缺,驻欧美军和在地中海的第六舰队不得不动用它们的战时石油储备。

但同时,美国政府在外交上坚持强硬立场,威胁要使用武力占领阿拉伯国家的油田。美国的恫吓立即遭到阿拉伯国家的迎头痛击,沙特阿拉伯、科威特和利比亚发出严正警告,如果美国胆敢武装入侵,就立即炸毁油田和有关设施,彻底摧毁美国在中东的全部石油利益。阿拉伯国家的坚决态度,使美国不敢贸然动手。

11月底，阿拉伯国家对石油进口国采取了分别对待的策略，根据它们对这场战争的不同态度，将其分为“友好”“中立”和“不友好”三种类型。

凡是对以色列实行某种经济制裁或断绝外交关系或为阿拉伯各国提供某种军事援助的国家,划为友好一类,可以获得减产前的石油供应数量。

凡是积极支持援助以色列、反对阿拉伯国家和巴勒斯坦人民的斗争事业的国家,则被划为不友好一类,停止对它们的石油供应。

对于奉行中立立场的国家,适当限制对它们的石油供应。

这场石油斗争,不仅对世界经济产生了巨大影响,而且在政治上分化了西欧、日本与美国的关系,孤立和打击了美国与以色列。作为高度依赖中东石油供应的欧洲国家和日本不得不改变它们原先追随美国支持以色列的立场。这些国家为了获得中东的石油供应,都对美国支持以色列的政策,采取拒绝合作的态度。

在欧洲,各石油输入国纷纷与中东石油输出国进行了单独的对话,大多数西欧国家停止了对以色列的武器供应。英国不许美国利用它的国内和海外领地的运输设施为以色列转运补给;联邦德国禁止美国供应以色列的军火从西德港口起运;法国、西班牙、希腊和意大利等国都不允许美国飞往中东的军用飞机在其领土着陆或飞越其领空。

1973年 11 月 6 日欧洲共同体九国外长会议就中东局势发表联合声明，敦促以色列严格遵守联合国安理会有关决议，并且“强调阿以和平协议必须遵循以下原则:(1)不允许通过武力获得领土;(2) 以色列必须结束 1967 年战争以来对阿拉伯领土的占领;(3)中东地区所有国家的主权、领土完整、独立及在安全和公认边界内和平生活的权利应该得到尊重;(4)在建立公正和持久的和平时，必须考虑巴勒斯坦人的合法权利。”(王绳祖主编:

《国际关系史》第十卷，世界知识出版社，1995年，116页。）

日本起初采取所谓“中立”立场，阿拉伯国家限制了对它的石油供应。

11月22日，日本政府不得不发表四点声明，表示以色列军队应从“六·五战争”所占领的土地撤出，应当承认和尊重巴勒斯坦人民的合法权利，并敦促以色列遵守联合国宪章原则，否则“将重新考虑对以色列的政策”。12月10日，日本政府派出特使三木武夫出访中东各国，公开表示不支持美国的中东政策。

美国国务院发言人懊恼但不失精彩地对此评论说：“我们的一些盟国实际上做出了很大的努力，把它们自己同我们公开分开。”

美国陷入了战后以来前所未有的国际孤立和众叛亲离的局面，只好调整其中东政策。尼克松政府派出特使在埃及和以色列之间进行调解。1974年1月石油输出国组织决定大幅度地提高石油价格，从每桶3.01美元提高到11.65美元，然后才于1974年3月18日决定解除对美国的石油禁运；同年7月9日解除了对荷兰的石油禁运。

石油危机期间，中东产油国完全改变了中东石油资源的利益格局，“通过这场斗争，彻底摧毁了长期以来束缚中东产油国的石油租让制，中东国家不仅收回了石油资源开采权，而且在很大程度上掌握了原油标价的主导权”。（王绳祖主编：《国际关系史》第十卷，世界知识出版社，1995年，110页。）

石油危机发生时的美欧日关系，反映了西欧和日本成为多极化局面中的独立的力量中心，拥有并且优先维护它们各自的国家核心利益。虽然这次危机与冷战没有直接关联，但是从中却可以看到西方阵营已经发生明显分化的事实，美国已经丧失原先的权威和有效手段去压服西方阵营内部的成员与美国在外交政策及外交立场上保持一致。西欧各国和日本的“从属型国家”的定位正在悄悄地发生变化。不久之后形成的西方七国首脑会议进一步确认了这种定位的变化。

面对石油危机发生以后的世界经济困境,1975 年 7 月 31 日,在赫尔辛基的英国大使馆的午餐会上,法国德斯坦总统向前来参加欧洲安全与合作会议的美国福特总统、英国威尔逊首相和德国施密特总理,正式建议召开一次由西方五大国(法美英德日)首脑参加的会议来讨论经济问题。这一建议得到了美英德三位首脑的响应和支持。

1975 年 11 月 15 日至 17 日在巴黎近郊朗布依埃举行的首次会议上有法美英德意日六国首脑参加;从 1976 年起加拿大参加后变为七国经济最高级会议;自 1977 年开始,欧共体委员会主席也应邀参加。首脑会议每年举行一次,轮流在各国召开。会议主要讨论经济问题,协调各国的宏观经济政策。后来,政治问题也逐渐成为七国首脑会议讨论的重要议题。

西方七国首脑会议此后形成一种制度,发挥着非常重要的作用。

第八章　从冷战终结反观两大阵营问题

在一个史无前例地以美苏两个主导型主权国家的对抗——号称进行意识形态和社会制度的对决——之中，似乎没有更具说服力的理由去否认苏东集团的全面解体是苏联模式的意识形态价值体系的失败。因为当初这种较量的对决双方都认同以对方的意识形态价值体系作为攻击目标。毫无疑问，苏联模式在历史的体验中失败了，被遗弃了。但是，它的失败是不是被另一种价值模式击败的呢？本书从一开始就试图阐明，这实际上只不过是认知上的错觉而已。国际政治的自身运行规则和国家力量的较量方式不可能给人们以一个清晰的轨迹去回放意识形态价值观和社会制度是怎样决出胜负的。所以，苏东集团的各个成员的政治巨变，作为每个个体的考察是难于从国际政治的层面去做出具有说服力的解释，而只能是从其内部去寻找答案。如果说，苏东国家作为一个国家集团发生这种多米诺骨牌效应的变异，在国际政治的层面上倒是具有非同寻常的意义。

在本书最后的这一章里，我们期待着能够通过冷战终结的时代转变，继续揭示和反思冷战时代的两大阵营的性质、症结及一些重要的警示。

冷战终结的表征、性质与含义

冷战研究是学术界在冷战时代和冷战结束后的一个比较热

门并且相当复杂的研究领域，其研究体系和研究方法多种多样，因而也是莫衷一是。当然，冷战的成因、冷战的背景、冷战模式的发展演变本身非常复杂。其中，在最终标志着冷战结束的两极体制的解构问题上，至今仍然存在一些盲点。在此，我们仅就冷战结束问题的一些简要的框架和定义做出最基本的理论分析。

怎样看待雅尔塔体制的解构过程

既然20世纪六七十年代就出现了多极化的趋势和多极化局面，但是两极体制却要等到90年代初期才正式解体。以此为标志，持续四十几年的冷战时代宣告终结。这里就产生了这样一个问题：既然多极化从本质上来说，就是对两极体制的否定，那么，怎样去解释美苏两极体制此后又持续存在了二十年左右呢？这里存在一些模糊甚至相悖的见解：如果多极化是一个新的局面，则两极体制应该是被取代了，如果把多极化仅仅解释为一种趋势而已，则多极与两极并存又是一种什么结构？其出现又有何实质性意义呢？

回顾当年，从20世纪70年代初开始，许多观察分析者就不断预言，“美苏两极体制已经宣告破产，两极结构将被取代，多极化将成为新的格局”，这种不着边际的国际问题评述居然年复一年分析了二十年，终于等到了苏联解体，两极解构成为事实。此后多年来，学术界至今也没有去探讨如何“圆了此说”。我们在此稍作探讨，看看能否“自圆其说”。

1.多极化趋势与两极体制解构过程并存

首先，两极体制和多极化趋势的运行轨道并不存在一个衔接的结构。第一条轨道（两极体制）进入解构状态时，是一个日渐衰微的过程；第二条轨道（多极化）进入建构状态时，是一个萌发的渐进过程。所以，这两条轨道有一个并存运行的阶段。

其次，历史上的每一次国际政治格局的重构，都是伴随着大规模的战争危机的发生与相应的角力，当主要的参战国的胜败明朗化之时，就形成了新旧格局的衔接结构。而雅尔塔两极体制的解构并非源自国际战争危机，故新旧格局的嬗变不可能在短时间内完成，并且旧体制的解构过程最终延续了二十年左右。至于新体制迟至旧体制解体时仍然尚未完成建构，仍然处在一种演进的状态之中。

2.两极体制在解构过程中的功能“惯性”

我们首先回顾一下战后雅尔塔体制受到的多次强有力冲击：

第一次冲击，中华人民共和国建立及其后的独立自主外交的实施，推翻了美苏两极此前在第二次世界大战结束前后对中国的政治前途与命运所作的安排，这种安排体现在1945年2月的《雅尔塔协定》和1945年8月14日的《中苏友好同盟条约》之中；推翻这种安排就意味着新中国率先在亚洲突破了雅尔塔体制的约束。

第二次冲击，朝鲜战争中的亚非中立集团及其中立主义政策，拒绝依附于两大阵营中的任何一方，它们在朝鲜战争期间提出了好几个关于朝鲜停战和政治解决朝鲜问题的方案。虽然这个集团所起的作用有限，但是却敢于在美苏两极体制处于主导地位的环境之下，拒绝认同国际政治的现状。

第三次冲击，从亚非会议到不结盟运动的兴起，它举起和平中立与不结盟的旗帜，倡导不与大国和军事集团结盟的原则，号召展开发展中国家之间的联合与合作，在国际事务中不再扮演“沉默的大多数”。期间，大批摆脱殖民统治的新独立国家纷纷加入联合国，从而极大地改变了联合国的内部构成及其政治生态，大国操纵联合国的能力日益下降。

第四次冲击，两大阵营的内部危机导致其分化解体，两极体制受到了最具实质性意义的一次冲击，从而为多极化局面的出现与形成奠定了历史前提。

在经历了这四次冲击之后，雅尔塔两极体制的内部结构逐步松动，这是一个合力作用的持续过程，但是在瓦解这个结构上却不具备足够的量能一蹴而就，这一特点可以解释为什么两极体制的解构是一个漫长的过程。

这样的情形就决定了两极体制不会一下子被多极化局面所取代,同时,两极体制的功能发挥也不会迅速衰竭,而是呈现出一种功能“惯性”的持续释放。

另外,在两极体制的结构性解体过程中的多极化局面有着很大的局限性:从70年代到90年代的多极化局面缺乏稳定性和存在严重的不平衡结构,即所谓的“多极”——按照“五大力量中心”说——其中最强大的仍然是美苏两极,其他三极根本无法与之等量齐观,这实际上就使得两极体制在很大程度上不但继续存在,而且继续发挥着主导作用。

总之,多极化的存在意味着一种新的权力制约机制正在形成,当这种机制的运作积累到足够的量能并发挥有效的影响时,那么,正处于衰败之中的两极体制就可能被取代。但是,对于这个历史时期的多极化局面,我们不能定位过高,其中的奥妙就在于我们还不能把多极化正式看做一个全新的、成型的国际体系,更恰当的定位是把它视为一个趋势。

冷战时代结束的国际政治含义探析

1.冷战结束的标志与特征

冷战结束的标志:1991年12月25日苏联正式全面解体。

冷战终结的特征:苏联的解体,是冷战结束的标志,但不是直接解读为美苏冷战决出的结果。对于这个问题需要给予符合逻辑的定义。首先,冷战源于美苏基于其战后的全球战略的现实利益而采取的一种对抗模式,由此形成“对手关系”,苏联的解体是“自行解体”而不是“战败解体”。当然,怎样评估在几十年冷战中的美国因素所起的间接作用,将是一个很具争议性的问题。其次,冷战的核心结构是美苏两极,缺一不可,“原因很简单,也很戏剧化——发动冷战需要双方”。(斯塔夫里阿诺斯:《全球通史》下册,董书慧等译,北京大学出版社,2005年,754页。)苏联作为其中的一极消亡而不复存在，这就使两极的对峙结构失去了依托，导致了冷战对峙无从延续而结束，正所谓皮之不存，毛将焉附！从这个意义上来说，冷战是被中止的，还不是执行了较量的“完整规则”之后的结果。打个比方，美苏的较量好比一场拳击赛，比赛进行期间，在美国“选手”没有出拳或者虽然出拳但是未有效击中的情况下，苏联“选手”突发致命疾病倒地而亡，比赛中止——结束。当然，在明确了这个前提之下，一定要确认美国“选手”获胜了，也是可以的。个中意涵，人们也可自行掂量一番。

2.冷战结束的性质

冷战结束，首先意味着“冷战”这种国际对抗模式被废除，国际社会需要寻求重塑后冷战时代的国际秩序；其次冷战结束，宣告了存续期间大部分时间运行于冷战状态的雅尔塔体制解体，这意味着第二次世界大战结束时所形成及其后所演变的国际政治格局也随之终结。

3.冷战时代终结的基本含义

冷战时代，指的是1945年开始酝酿冷战至1991年苏联解体这个时期，这个时代基本上与雅尔塔体系（历史上的第四个国际体系）重合，它的终结就是一个旧时代的结束，也是一个刚刚画上了句号的“旧”国际体系的结束。当今的时代进入了后冷战时代、也是后雅尔塔时代，这又意味着国际社会将建立新的国际体制，形成新的国际政治格局。只是这次非源自战争的变局，使美国以“胜利者”姿态试图建立“单极世界”的行动缺乏了国际认同的支持。后冷战时代的国际政治格局充满着复杂的变数，至今仍处在重组的整合过程之中。

从冷战结束再看东西方两大阵营的性质

冷战时代东西方两大阵营的国家集团化模式或者说联盟博

弈方式采用了“冷战”这种极其有害的对抗方式来处理它们之间的利害关系,给战后世界制造了长时间的国际紧张局势。对立双方的对抗成本和代价相当高昂,也给国际社会的运行秩序带来了严重的冲击。

放眼后冷战时代的国际舞台,地缘政治格局已经不同于冷战时期。但是,后冷战时代的国际政治力量的多极分布,除了今日俄罗斯不能与昔日苏联相提并论,还有中国的综合国力有所提升之外,基本结构上并无根本性变化。在这样的地缘政治环境下,后冷战时代的国家集团化分布及其演变趋势仍是值得关注的。

欧洲联盟和东南亚国家联盟是两个比较典型的国家集团,也是比较严格意义上的国家集团。它们虽然建立于冷战时代,但是它们却是着眼于集团内部成员之间的全面关系的长期有效合作而采取集团化的。它们既不是为了应付直接的国际对抗,也不是为了某一个特定历史阶段的目标而设立,因而这样的国家集团应该是有生命力的。

至于作为冷战时代直接服务于冷战需要而建立的北约组织,是后冷战时代多边行为主体中不多见的“冷战遗孤”。虽然北约的功能和它的运转机制正在调整改变的过程之中,但是冷战结束以来,北约仍然醉心于兼并扩张苏东集团解体之后除俄罗斯之外的欧洲地盘,即使它的动机已经抛弃了冷战时代并不真实的“保卫西方文明形态”的虚假外衣,更真实地回复了它的地缘政治功能,这却不能不说它在后冷战时代的地缘政治环境中有着不能忽略的安全隐患。“不平衡的权力,无论由谁支配,它都是他国的潜在威胁。”[肯尼斯·N.华尔兹:《冷战后的东西方关系》,见周荣辉主编:《冷战后的东方与西方》(文集),中国社会科学出版社,1997年,4页。]这个道理在冷战时代和后冷战时代都是一样的。

诞生于新世纪的上海合作组织,它在反恐和区域安全事务方面的作用日益引起重视。它虽然不是一个军事集团,中俄两个核心成员也都否认它有与北约抗衡的意图,但是,任何地缘战略分析都不可能无视北约扩张到中俄家门口时，这个组织在它所处的地缘环境中所蕴涵的一些潜在重要功能。中俄在现有环境之下结成军事同盟的可能性微乎其微，两国都将会极为慎重地对待任何改变区域格局的行为。但是力量的制衡本身就是由许多不确定的因素来引导和决定的。

我们今天已经可以非常清晰地看到，冷战时代的东西方两大阵营已经基本消失，（之所以限定为“基本”，是由于尚存北约组织这个仅有的残存形态）这个事实对于回首认识两大阵营的性质非常重要。

第一，如果说两大阵营的性质是资本主义和社会主义两种价值体系、两种制度的对抗形态，那么，冷战结束就只能是雅尔塔体制两极对抗形态的终结，而与两大阵营是否消失无关，因为资本主义和社会主义两种价值体系和两种制度都还活着，这样资本主义和社会主义的阵营对抗按这个立论就应该仍然存在和继续才对。显然，今天人们会认同两百多年来资本主义和社会主义的矛盾和冲突还是存在并且会继续下去，但是人们却接受了东西方两大阵营已经消失的事实。这就推翻了两大阵营的意识形态性质的假设。我们坚持认为，两大阵营的性质是美苏主导之下两个国家集团所形成的联盟体系，它与资本主义和社会主义之间在意识形态上的对立没有直接关系。

第二，20 世纪五六十年代，两大阵营分化解体的过程中，其分化之后、或者说其不完整的形态并未消失。我们把 70 年代至 90 年代初期之间的两大阵营视为一种残缺形态，这种残缺形态的特征与雅尔塔两极体制在多极化趋势出现以后的特征大体一致，即两大阵营的残缺形态和部分功能是完全依附于主导型大国并伴随着雅尔塔体制而寿终正寝。只要美苏两个主导型大国的对立关系存在，两大阵营的残缺形态就会跟着存在。例如，苏联在中苏战略联盟关系破裂以后，仍然坚持以“社会主义大家庭”来称呼苏东国家集团。我们可以这样甄别雅尔塔体制、冷战和两大阵营的“生死”关系:首先是雅尔塔体制以美苏合作而面世,接着是以美苏翻脸对抗而“催生”了冷战,伴随着冷战“孕育”了两大阵营,最后三者同时“涅槃”。这一历史结果恰好说明了美苏对抗与两大阵营之间的“血脉派生”关系。

第三,苏联的解体与消失,使得东方阵营的残存形态荡然无存。自勃列日涅夫时期开始所称的“社会主义大家庭”的各成员在冷战结束后换了身份各奔东西,经济互助委员会消失得无影无踪,华沙条约组织不复存在了,它的标志都进了博物馆。按照“孤掌难鸣”的原理,西方阵营(冷战时代后期的残存形态)也就完全丧失了安身立命的任何理由与依据。这说明两大阵营一直是以某种“有形的”形态存在于冷战时代的现实国际政治环境中,在后冷战时代的非冷战环境中,两大阵营销声匿迹,这又证明了两大阵营的对抗与资本主义和社会主义的价值体系对抗没有直接的关联。因为资本主义和社会主义两种意识形态的存在或者对抗,除了附着于主权国家之外,两百多年来一直是可以在国际社会的任何环境中以“无形的”形态存在和延续的。如果说两大阵营是根植于意识形态价值体系的对立,则它们是完全可以脱离“有形的”形态而在冷战结束之后继续存在。

第四,以“无形的”形态而存在的资本主义和社会主义两种意识形态价值体系在后冷战时代是否仍然可视为两大阵营呢?从某种意义上来说,作为两种“泛社会意识形态”,为了突出它们之间的差异,称为意识形态上的两大阵营也未尝不可。但是我们认为剔除这个视角是可取的:

首先,鉴于冷战时代的两大阵营的定位、对抗的性质、模式与特点,为避免学理上的混乱,把“两大阵营”作为一个专门的、专属的术语与概念是合适的。

其次,“两大阵营” 的提法总是给人以壁垒分明的感觉并形成错觉,而现实中两种价值意识通常是以“无形的”状态存在,突出它的“阵营”特性将会在国际交往中进一步强化其“有形的”对立。

再次，资本主义和社会主义两种价值主张并非泾渭分明、不可兼容。苏东剧变和解体之后不久，当时的罗马教皇保罗二世针对西方国家继续以冷战的思维方式看待苏东集团的解体而完全否定社会主义的看法提出了不同见解。保罗二世认为，他一直批评和否定苏联，是因为苏联的内部政策和对外政策，而不是社会主义本身。他相信，社会主义包含着一些合理的内核，不应该因为苏联的失败而否定社会主义。显然，这位波兰血统的教宗，意识深处的民族主义情结影响着他对苏联的态度与立场。他对事件的评价包含着公允的成分。在20世纪，尤其是第二次世界大战以后，资本主义世界在改革中不断吸收了社会主义的合理内核，这在北欧和西欧国家身上表现得相当明显。而中国抛弃了计划经济模式却并未放弃社会主义制度。改革开放30年的中国，吸收及兼容了多少资本主义的合理内核的成分，已经无从稽考也无需论证。“社会主义市场经济”模式的建立本身已经说明了问题。

总之，在国际政治领域数百年的运行过程之中，充满着无数的不确定因素和虚虚实实的现象。人类社会在历史的体验中逐步确立了有序的规则，任何新的因素的加入都要接受人类社会实践的检验。我们坚持认为，把意识形态的价值主张单方面引入国际政治领域，在战后的世界历史的体验中，证明是有害而无益的。

后冷战时代：淡化的意识形态对立

在中国，近年有学者宣称：“在处理国家关系时，淡化意识形态是不行的，如美国当权者对社会主义中国从来就没有淡化过意识形态，我们如果淡化意识形态，则无异于自己解除思想武装。但强化意识形态也是不可取的，以意识形态画线来处理国家关系，已有过多次教训。正确的做法应是为了国家利益可以进行超意识形态的合作，寻求互利点、共同点。”（姜琦：《苏美关系70年》

序,见桂立:《苏美关系70年》,人民出版社,2005年,卷首序。)这是一段颇有“特色”的言论——在处理国家关系时,对意识形态淡化不行,强化也不行,“正确的做法”是进行超意识形态的合作。何谓“超意识形态”?即是超越、抛开意识形态的意思。经过这样的逻辑梳理之后,居然能够得出“在处理国家关系时,应该抛开意识形态进行互利合作”的符合学理的结论。可是,我们又不得不承认,这显然曲解了这段话的原意,因为这无异于彻底“解除了思想武装”。困惑,认知上的困惑。本书在第一章中,强烈主张在国际关系领域中应该使用一套国际关系学相应的语汇和相应的学科理论与原理,这种用心不知能否引起读者的共鸣。

既然已经有一些人对在国际关系中应该淡化意识形态因素的主张进行了批判,为何本书仍然要提出和坚持这个主张呢?

首先是必要性,即有必要对这个问题涉及的各种因素给予明确的厘定。

(1)环境与时代因素,即当今处在后冷战时代,国际社会越来越意识到人类所共同面临的一系列困境与问题,需要各国的通力合作才能应付这些挑战。新时代应该有新的思维,冷战时期的国际关系深受意识形态问题的困扰与误导,已经使国际社会错过了许多机遇去解决人类所面临的共同问题,我们这个主张就是对此进行反思的体现。

(2)涉及的行为主体必须清晰界定,我们主张在国际政治中淡化尖锐的意识形态对立,是特指国际交往中的官方关系,这种关系受到特定法律规范的约束。一些观察与分析者常常把自己当成当事一方,却又不必考虑乃至接受国际政治行为相关法律规范的约束,大话说了一大堆,但无需负责任。

(3)政治学上的法理学理界定,意识形态价值观决定着一个国家的国体与相应的政体,却不应该也不能成为双边和多边国际交往的基本准则。意识形态的信条和立场在一国内部,可以是金科玉律,可是同样的信条与立场加诸对外交往关系就不具有公信力和权威性了。超越国界的国际交往有其自身的特定基本准则，即国际关系的基本准则。

（4）需要明确区别对待国家交往中的行为主体，即明确区分“官方行为”与“民间行为”。把两种有不同法律责任的行为混为一谈，在学界与各种媒体的反映及评论中颇为常见，甚至以官方立场去与一些“民间行为”较真。

其次是可行性，在现实的外交实践中，淡化意识形态的尖锐对立是建立在历史的体验和学理分析的基础上。那么，我们能够从哪些层面去切入呢？

（1）各国的外交政策的决策者，应该明了意识形态在外交领域推行的危害性，力求剔除外交决策机制中的意识形态思维和意识形态指导原则。

（2）有责任感的政治家和国际领袖应该适时敦促联合国大会展开讨论，争取达成国际共识，在总结冷战的历史经验教训的基础上，再强化和通过类似于1957年12月14日联合国大会通过发表的《关于国家间和平共处宣言》。

（3）在国家间和多边国际交往中倡导和坚持按照国际法规范下的规则办事，有责任感的大国应该旗帜鲜明地抵制渲染意识形态的“外交”行为，但是在这样做的时候必须避免使用另一种意识形态的视角去表态。

（4）倡导和坚持在发展国家关系中的平等互惠及对等原则，事实上，在对外关系中谋求现实的国家利益，或者通过国家行为追求功利，这本身不是问题。“唯利是图”的道德界限在于是否合法合规。外交史上的许多现实主义利益追求之所以遭到诟病，很大程度是由于这些行为超越了国际交往规则的约束。

（5）倡导和坚持官方向公众和媒体发布有关外交政策的决策意图和对外交往信息的时候，不做有意识的意识形态渲染与导向，坚持信息发布的专业性和准确性。

再次是前瞻性，这个现实世界已经很复杂、很混乱、很乖戾，如果中国把创建国际和谐社会作为国策以及中国作为一个国际影响力日益上升的大国,那就有需要、有责任形成自己的"国际道义责任和道义诉求"。淡化乃至于排除对外交往中的意识形态因素,是这种责任及诉求的基本表达方式之一。

坚持在国际交往中不放弃自己的意识形态主张的人陷入两个非常严重的误区:(1)强调由于美国这类国家并没有淡化意识形态的做法,所以我们也不能这么做。别人不放弃这种意识,所以我们就跟着要坚持,决不退让。这是典型的冷战思维与冷战意识。同时持有这种理念的人把自己放在一个被动反应者的位置,看着别人的举措再来决定自己的立场,是一种弱者的习惯性思维定式。今天,一个拥有软实力的大国,往往也是具有国际引领能力的国家。(2)诸如放弃思想武装的说法,实际上是把一国内部的政治指导原则以及思想观念的价值主张同外交原则混为一谈,这是"瞎掺和"。把一国内部的价值主张上升为外交决策原则,当初,乔治·凯南就是这么做的,哈里·杜鲁门也这么做了,当然斯大林同样这么做了,结果是什么呢!人类社会用了将近五十年的时间,经历了一段荒唐的历史体验,难道没有一些深刻的教训值得反思吗!

今天回首中华人民共和国成立初期在面向发展中国家的外交实践中,曾经提出过一些值得重视的外交普遍原则。1954 年 6 月下旬,中国国务院总理兼外交部长周恩来出访邻国印度和缅甸,在向印度阐述和平共处五项原则的外交理念时有一段非常精辟的见解:"世界各国不分大小强弱,不论其社会制度如何,是可以和平共处的。各国人民的民族独立和自主权利是必须得到尊重的。各国人民都应该有选择其国家制度和生活方式的权利,不应受到其他国家的干涉。革命是不能输出的;同时,一个国家的人民表现的共同意志也不应容许外来干涉。如果世界各国都根据这些原则处理它们相互间的关系,那么,这一国家对那一国家进行威胁和侵略的情况就不会发生,世界各国和平共处的可能就会变成现实。"[谢显益主编:《中国外交史(中华人民共和国时期)》,河南人民出版社,1988年,152页。]

这些原则与主张经过了冷战时代的破坏性检验之后,如今益显它的外交实践价值。但是,我们必须明确,这段论述只有在国际法规则的框架之下才能解读到它的准确含义,如果仍然渗入意识形态色彩的理念,例如去纠缠于“人民权利的表达方式”“何为人民的共同意志”等,在理解上就很难达成共识。国际社会倘若能够达成明智的共识,那么,后冷战时代就将是一个值得期待的较为昌明的时代。

我们生存的星球只有在维持生物物种的多样性的前提下才能形成一个平衡的生态环境。我们也希望我们生存的人类社会能够保持民族文化与文明形态的多样性,接受与欣赏价值观与价值取向的多元化。我们只需要“一个世界”,就一个,有丰富内涵的世界。

附　录

大事年表

1933年　3月4日，富兰克林·罗斯福入主白宫出任美国总统。11月17日，美国与苏联建立外交关系，结束了自十月革命以来美国对苏联一直奉行的不承认政策。

1934年　8月1日，德国通过《国家元首法》，把总统和总理职位合而为一;2日德国总统兴登堡病逝，希特勒被宣布为“德国人民的领袖和总理”，并正式宣布自己为国家“元首兼总理”。9月18日，国际联盟大会以39票赞成，3票反对，7票弃权通过了接纳苏联加入该组织的议案;随后，苏联出任国际联盟行政院常任理事国。

1935年　7月25日，共产国际第七次代表大会召开，大会号召各国共产党在本国建立反法西斯统一战线，并实施人民阵线纲领。

1936年　3月12日，苏联与在主权上仍属于中国的外蒙古签订“互助议定书”。10月25日，德国与意大利在柏林签订协定，柏林—罗马轴心开始形成。11月25日，《德日防共协定》在柏林签字。德意日三国轴心形成。11月25日~12月5日，苏联第八次苏维埃非常代表大会举行，制定颁布了苏联新宪法。新宪法规定，苏联由俄罗斯、白俄罗斯、乌克兰等11个加盟共和国组成。

1937年 5月28日，英国鲍尔温内阁辞职，尼维尔·张伯伦上台执政。7月7日，日本挑起卢沟桥事变，发动全面侵华战争。

1938年 7月29日，日军在中国、朝鲜、苏联三国交界的哈桑湖地区发动对苏联的进攻，挑起了张鼓峰事件，苏军进行了坚决的回击；8月11日，双方在莫斯科缔结停战协定。9月30日，英法德意四国首脑张伯伦、达拉第、希特勒和墨索里尼签订《慕尼黑协定》；同日，英德在慕尼黑签署了互不侵犯与和平解决纠纷的联合声明，即《英德宣言》。

1939年 5月11日，侵占中国东北的日军在内外蒙古之间的哈拉哈河（又称哈勒欣河）诺门坎地区向驻守于外蒙古一边的苏军发动军事挑衅；8月下旬苏军开始大规模反击并于月底击溃进犯日军。日苏随后在9月15日签订停战协定。8月23日，苏联和纳粹德国在莫斯科签订《苏德互不侵犯条约》。9月1日，凌晨4时45分，纳粹德国军队发动闪电战进攻波兰，第二次世界大战爆发。3日，英国、法国分别对德国宣战。17日，苏军越过苏波边界进据西乌克兰和西白俄罗斯。28日，苏德两国政府签订瓜分波兰的划定边界条约。9月30日，以瓦迪斯瓦夫·西科尔斯基将军为首的波兰流亡政府在巴黎成立，该流亡政府于1940年6月迁往伦敦。10月中旬，苏联向芬兰提出领土交换要求，双方为此进行的谈判在11月13日破裂；11月30日，苏芬战争爆发。12月14日，国际联盟行政院作出开除苏联的决定。

1940年 5月9日，尼维尔·张伯伦被迫辞职；10日温斯顿·丘吉尔受命组成英国战时联合内阁。6月15日，美国总统罗斯福在听取关于制造原子弹的建议报告之后，下令研制这种炸弹。6月17~21日，苏军开进拉脱维亚等波罗的海沿岸三国。8月3~6日，苏联最高苏维埃会议宣布波罗的海三国加入苏联；同时，在原罗马尼亚的比萨拉比亚地区新成立摩尔达维亚加盟共和国。

1941年 2月，美国传媒巨头亨利·卢斯在《生活》杂志上发表题为《美国世纪》的社论。3月11日,美国国会通过《租借法案》,授权美国总统可以向“总统认为其防务对美国国防至关重要”的国家出售、转让及出借美国的国防物资。4月13日,《日苏中立条约》在莫斯科签订。5月6日,美国罗斯福政府宣布,《租借法案》适用于中国。6月22日,凌晨4时,希特勒的纳粹军队对苏联发起全线大规模军事进攻,德苏战争爆发。当晚,丘吉尔发表广播演讲支持苏联抗击纳粹德国,24日,罗斯福举行记者招待会表示美国将予“苏联一切可能的援助”。7月30日,罗斯福的政治顾问哈里·霍普金斯以总统私人代表身份到达莫斯科访问。8月9~12日,罗斯福与丘吉尔在大西洋的纽芬兰岛阿金夏湾的美英军舰上举行会谈;14日,正式发布了两国领导人的一项联合声明,即《大西洋宪章》。9月29日~10月1日,苏美英在莫斯科举行三国会议,讨论美英向苏联供应武器装备和战略物资问题;会议签署了战时三国第一个合作议定书。11月7日,罗斯福声明《租借法案》适用于苏联。12月1日,日本御前会议最后决定于12月8日(东京时间)对美英荷开战。7日早晨7时55分(夏威夷时间),日本海军对美国珍珠港发动突然袭击。太平洋战争爆发。

1942年 1月1日,二十六个对法西斯轴心国宣战的国家在华盛顿签署《联合国家宣言》,此举标志着国际反法西斯联盟形成。四大国领衔签字,中国在名义上首次位列大国之一。

1943年 1月11日,美国、英国与中国签订关于在中国废除治外法权协议。2月2日,以苏军取胜的斯大林格勒战役结束。4月25日,苏联宣布与伦敦的波兰流亡政府断绝关系。4月,在罗斯福的授意下,其亲信雷斯特·戴维斯在《星期六晚邮报》上发表了《罗斯福的世界蓝图》一文。5月22日,苏联决定存在二十四年的共产国际停止运作,6月15日,共产国际在莫斯科宣布解散。8月19日,美国和英国在第一次魁北克会议期间,签订了美英共同研制原子武器的秘密协定。10月19~30日,苏美英三国举行莫斯科外长会议。中国在会议后期被邀请出席并签署了《美英苏中四国关于普遍安全的宣言》。11 月 22~26 日，美英中三国最高领导人举行开罗会议，并签署了《开罗宣言》。11 月 28 日 ~12 月 1 日，美英苏三大国举行德黑兰会议；三巨头首次向国际社会承诺“在未来许多世代中，消除战争的祸患与恐怖。”

这一年，美国开始着手研制电子计算机。第一台电子计算机于1946年2月14日问世。

1944年 6 月 6 日，凌晨，美英主力部队开始实施“霸王战役”，即诺曼底登陆。7 月 1~22 日，四十四个反法西斯国家在美国新罕布什尔州布雷顿森林大酒店举行联合国家金融货币会议，即布雷顿森林会议。8 月 1 日，苏联政府宣布承认波兰民族解放委员会是波兰唯一合法的政权机构，并与该波兰政权互派外交代表。8 月 25 日，巴黎解放。8 月 27 日 ~10 月 7 日，美苏英中四大国分两个阶段举行敦巴顿橡树园会议，基本拟定了定名为“联合国”的国际安全组织的框架。11 月 7 日，美国大选，富兰克林·罗斯福第四次成功当选为总统。12 月 3~4 日，英国军队武装镇压希腊雅典和比雷埃夫斯的示威民众；5日，英军对希腊左翼民族解放阵线的人民军发动进攻。

1945年 2 月 4~11 日，美英苏三大国举行雅尔塔会议；对于战后世界，罗斯福称他自己“相信五十年的和平是可行的”。4 月 12 日，美国总统罗斯福在任内去世。哈里·杜鲁门继任总统。4 月 23 日，到白宫拜会杜鲁门总统的苏联外长莫洛托夫遭到杜鲁门的当面斥责。4 月 25 日，苏军与美军在易北河畔的托尔高（柏林以南120公里）会师。4 月 25 日，联合国首次创始会员国大会在美国旧金山举行，《联合国宪章》获得通过，并于6月26日签字。5 月 8 日，欧洲战争结束；深夜，在柏林郊区的卡尔斯霍尔斯特正式举行了德国无条件投降签字仪式。5 月 12 日，丘吉尔写信给杜鲁门，首次使用了“铁幕”的字眼来形容苏联在欧洲的控制区。5 月 25 日 ~6 月 7 日，哈里·霍普金斯在哈里曼陪同下与斯大林及莫洛托夫在莫斯科进行了六次会谈。7 月 16 日，美国在新墨西哥州沙漠进行第一次原子弹爆炸试验。8月6日和9日,美国把两颗原子弹投放到日本的广岛及长崎两座城市。7 月 17 日 ~8 月 2 日,美英苏三大国首脑举行波茨坦会议。7 月 26 日,英国大选揭晓,丘吉尔落败而下野。克莱门特·艾德礼出任英国工党政府首相。8 月 8 日,苏联对日宣战。8 月 14 日,根据美苏《雅尔塔秘密协定》的安排,是日《中苏友好同盟条约》签订。8 月 15 日,日本宣布无条件投降,9月2日, 在东京湾的美国军舰密苏里号上举行日本签署无条件投降书仪式,至此,第二次世界大战正式结束。9 月 11 日,在伦敦, 新设立的五大国外长会议首次启动运作。12 月 16~26 日, 苏美英三大国举行莫斯科外长会议,会议除象征性地决定成立对日管制委员会和远东委员会之外,达成了在1946年年内召开处置法西斯附庸国的巴黎和会的协议。

1946年 1 月 5 日,杜鲁门在当面宣读给贝尔纳斯听的“备忘录”时称:“我已厌倦于笼络苏联人。”美苏关系开始进入严重恶化状态。1 月 10 日 ~2 月 14 日,第一届联合国大会在伦敦教堂大厦举行; 大会任命挪威外长特吕格弗·赖伊为第一任秘书长; 大会还接受美国国会的邀请,将总部设于纽约,同时接受美国石油大亨小约翰·D.洛克菲勒的赠款,在曼哈顿东区购地建造联合国大厦。1 月 20 日,法国领导人夏尔·戴高乐宣布辞职下野。2 月 9 日,斯大林在莫斯科大剧院举行的最高苏维埃莫斯科选区的竞选大会上发表讲话,引人注目的是他就“帝国主义与战争问题”的一番说法,在第二次世界大战结束后才几个月就公开宣称,新的大战是不可避免的。2 月 22 日,乔治·凯南向美国国务院发去有关苏联问题的八千字电文。3 月初,苏联与英美在伊朗的苏军撤军的立场问题上发生了严重冲突。3 月 5 日,温斯顿·丘吉尔在美国密苏里州富尔顿市发表“铁幕”演说。3 月 13 日,斯大林以答《真理报》记者问的方式对丘吉尔的演讲作出激烈反应。3 月 19 日,苏联的政府机构由人民委员会改为部长会议,斯大林任部长会议主席,莫洛托夫任部长会议副主席兼外交部长。4 月 4 日,伊朗与苏联达成协议，双方约定在5月9日以前苏军全部撤出伊朗。6月26日，中国内战正式爆发。7月29日~10月15日，针对五个法西斯附庸国，但不包括对德国和日本的巴黎和会举行。8月，毛泽东在与美国记者安娜·路易斯·斯特朗谈话时，提出了“美帝国主义和一切反动派都是纸老虎”的论断。9月12日，美国商务部长华莱士在纽约麦迪逊广场公园演讲，公开批评美国政府的对苏强硬政策。20日，杜鲁门总统要求华莱士辞去商务部长职务。9月24日，由美国总统特别顾问克拉克·克利福德负责编制起草的对苏遏制战略的决策文件《美国与苏联的关系》出台。

1947年 1月7日，美国国务卿贝尔纳斯辞职，乔治·马歇尔将军继任。3月10日~4月24日，苏美英法四大国外长会议在莫斯科举行，会议在德国问题上最后陷于僵局。3月12日，美国总统杜鲁门向国会参众两院联席会议发表一份后来称为“杜鲁门主义”的咨文。6月5日，美国国务卿马歇尔在哈佛大学毕业生典礼上演讲时公开提出“马歇尔计划”。该计划于1948年4月2日获美国国会通过。7月，乔治·凯南以“Mr.X”笔名在《外交》季刊上公开发表《苏联行为的根源》一文。7~8月间，苏联先后与保加利亚、波兰、捷克斯洛伐克、匈牙利、南斯拉夫和罗马尼亚等国缔结了一系列双边经贸协定。西方把它称为“莫洛托夫计划”。9月22日，欧洲共产党和工人党情报局成立会议在波兰加利西亚什克拉尔斯卡－波伦巴举行。10月30日，以西方国家为主的二十三个国家在日内瓦签署了《关税与贸易总协定》，该协定自1948年1月1日起生效。11月25日，美苏英法四国在伦敦召开外长会议，主题仍是德国问题及德波边界问题，会议再陷僵局。12月15日，美国国务卿马歇尔突然宣布外长会议无限期休会。外长会议这一机制从此搁置停顿。

1948年 2月，捷克斯洛伐克发生“二月事件”，亲西方政党被清理出联合政府，捷共取得主导地位。3月17日，英法比荷卢五国签订了为期五十年的《布鲁塞尔条约》。3 月 18 日,苏联从南斯拉夫撤回军事和技术顾问,苏南关系开始恶化。5 月 14 日,英国结束在巴勒斯坦的委任统治。同日,以色列国宣布成立。次日,第一次中东战争爆发。6 月 18 日,美英法三国政府宣布在德国的西方占领区包括西柏林实施币制改革,发行新的马克。24 日,苏联被迫在苏占区进行币制改革;同时,苏联宣布对来往于西德和西柏林之间的交通实行特别管制,第一次柏林危机发生。6 月 28 日,在苏联领导人授意之下欧洲共产党与工人党情报局通过开除南斯拉夫共产党的决定。8 月,朝鲜正式分裂为两个对立的政权。15 日,南朝鲜成立以李承晚为首的“大韩民国政府”;9 月 9 日,北朝鲜成立以金日成为首的“朝鲜民主主义人民共和国”。10 月 9 日,丘吉尔在保守党年会上提出了“三环外交”概念。12 月 10 日,联合国大会通过《防止种族灭绝公约》和《世界人权宣言》。

1949 年 1 月 20 日,杜鲁门总统的第二个任期开始,迪安·艾奇逊被任命为国务卿。1 月 25 日,苏东六国发表《关于成立经济互助委员会的公报》。3 月 4 日,苏联政府改组,安德烈·维辛斯基接替莫洛托夫出任外交部长。4 月 4 日,美国、英国、法国、荷兰、比利时、卢森堡、加拿大、丹麦、挪威、冰岛、葡萄牙和意大利等十二国外长在华盛顿签署《北大西洋公约》。6 月 30 日,毛泽东在《论人民民主专政》一文中以驳论形式论及对苏关系的所谓一边倒问题。8 月 5 日,美国国务院发表《美国与中国的关系》白皮书。8 月,苏联成功试验爆炸了该国的第一颗原子弹。9 月,德国正式分裂为两个国家。10 日,西部德国宣布成立德意志联邦共和国;10 月 7 日,东部德国宣布成立德意志民主共和国。10 月 1 日,中华人民共和国正式宣告成立。11 月 7 日,苏联元帅康斯坦丁·罗科索夫斯基被任命为波兰国防部长和波兰军队总司令。12 月 16 日,毛泽东率领中国党政代表团到达莫斯科访问;1950 年 2 月 14 日,《中苏友好同盟互助条约》签订。

1950年　1月30日，杜鲁门指示国务院和五角大楼重新审议美国的外交政策和防务战略。4月14日，美国两院部协调委员会的下属机构、由保罗·尼采任主席的特别委员会完成了文件的编制并提交国家安全委员会，它被编为国家安全委员会第68号文件（NSC－68）。9月，杜鲁门下达了实施第68号文件的指令。5月9日，法国外长罗贝尔·舒曼提出有关欧洲煤钢联营的“舒曼计划”。6月25日，朝鲜战争爆发。10月19日，中国人民志愿军开赴朝鲜参战。11月30日，杜鲁门就朝鲜战场的局势举行记者招待会，威胁要采取包括使用原子弹在内的“必要步骤以应付军事局势。”

1951年　2月26日，美国限制总统职位只能连任两届的宪法第22条修正案开始生效。4月18日，联邦德国及法意比荷卢六国签署成立欧洲煤钢联营共同市场的条约。5月1日，在台湾的“美国军事援助顾问团”在台北成立。7月10日，朝鲜战争的停战谈判开始。9月1日，美国、澳大利亚、新西兰签署三国《安全条约》，即《太平洋安全保障条约》，并成立美澳新理事会。9月4~8日，对日片面媾和会议在旧金山举行。在8日签订《旧金山和约》的同一天，美日即签订了结盟性质的《美日安全保障条约》。10月25日，英国大选揭晓。温斯顿·丘吉尔东山再起，于26日组建英国保守党内阁，安东尼·艾登出任外交大臣。11月9日，美英法及土耳其宣布建立中东作战司令部的计划。

1952年　2月26日，丘吉尔首相宣布英国已经成功制造了原子弹。6月16日，约翰·杜勒斯鼓吹对社会主义国家实行“和平演变政策”。10月5~14日，苏共“十九大”召开，这是苏联战后第一次党的代表大会，大会决定设置中央主席团代替政治局。11月1日，美国爆炸了第一颗氢弹。11月4日，美国大选揭晓，德怀特·艾森豪威尔当选为美国总统。

1953年　1月20日，艾森豪威尔出任美国共和党政府总统，理查德·尼克松就任副总统，约翰·杜勒斯被委以国务卿职务。

3月5日，约瑟夫·斯大林逝世。6日，格奥尔基·马林科夫出任苏共中央第一书记，但是14日，苏共中央全会又决定解除马林科夫的苏共中央第一书记的职务，任命尼基塔·赫鲁晓夫为中央书记（非最高职务）主持党的日常工作。15日，苏联最高苏维埃会议任命马林科夫为部长会议主席。7月27日，朝鲜战争停战协定在板门店签字。8月14日，苏联爆炸了第一颗氢弹。9月3~7日，苏共召开中央全会，赫鲁晓夫出任苏共中央第一书记。

1954年 1月25日~2月18日，苏美英法四国举行柏林外长会议，讨论德国和奥地利问题，结果陷于僵局。4月7日，美国总统艾森豪威尔在记者招待会上提出了他的“多米诺骨牌”理论的冷战观点。4月26日~7月21日，美苏英法中五国外长举行日内瓦会议，讨论和平解决朝鲜问题及恢复印度支那和平问题。朝鲜问题讨论至6月15日，毫无结果；后一阶段在印度支那问题上则取得进展。7月21日，签署了在越老柬停止敌对行动的协定以及签署了日内瓦会议最后宣言。6月28~29日，中印和中缅总理分别发表关于和平共处五项原则的声明。9月8日，美国与英法泰菲澳新（西兰）及巴基斯坦在马尼拉签署《东南亚集体防御条约》，组成“东南亚集体防御条约组织”。10月20~23日，北约组织部长理事会在巴黎召开，会议决定结束对联邦德国的占领，保留外国驻军，同时接纳联邦德国加入北约。12月2日，美国与台湾当局签订《共同防御条约》。

1955年 2月8日，马林科夫被免去苏联部长会议主席职务，尼古拉·布尔加宁继任。2月24日，在美国的撮合之下，土耳其和伊拉克之间签订《巴格达条约》，不久之后，英国、巴基斯坦及伊朗也加入《巴格达条约》，美国则未在条约上签字。4月5日，年事已高的丘吉尔辞去首相职务，安东尼·艾登继任首相。4月18~24日，亚非29个国家的首脑出席在印度尼西亚万隆市举行的亚非会议。5月9日，联邦德国正式加入北约组织。14日，苏东八国签署了《友好合作互助条约》，即通常所称的《华沙条约》。5月15日，美苏英法四国外长与奥地利代表签订对奥和约，保证奥地利中立。5月26日~6月2日，赫鲁晓夫访问南斯拉夫，双方发表联合公报，宣布恢复苏南关系。7月18~23日，美苏英法四国政府首脑举行日内瓦会议，就欧洲安全、德国问题、裁军问题和东西方之间的接触交往问题展开讨论，这是冷战以来苏联与西方国家的首次首脑会议。会议未有结果。8月1日，中美两国在日内瓦开始举行大使级会谈。9月9~13日，联邦德国总理阿登纳访苏，双方决定建立外交关系。12月，联邦德国在波恩召开的驻外使节会议上，提出了“哈尔斯坦主义”。

1956年 1月12日，美国国务卿杜勒斯发表“战争边缘政策”的主张。1月28日，艾森豪威尔总统拒绝苏联部长会议主席布尔加宁关于美苏之间缔结友好条约的建议。2月14~25日，苏共二十大召开。在25日的闭幕会上，赫鲁晓夫作了关于斯大林的秘密报告。4月5日，（中国）人民日报编辑部发表《关于无产阶级专政的历史经验》；12月29日，人民日报再发表《再论无产阶级专政的历史经验》的文章。4月17日，欧洲共产党和工人党情报局正式宣告解散。6月1日，苏联外交部长莫洛托夫被解职，德米特里·谢皮诺夫继任。6月9日，美国国务卿杜勒斯发表演说，指称中立主义业已陈旧，是“不道德和近视的概念”。6月28日，波兰发生波兹南事件。10月23日，匈牙利事件爆发。10月29日，以色列军队进攻埃及，苏伊士运河战争（亦称为第二次中东战争）爆发。31日，英法两国联合对埃及发动战争。

1957年 2月15日，安德烈·葛罗米柯接替谢皮诺夫出任苏联外交部长。3月25日，西欧六国签署建立经济共同体的《罗马条约》。5月10日，苏联领导人赫鲁晓夫在答《纽约时报》总编辑卡特勒奇问时宣称：苏美两国共同决定着世界人类的命运。10月4日，苏联成功发射了人类史上的第一颗人造地球卫星。11月2~20日，毛泽东在莫斯科参加十月革命四十周年庆典，并出席各国共产党、工人党代表会议。

1958年 1月1日，欧洲经济共同体正式成立。3月27~31日,苏联最高苏维埃举行会议,决定由赫鲁晓夫兼任部长会议主席。6月1日,夏尔·戴高乐东山再起,出任法兰西第四共和国总理。6月17日,匈牙利前总理纳吉·伊姆雷被处决。8月23日,中国内地猛烈炮击金门岛。9月28日,法国全民公决通过《法兰西第五共和国宪法》。10月5日,法兰西第五共和国宣告成立。次年1月8日,戴高乐任总统。11月,第二次柏林危机发生。

1959年 3月14日,法国通知北约,法国地中海舰队将不再受北约指挥。4月15日,约翰·杜勒斯因病辞去国务卿职务,克里斯琴·赫脱继任;24日,杜勒斯病逝。6月,在法国表示其国土上不允许储存美国核武器之后,美国被迫将驻法国核轰炸机撤往英国和联邦德国。7月24日,美国副总统尼克松在莫斯科主持美国国家展览会开幕式,会上与苏联领导人赫鲁晓夫展开有关社会制度的非正式辩论。9月9日,苏联塔斯社发表关于中印边境事件的声明,公开与中国的立场分歧。9月15~27日,赫鲁晓夫访问美国,这次苏美首脑会谈被称为“戴维营精神”。9月30日~10月2日,赫鲁晓夫访问中国。10月10日,美国和土耳其宣布达成协议,将在土耳其建立美国中程导弹基地。11月20日,英国等七个欧洲国家草签成立“欧洲自由贸易联盟”条约。12月19~21日,美英法及联邦德国四国首脑举行巴黎会议。会议决定邀请赫鲁晓夫于次年4月在巴黎举行东西方最高级会议,30日,赫鲁晓夫复信接受了邀请。

1960年 2月13日,法国在阿尔及利亚撒哈拉沙漠成功爆炸了第一颗原子弹。2月13日,美国参议院外交委员会发表《美国对外政策——苏联和东欧》的报告,认为美苏之间存在着不可调和的基本冲突。3月23日~4月3日,在戴高乐邀请下,赫鲁晓夫全家访问法国。5月1日,苏联击落美国U2型高空侦察机,事件随后演变为美苏关系的危机;16日苏联宣布取消原定6月10~19日艾森豪威尔总统对苏联的访问。6月24~26日,国际共产党、工人党会议在布加勒斯特举行。中苏代表团之间出现针锋相对的严重对立，这标志着中苏关系走向破裂。7月16日，苏联政府通知中国政府，将在一个月内全部撤走在华工作的苏联专家，同时终止双方的数百个协议及合同的执行。11月8日，美国总统大选揭晓，约翰·肯尼迪当选为总统。

1961年　1月20日，肯尼迪就任美国总统。腊斯克出任国务卿。6月3~4日，美国总统肯尼迪和苏联领导人赫鲁晓夫在维也纳举行会晤。8月10日，英国首相麦克米伦正式提出加入欧洲经济共同体的申请。9月1日~6日，第一届不结盟国家和政府首脑会议在贝尔格莱德举行。12月11日，苏联宣布与阿尔巴尼亚断绝外交关系。

1962年　3月21日，赫鲁晓夫接受肯尼迪提出的关于美苏合作进行外层空间探索和研究的建议；自27日起，两国代表就此进行磋商谈判。6月6~7日，经济互助委员会在莫斯科开会，通过了《国际主义的社会主义分工原则》的文件。10月22日，古巴导弹危机爆发。10月下旬~11月下旬，中印之间发生边境战争。

1963年　1月3日，戴高乐复信肯尼迪，表示法国将坚持发展独立的核力量，反对美国的"多边核力量"计划。6月20日，美苏在日内瓦签订建立两国首脑直接通讯联系的协议，美苏首脑之间的这条"热线"于9月1日开通。6月21日，法国宣布，法国大西洋舰队在战时不再"自动"归北约指挥，同时收回北约对法国空军中队的指挥权。7月5~20日，中共中央总书记邓小平率领中共代表团与苏共中央代表团在莫斯科举行会谈，双方阐述了各自的立场，在消除分歧方面未取得进展。8月5日，美英苏三国在莫斯科正式签署了《禁止在大气层、外层空间和水下进行核武器试验条约》，简称《部分禁止核试验条约》。法国与中国拒绝作出响应。9月6日，中国《人民日报》和《红旗》杂志发表编辑部文章《苏共领导同我们分歧的由来和发展——评苏共中央的公开信》，开始与苏联展开论战。10月16日，执政十四年的联邦德国总理阿登纳宣布辞职,艾哈德继任。11 月 22 日,美国肯尼迪总统在达拉斯市遇刺身亡,林登·约翰逊继任总统。

1964 年 1 月 27 日,中法建交联合公报同时在北京和巴黎发表。2 月 15 日,法国财政部和经济部发表公报,决定制止美国资本对法国企业的渗透和控制。3 月 13 日,英国政府发表白皮书,宣称英国将保持独立的核力量政策。4 月 25 日,苏联政府发表声明,宣称苏联“是亚洲的大国,理应受到参加亚非会议的邀请”,指责中国阻挠苏联参加亚非会议。6 月 16 日 ~7 月 4 日,赫鲁晓夫访问斯堪的纳维亚三国,试图争取它们退出北约,但未获成功。7 月 23 日,戴高乐在记者招待会上指出:“华盛顿和莫斯科各自把世界分割为两个阵营的做法,越来越不符合当前真正的形势了……我们法国人认为,当前的问题是欧洲必须成为欧洲人的欧洲。”7 月 24 日,美国拒绝法国总统戴高乐关于越南、柬埔寨、老挝中立化的建议。8 月 4 日,发生北部湾事件,美国声称其军舰在北部湾遭到越南鱼雷艇的袭击,次日,美国对越南北方实施轰炸。10 月 16 日,中国成功爆炸了第一颗原子弹。10 月 16 日,赫鲁晓夫被解除苏共中央第一书记、苏联部长会议主席职务;勃列日涅夫就任苏共中央第一书记,柯西金出任部长会议主席。11 月 22 日,戴高乐在演讲中提醒联邦德国与美国保持距离,主张巴黎与波恩合作共建“欧洲人的欧洲”;12 月 31 日,戴高乐强调,法国在内外政策上保持独立自主,要求改变北约组织一体化计划。

1965 年 1 月 24 日,温斯顿·丘吉尔逝世。2 月 5~11 日,苏联部长会议主席柯西金在访问越南和朝鲜途中两次在北京停留,毛泽东、刘少奇、周恩来等中国领导人与之会谈。3 月 1~5 日,苏联策划召开的国际共产党、工人党会议在莫斯科举行;中国、朝鲜、罗马尼亚、日本等多国共产党拒绝出席会议。3 月 2 日,欧洲经济共同体六国决定合并“经济共同市场”“煤钢联营”和“原子能联营”三个组织的执行机构,总部设在布鲁塞尔。5 月 12 日,联邦德国与以色列建立外交关系;阿拉伯国家纷纷与联邦德国断交。7 月 13 日，中越签订关于中国向越南提供经济技术援助的协定，据此，中国将无偿提供国防及经济方面的装备、成套设备和物资。12 月 5 日，中越又签订关于中国给予越南贷款的协定。

1966 年 1 月 15 日，勃列日涅夫在访问蒙古期间，双方签署了为期 20 年的苏蒙友好合作和互助条约。此后苏联在蒙古境内集结和驻扎大量军队。3 月 9 日，法国政府宣布法国退出北约军事一体化机构，同时要求北约设在法国的各司令部和军事设施应于 1967 年 4 月 1 日以前撤出。14 日，法国将上述决定通知所有北约成员国。5 月 31 日，苏联向联合国建议，缔结由苏联、美国为主导者的有关月球和其他天体的国际条约。6 月 20 日 ~7 月 1 日，法国总统戴高乐访问苏联。双方决定在克里姆林宫和爱丽舍宫之间架设直达“热线”联系。7 月 1 日，法国正式退出北约组织军事一体化司令部；同一天，欧洲盟军最高司令部从巴黎迁往比利时的卡斯托。9 月 14 日，法国宣布，该国自 10 月 1 日起退出北约军事委员会。10 月 26 日，北约部长理事会通过决议，将北约组织总部由巴黎迁往布鲁塞尔。

1967 年 1 月 9 日，美国五角大楼公布，投入越南战争的美军已经达到 47.3 万人。3 月 14 日，在法国的驱赶下，驻法美军举行仪式降下星条旗，撤出法国。4 月 19 日，康拉德·阿登纳逝世。5 月 11 日，戴高乐在记者会上，公开表示拒绝英国第二次加入欧洲经济共同体的申请。6 月 5 日，第三次中东战争（亦称为“六·五战争”）爆发。6 月 17 日，中国第一颗氢弹爆炸试验成功。7 月 1 日，欧洲经济共同体等三个共同体，正式合并之后统称为“欧洲共同体”。9 月 5 日，中国、坦桑尼亚、赞比亚三国政府在北京签订关于由中国援助修建坦赞铁路的协定。

1968 年 1 月 5 日，捷克斯洛伐克领导层变动，杜布切克取代诺沃提尼出任捷共中央第一书记，3 月 22 日，斯沃博达接替诺沃提尼担任该国总统。同时，新的领导层提出了改革的《行动纲领》。3 月，西欧各主要金融市场发生抛售美元，抢购黄金的风潮，形成了战后空前的美元危机。美国政府被迫宣布,放弃维持自由市场的黄金官价,只对各国央行维持官价交易。4 月 4 日,美国黑人民权领袖马丁·路德·金被刺杀。8 月 20 日,苏联纠集波、匈、保及民主德国的数十万军队对捷克斯洛伐克举行大规模的武装入侵,以压制捷克斯洛伐克的改革运动。11 月 5 日,美国大选揭晓,理查德·尼克松当选为总统。11 月 12 日,在波兰统一工人党"五大"会上,苏联领导人勃列日涅夫提出了"有限主权论"。

1969 年 1 月 20 日,尼克松就任美国总统。任命罗杰斯为国务卿。2 月 16 日,中苏军队在黑龙江珍宝岛发生流血冲突。4 月 17 日,杜布切克被解除捷共中央第一书记职务,胡萨克继任。4 月 28 日,法国总统戴高乐辞职,起因于法国政府的行政改革建议在公民投票中被否决;6 月 15 日, 蓬皮杜当选为法国新总统。7 月 25 日,美国总统尼克松在关岛举行记者招待会,阐述"尼克松主义"。9 月 23 日,中国首次成功进行了地下核试验。9 月 28 日,联邦德国大选。10 月 21 日维利·勃兰特成为战后第一任社会民主党总理,并开始正式实施"新东方政策"。

1970 年 2 月 8 日, 美国总统尼克松向国会提交对外政策咨文,阐述新的美国全球战略,以"伙伴关系""实力""谈判"作为三大支柱。4 月 10 日 ~5 月 5 日,苏联海军所属四支大型舰队举行代号"海洋"的首次全球性演习。4 月 24 日,中国成功发射了第一颗人造地球卫星。8 月 12 日,联邦德国总理勃兰特访苏,两国签订了《莫斯科条约》,条约在性质上相当于双方的和平条约以填补自 1945 年战争结束以来的空白。12 月 7 日,联邦德国与波兰在华沙签订《关于两国关系正常化基础条约》,双方确认了奥得—尼斯线为德波边界。勃兰特总理在条约签字之前来到华沙犹太街区殉难者纪念碑前为 1942 年五十万被纳粹德国屠杀的犹太人下跪致哀。

1971 年 2 月 25 日,美国总统尼克松发表对外政策报告表示,美国准备与北京对话。4 月 10~17 日,美国乒乓球队应邀访问中国。中美由此展开了一轮“乒乓外交”。7月6日,尼克松在美国堪萨斯城发表演讲,提出世界已经出现美国、苏联、西欧、日本和中国“五大力量中心”。7月9~11日,美国总统国家安全事务助理基辛格首次秘密访问中国。中国政府正式邀请尼克松总统访华。7月16日,中美双方就此事同时发布公告。8月15日,尼克松公布保卫美元的八项措施,即所谓“新经济政策”。9月3日,美苏英法有关西柏林地位问题的《四方协定》在柏林签字。10月25日,第26届联大以76票对35票通过恢复中华人民共和国在联合国的地位和权利。

1972年 2月21~28日,美国总统尼克松访问中国,27日,中美双方在上海发表联合公报。3月13日,中国与英国发表联合公报,宣布把两国自五十年代以来的代办级外交关系升格为大使级。3月21日,美国国会通过美元贬值的法案。4月10日,美英苏三国在莫斯科签署《关于禁止研究、生产和储存并销毁细菌及毒素武器公约》。5月15日,美国将冲绳县(冲绳群岛)的行政管辖权归还日本;同日,美日签署一项日本向美国继续提供冲绳军事基地的协议。5月22~30日,美国总统尼克松对苏联进行正式访问,26日,美苏双方签订《限制反弹道导弹防卫系统条约》和《限制进攻性战略武器的某些措施的临时协定》;29日,签署《苏美相互关系原则》;31日,发表苏美联合公报。9月25~30日,日本首相田中角荣访问中国,29日,中日双方发表建交联合声明。10月10日,联邦德国外长谢尔到访中国,11日,双方发表联合公报,决定建立大使级外交关系。12月21日,东西两德在波恩签署了《关于德意志联邦共和国和德意志民主共和国之间关系基础条约》,首次予以相互外交承认;1973年9月,两德同时加入联合国。

1973年 1月1日,英国、丹麦和爱尔兰成为欧共体的正式成员。1月23日,基辛格和黎德寿分别代表美国、越南在巴黎草签《关于在越南结束战争,恢复和平的协定》。27日,有关各方正式签署这一协定。3月29日,美国从越南完成撤军。6月18~25日,勃列日涅夫正式访问美国,21日,双方签署《关于进一步限制进攻性战略武器会谈的基本原则》,22日,签署《防止核战争协定》。8月22日,尼克松宣布,国务卿罗杰斯将于9月3日辞职,其职务由亨利·基辛格接任。10月6日,第四次中东战争爆发。10月16日,海湾六个产油国决定立即将原油价格提高17%;17日,阿拉伯产油国决定对美国等支持以色列的国家实行逐月减少5%石油供应的措施,稍后调整为对上述国家实行石油禁运。石油危机爆发。11月26~28日,第六次阿拉伯国家首脑会议在阿尔及尔举行,会议发表了《阿拉伯首脑会议总宣言》以及《对西欧的声明》《对社会主义国家的声明》《关于非洲的声明》《关于不结盟国家的声明》。12月14~15日,欧共体九国首脑会议在哥本哈根举行,声明称:“九国肯定了它们的共同意志,欧洲在重要的世界事务上应当用一个声音说话。”

1974年 2月22日,毛泽东在同来访的赞比亚总统卡翁达谈话时,提出了“三个世界”理论及见解。4月10日,邓小平在联合国第六次特别会议上发言时,阐述了中国的对外政策和关于划分“三个世界”的战略观点。6月27日~7月3日,尼克松总统访问苏联,两国签署了《美苏关于限制反弹道导弹防御系统条约议定书》等十个文件。8月3日,在“水门事件”的困扰之下,尼克松辞去美国总统职务,杰拉尔德·福特继任。11月26日,田中角荣辞去内阁首相和自民党总裁,在日本《文艺春秋》11月号刊登《田中首相政治资金来源》一文引起强烈反响之后,作出了辞职决定。12月9日,以三木武夫为首相的新内阁成立。

1975年 4月27日,苏联举行的代号为“海洋75”的全球性海军演习结束,参加这次演习的舰艇达200多艘,演习区域遍及四大洋,是苏联海军史上最强悍的军力示威。5月31日,苏联政府致信联合国秘书长,反对修改联合国宪章,强调安理会常任理事国一致原则是联合国组织的基石和可靠保障。11月15~17

日，在巴黎近郊朗布依埃举行的西方主要工业国首脑会议，首次会议有美英法日意及联邦德国六国首脑参加，通过《朗布依埃宣言》。1976年起加拿大参加后变为西方七大工业国经济最高级会议。1977年起，欧共体委员会主席也应邀参加。首脑会议每年举行一次，轮流在各国召开。

1976年 1月8日，中国总理周恩来逝世。4月1日，欧共体与非洲、加勒比和太平洋区域的部分发展中国家签订的《洛美协定》正式生效。9月9日，中国最高领导人毛泽东逝世。10月6日，“四人帮”倒台，华国锋就任中共中央主席。11月2日，美国大选揭晓，吉米·卡特当选为美国总统。

1977年 1月20日，吉米·卡特就任美国总统；万斯出任国务卿。2月5日，美国总统卡特亲自写信给苏联持不同政见者萨哈罗夫，支持其“争取人权”的行动；17日，苏联驻美大使多勃雷宁就此事向卡特政府提出抗议；3月1日，卡特在白宫接见流亡于美国的苏联持不同政见者布科夫斯基。3月20日，自印度独立以来一直执政的印度国大党，在大选中首遭败绩。总理英迪拉·甘地落选去职，代表人民党的德赛出任总理。6月30日，东南亚集体防御条约组织理事会在马尼拉宣布，该组织正式解散。7月21日，美国总统卡特在南卡罗来纳州发表谈话称，美苏之间完全相互信任的基础并不存在，越来越多的美国人对“缓和”已经不再抱有幻想。8月30日~9月8日，南斯拉夫总统铁托到中国访问。12月21日，卡特总统就美元的外汇兑换价连日暴跌发表声明，表示要维护美元的地位。

1978年 1月12日，日美为结束双方长达5个月的“贸易战”在东京举行谈判；在日本作出让步之后，双方达成协议。5月12日，中国政府照会越南政府：鉴于越南当局坚持反华立场，中国政府决定，撤销原定援越的21项成套设备及其援助款项。5月30日，中国政府再次照会，决定再撤销原定援越的51项成套设备及其援助款项。7月7日，中国外交部照会阿尔巴尼亚驻华使馆,宣布中国被迫停止对阿尔巴尼亚的援助并接回中国专家。11月20~21日,欧共体与东盟在布鲁塞尔举行首次部长级会议,决定加强两个国家集团之间的合作关系。12月16日,中美分别在北京和华盛顿同时发表两国自1979年1月1日起建立外交关系的联合公报。12月24日,中国外交部照会越南驻华使馆,就越南的一系列对华寻衅事件提出抗议和交涉。25日,人民日报就此发表社论:《我们的忍耐是有限度的》。

1979年 1月14日,伊朗国王巴列维被迫交出权力,16日,巴列维流亡国外。2月1日,伊朗伊斯兰教什叶派领袖霍梅尼结束流亡从巴黎回到德黑兰。2月12日,霍梅尼任命的巴扎尔甘临时政府正式接管国家权力。4月1日,伊朗伊斯兰共和国宣告成立。1月29日~2月5日,邓小平访问美国。2月17日,中越边境战争爆发。3月16日,中国宣布已经全部完成从越南境内撤军。3月13日,美国参众两院通过《与台湾关系法》;4月10日,卡特总统正式签署该法案。中国于3月16日由黄华外长约见美国驻华大使、4月28日由外交部照会美国国务院表示反对。4月3日,中国人大常委会决议,《中苏友好同盟互助条约》期满后不再续约;同日,中国外长黄华将此决定通知苏联驻华大使。次日,苏联政府发表声明,指责中国此举是"敌对行动"。5月3日,玛格丽特·撒切尔成为英国历史上第一个女首相。6月18日,美苏首脑在维也纳签署美苏第二阶段限制战略武器条约。11月4日,伊朗首都德黑兰发生扣押美国大使馆60多名人员的"人质事件"。12月27日,苏联出兵入侵阿富汗,推翻阿明政权,扶植亲苏的卡尔迈勒政权。

1980年 4月24日,中国奥委会决定,由于苏联入侵阿富汗事件得不到解决,中国将不派运动员参加莫斯科奥运会。5月4日,南斯拉夫总统铁托逝世。7月16日,第22届奥运会在莫斯科开幕,共有81个国家和地区的代表团参加;另有42个国家或地区因苏联入侵阿富汗而抵制莫斯科奥运会。9月17日,伊拉克与伊朗的“两伊战争”爆发。11 月 4 日,美国大选揭晓,罗纳德·里根当选为美国总统。

1981 年 1 月 19 日,伊朗和美国达成了解决持续一年多的美国人质问题的协议。3 月,波兰国内局势自去年 7 月以来一直不稳,驻波兰、匈牙利、捷克斯洛伐克和民主德国的苏联军队于本月频繁进行军事演习,对波兰局势施加压力。10 月 22~23 日,全球南北对话会议在墨西哥坎昆举行,14 个发展中国家和 8 个发达国家的国家或政府首脑出席会议。

1982 年 3 月 10 日,里根总统签署公告,宣布 3 月 21 日为“阿富汗日”,要求苏联立即从阿富汗撤军。4 月 2 日,阿根廷出兵攻占与英国有争议的马尔维纳斯(英国称福克兰)群岛,英阿马岛战争爆发。9 日,欧共体 10 国批准对阿根廷实施武器禁运。6 月 12 日,英军攻占该群岛,14 日,双方达成非正式停火协议。8 月 17 日,中美两国政府发表《八·一七公报》。9 月 24 日,邓小平会见英国首相撒切尔夫人, 阐述中国政府对香港问题的基本立场,1997 年中国将收回香港。11 月 10 日,苏联最高领导人勃列日涅夫逝世。12 日,安德罗波夫出任苏共中央总书记。11 月 22 日,里根总统致函苏联新领导人,就避免意外触发核战争问题提出若干建议,包括改善现有五角大楼与克里姆林宫的“热线”系统等。

1983 年 3 月 23 日,里根总统发表“战略防御计划”(亦称为“星球大战计划”)的电视讲话。4 月 4~10 日,美国航天飞机“挑战者”号首航成功。6 月 16 日,由联邦德国、法国等十一国联合研制的“阿丽亚娜”火箭发射成功。10 月 24~26 日,关于全面裁军、世界和平和拆除所有外国军事基地的 1983 年国际会议在马尼拉举行,会议通过宣言,谴责超级大国进行军备竞赛和保持在外国的军事基地。10 月 25 日,美国军队入侵格林纳达。11 月 2 日,美军开始撤离。12 月 8 日,美国“哥伦比亚”号航天飞机把“太空实验室 1 号”送入轨道。12 月 28 日,美国政府决定,自 1985 年 1 月 1 日起退出联合国科教文组织,以表达对该组织的不满。

1984年 2月7日,美国“挑战者”号航天飞机两名太空人走出机舱在太空行走成功,首创人类太空行走纪录。2月9日,苏联最高领导人安德罗波夫逝世。13日,契尔年科就任苏共中央总书记。5月29日,邓小平在会见巴西总统菲格雷多时说:“中国的对外政策是独立自主,……中国不打美国牌,也不打苏联牌。中国也不允许别人打中国牌。”7月28日~8月12日,第23届奥运会在美国洛杉矶举行。首次全面参与奥运会竞赛项目的中国代表团获奖牌总数第四名。9月26日,中英两国政府在北京草签关于香港问题的联合声明及三个附件。声明确认:中国政府于1997年7月1日起对香港恢复行使主权。12月19日,中英关于香港问题的联合声明在北京正式签订。10月2日,苏联三名太空人在“礼炮–7”号轨道站创造连续飞行237天的纪录之后返回地面。10月31日,印度总理英迪拉·甘地在新德里被锡克族卫兵刺杀身亡。11月6日,美国总统大选揭晓。罗纳德·里根蝉联总统。

1985年 1月24~27日,美国航天飞机“发现”号进行首次纯军事目的的飞行,发射了一颗旨在监控苏联导弹试验以及东半球各地军事和外交通讯的间谍卫星。6月21日,“发现”号再次升空时成功地进行“星球大战计划”中的氩激光反射试验。3月10日,苏联最高领导人契尔年科逝世。11日,戈尔巴乔夫就任苏共总书记。4月24~25日,亚非会议30周年纪念大会在印尼万隆举行。4月26日,华沙条约七国最高领导人在华沙举行会议,签署了将该条约有效期延长20年的议定书。7月10日,“绿色和平”组织“彩虹战士”号船在驶往法属波利尼西亚群岛抗议将该群岛作为核试验基地,途经新西兰奥克兰港时被法国特工人员炸沉。7月17日,欧共体米兰首脑会议委托法国召集的欧洲17国部长会议在巴黎举行,以讨论法国倡议的加强欧洲在尖端科技领域合作的“尤里卡”计划。11月19~20日,戈尔巴乔夫和里根在日内瓦举行会谈,讨论涉及美苏关系的基本问题和国际形势。

1986年 1月28日，美国航天飞机“挑战者”号在发射升空72秒后突然爆炸，七名太空人全部遇难。2月27日，荷兰议会通过关于在荷兰领土上部署美国巡航导弹的荷—美协议。4月15日，美国以利比亚支持国际恐怖主义为由，出动66架飞机对的黎波里和班加西实施突然袭击。4月26日，苏联乌克兰北部地区的切尔诺贝利核电站发生了核燃料泄漏事故，后果严重。6月16~20日，根据第40届联大的有关决议，制裁南非种族主义世界大会在巴黎举行。7月28日，苏联领导人戈尔巴乔夫在符拉迪沃斯托克发表讲话，阐述苏联对亚太地区包括阿富汗、蒙古及中国的政策。10月11~12日，里根与戈尔巴乔夫在冰岛首都雷克雅未克举行峰会，主要讨论军备控制等问题。11月18日，英国拒绝阿根廷提出的关于结束敌对状态并就马尔维纳斯群岛问题举行全面谈判的建议。英国首相撒切尔夫人称，福克兰群岛（即马岛）主权不容谈判。20日，拉美20国表示支持阿根廷在马岛问题上的立场。

1987年 2月7日，前一天发射升空的苏联“联盟TM－2”号宇宙飞船与“和平”号轨道科学站成功对接。3月26日，中葡两国政府草签关于澳门问题的联合声明。声明确认，中国政府将于1999年12月20日起对澳门恢复行使主权。4月13日，两国政府总理在北京正式签署这一联合声明。5月3日，英国失业者举行大规模示威，示威者手挽手组成长达500公里的人链。5月28日，联邦德国青年鲁斯特驾驶轻型飞机偷越苏联领空降落在莫斯科红场。苏联防空军司令和国防部长因此事件相继去职，鲁斯特获刑四年。7月11日，世界人口达到50亿，是日定为联合国“50亿人口日”。7月28日，美国在日内瓦向苏联正式提出在亚洲和欧洲消除所有中短程导弹的“全球双零点”方案。8月6~7日，中美洲的尼加拉瓜、萨尔瓦多、危地马拉、洪都拉斯和哥斯达黎加五国领导人在危地马拉城签署了《在中美洲建立稳定和持久和平的程序》的文件，这意味着中美洲的和平进程取得了突破。10 月 19 日,美国纽约及整个西方证券市场股票价格暴跌,是为“黑色星期一”。12 月 7~10 日,戈尔巴乔夫访问美国,两国领导人在华盛顿签署了《美苏全部销毁中程和中短程导弹条约》。

1988 年 2 月 12 日,美苏两国军舰在黑海发生冲突,两国分别发表声明互相指责。4 月 14 日,在联合国秘书长德奎利亚尔主持下,阿富汗、巴基斯坦、苏联和美国四方代表在日内瓦签署关于政治解决阿富汗问题的协议。协议规定入侵阿富汗苏军自 1988 年 5 月 15 日起 9 个月内撤出。4 月 18 日,美国和伊朗在海湾发生大规模海上冲突。5 月 29 日 ~6 月 2 日,苏美首脑会晤在莫斯科举行;6 月 1 日,戈尔巴乔夫和里根互换《苏美中导条约批准书》。6 月 25 日,欧洲东西两大经济集团——经互会与欧共体在卢森堡签署了建立正式外交关系的联合声明,结束了 30 余年双方互不承认的局面。7 月 25~28 日,关于政治解决柬埔寨问题的非正式会议在印尼茂物举行,柬埔寨四方代表、越南、老挝及东盟各国代表出席了会议。8 月 20 日,持续 8 年的两伊战争在联合国秘书长斡旋下正式停火。25 日,两伊外长执行联合国安理会 598 号决议在日内瓦举行直接谈判。11 月 8 日,美国大选揭晓,乔治·布什当选为总统。12 月 13 日,安哥拉、古巴和南非签署《布拉柴维尔协议议定书》;22 日,三国外长在联合国签署关于纳米比亚独立和古巴军队撤离安哥拉的三方协议。

1989 年 1 月 7 日,日本天皇裕仁逝世。明仁即位,年号“平成”。1 月 20 日,乔治·布什就任美国总统。2 月 6 日 ~4 月 5 日,波兰政府与团结工会领导人瓦文萨召开政治谈判的“圆桌会议”。会议签署了一项公报和三个落实各项改革的协议。3 月 21 日,戈尔巴乔夫签署苏联裁军 50 万人和削减 1989 – 1990 年军事开支的命令。5 月 16 日,邓小平会见来访的苏联领导人戈尔巴乔夫,双方同意中苏关系实现正常化。6 月 3 日,伊朗宗教领袖霍梅尼逝世。4 日,哈梅内伊成为新的宗教领袖。7 月 30 日 ~8 月 30 日,关于柬埔寨问题的国际会议在巴黎举行,联合国秘书长、各主要大国外长及东南亚国家的代表出席会议。10 月 18 日，民主德国统一社会党总书记昂纳克宣布辞职，克伦茨接任。11 月 9 日，民主德国宣布开放柏林墙和两德边界。11 月 5~7 日，亚太经济合作会议首届部长级会议在堪培拉举行，1993 年 6 月改名为亚太经济合作组织，简称亚太经合组织或 APEC（亚佩克）。12 月 2~3 日，布什和戈尔巴乔夫在马耳他海域的苏联客轮上举行峰会，双方讨论了东欧局势、军备控制和中美洲局势等问题。12 月 20 日，美军入侵巴拿马。12 月下旬，罗马尼亚局势发生剧变。22 日，齐奥塞斯库政府被推翻；25 日，齐奥塞斯库总统夫妇被特别法庭判处死刑并立即执行。28 日，罗马尼亚社会主义共和国改国号为罗马尼亚。

1990 年　2 月 2 日，南非总统德克勒克宣布解除对南非非洲人国民大会长达 30 年的禁令。11 日，被监禁了 27 年的南非黑人领袖纳尔逊·曼德拉获释出狱。2 月 13 日，美苏英法四国和两德外长在渥太华商定，举行“二加四”外长会议，讨论解决有关德国统一的“外部问题”。3 月 12~15 日，苏联第三次非常人大决定修改部分宪法条款，并设立享有广泛权力的总统职位；14 日，苏共总书记戈尔巴乔夫当选为总统。3 月 18 日，民主德国第一次自由选举。4 月，基督教民主联盟主席德梅齐埃出任总理。5 月 18 日，联邦德国与民主德国签署了关于建立两德货币、经济和社会联盟的国家条约。8 月 31 日，又签署了关于两德实行政治统一的第二个国家条约。5 月 31 日 ~6 月 3 日，美苏总统在华盛顿举行会谈，双方签署了十几个协议和声明。8 月 2 日，伊拉克军队入侵科威特。8 日，伊拉克宣布，伊拉克与科威特合并。次日，联合国安理会通过决议宣布该“合并”无效。国际社会纷纷予以谴责和实施制裁。9 月 12 日，苏美英法四国和两德外长在莫斯科举行第四轮“二加四”外长会议，并签署了《最终解决德国问题的条约》。9 月 24 日，民主德国正式退出华沙条约组织。10 月 3 日，两德合并，德国实现统一。11 月 9 日，苏联总统和德国总理科尔在波恩签署《苏德睦邻、伙伴关系和合作条约》。11 月 14 日,德国和波兰外长在华沙签署了德波边界条约,奥得河—西尼斯河边界最终获得两国确认。12 月 9 日,波兰团结工会领袖瓦文萨当选为波兰总统,22 日宣誓就职。12 月 10 日,戈尔巴乔夫获得诺贝尔和平奖。

1991 年 1 月 17 日,美国为首的多国部队发动海湾战争,对伊拉克实施大规模的空袭和导弹进攻,同时占领科威特。2 月 24 日,多国部队对伊拉克发动地面进攻,27 日,伊拉克宣布无条件接受联合国安理会所有相关的 12 项决议,战争结束。2 月 25 日,在布达佩斯举行的华沙条约政治协商委员会特别会议上,六个成员国(保波捷罗匈苏)的外长和国防部长分别代表本国在一项议定书上签字,宣布华沙条约组织所有的军事机构从 1991 年 4 月 1 日起全部解散,同时停止一切军事行动。6 月 12 日,鲍里斯·叶利钦当选为苏联最大的加盟共和国俄罗斯联邦总统。6 月 25 日,南斯拉夫的克罗地亚和斯洛文尼亚两个共和国宣布独立,由六个共和国组成的南斯拉夫联盟开始走向解体。6 月 28 日,经济互助委员会在布达佩斯举行第 46 次会议,正式宣布该组织解散。7 月 1 日,华沙条约缔约国政治磋商委员会在布拉格举行会议,与会各国领导人签署了关于华沙条约停止生效的议定书和会议公报,至此华沙条约正式解体。8 月 19 日,苏联共产党中的强硬派发动政变;21 日,政变遭到失败,米哈伊尔·戈尔巴乔夫恢复总统地位。10 月 23 日,柬埔寨问题国际会议在巴黎复会。会议签署了《柬埔寨冲突全面政治解决协定》等文件,这标志着延续 13 年之久的柬埔寨问题终于得到政治解决。12 月 8 日,俄罗斯、白俄罗斯和乌克兰组成独联体并宣布苏联已经不复存在。12 月 25 日,戈尔巴乔夫总统宣布下台。同时,存在 74 年的苏维埃政权宣告消亡,苏联完全解体。12 月 27 日,俄罗斯正式在联合国取代前苏联的地位。以苏联的解体为标志,冷战时代结束。

参考文献

学术专著与资料

1.美国版:《德黑兰 雅尔塔 波茨坦会议记录摘编》,本书编译组,上海人民出版社,1974年。

2.苏联版:《德黑兰 雅尔塔 波茨坦会议文件集》,北京外国语学院俄语专业学员译,生活·读书·新知三联书店,1978年。

3.[美]富兰克林·德·罗斯福:《罗斯福选集》,关在汉编译,商务印书馆,1982年。

4.《斯大林文选》,中共中央编译局编译,人民出版社,1962年。

5.[英]温斯顿·丘吉尔:《欧洲联合起来》,本馆翻译组译,商务印书馆,1977年。

6.齐世荣:《当代世界史资料选辑》,北京师范学院出版社,1990年。

7.《国际关系史资料选编》, 见编选组编:《国际关系史资料选编》,武汉大学出版社,1983年。

8.《中华人民共和国对外关系文件集(1949—1950)》,世界知识出版社,1958年。

9.《国际条约集(1948—1949)》,世界知识出版社,1959年。

10.[美] 小查尔斯·米:《幕前交易——三巨头波茨坦会晤纪实》,扈春生译,香港天地图书有限公司,1979年。

11.[美]托马斯·帕特森等:《美国外交政策》,李庆余译,中国社会科学出版社,1989年。

12.[美] 孔华润 (沃伦·科恩) 主编:《剑桥美国对外关系史》,周桂银等译,新华出版社,2004年。

13.[美]J.布卢姆等:《美国的历程》,杨国标,张儒林译,商务印书馆,1988年。

14.［英］保罗·约翰逊:《现代:从1919年到2000年的世界》,李建泽等译,江苏人民出版社,2001年。

15.［美］斯塔夫里阿诺斯:《全球通史》,董书慧等译,北京大学出版社,2005年。

16.［英］阿诺德·汤因比:《历史研究》,刘北成等译,上海人民出版社,2000年。

17.［美］沃尔特·艾萨克森等:《美国智囊六人传》,王观声等译,世界知识出版社,1991年。

18.［美］乔治·凯南:《美国外交》(增订本),葵阳等译,世界知识出版社,1989年。

19.［美］威廉·富布赖特:《帝国的代价》,简新芽等译,世界知识出版社,1991年。

20.［美］特伦斯·K.霍普金斯等:《转型时代　世界体系的发展轨迹:1945—2025》,吴英译,高等教育出版社,2002年。

21.［美］塔德·舒尔茨:《"布拉格之春"前后》,张振第等译,新华出版社,1983年。

22.［美］ 塔德·舒尔茨:《昨与今——战后世界的变迁》,中国军事科学院外国军事研究部译,东方出版社,1991年。

23.［联邦德国］彼得·本德尔:《盘根错节的欧洲》,马灿荣等译,世界知识出版社,1984年。

24.［美］约翰·斯帕尼尔:《杜鲁门与麦克阿瑟的冲突和朝鲜战争》,钱宗起等译,复旦大学出版社,1985年。

25.［美］J. 斯帕尼尔:《第二次世界大战后美国的外交政策》,段若石译,商务印书馆,1992年。

26.［美］杰里尔·A.罗赛蒂:《美国对外政策的政治学》,周启朋等译,世界知识出版社,1997年。

27.［美］约瑟夫·奈:《美国定能领导世界吗》,何小东等译,军事译文出版社,1992年。

28.［俄］爱德华·拉津斯基:《斯大林秘闻——原苏联秘密档

案最新披露》,李惠生等译,新华出版社,1997年。

29.[南]米洛凡·吉拉斯:《同斯大林的谈话》,司徒协译,世界知识出版社,1989年。

30.[英]艾伦·帕尔默编著:《当代世界历史辞典》,吴开斌等译,武汉大学出版社,1991年。

31.[美]丹·考德威尔:《论美苏关系》,何立译,世界知识出版社,1984年。

32.[日] 山极晃:《中美关系的历史性展开(1941—1979)》,鹿锡俊译,社会科学文献出版社,2001年。

33.[英]弗兰西斯·斯奈德:《欧洲联盟法概论》,宋英编译,北京大学出版社,1996年。

34.[美]H.斯图尔特·休斯:《欧洲现代史(1914—1980)》,陈少衡等译,商务印书馆,1984年。

35.[法]让-巴蒂斯特·迪罗塞尔:《外交史(1919—1984)》,汪绍麟等译,上海译文出版社,1992年。

36.[苏]安·安·葛罗米柯等:《苏联对外政策史》,韩正文等译,中国人民大学出版社,1989年。

37.[美]亨利·基辛格:《大外交》,顾淑馨等译,海南出版社,1998年。

38.[美]A.W.德波特:《欧洲与超级大国》,唐雪葆等译,中国社会科学出版社,1986年。

39.[法]阿尔弗雷德·格罗塞:《战后欧美关系》,刘其中等译,上海译文出版社,1986年。

40.[美]丹尼尔·贝尔:《意识形态的终结》,张国清译,江苏人民出版社,2001年。

41.[美]约瑟夫·奈:《美国霸权的困惑》,郑志国等译,世界知识出版社,2002年。

42.[日]中西治:《新国际关系论》,汪鸿祥译,学林出版社,2002年。

43.［新加坡］许通美:《探究世界秩序——一位务实的理想主义者的观点》,门洪华等译,中央编译出版社,1999年。

44. 卡尔·德雷奇斯尔勒等:《第二次世界大战中的政治与战略》,军事科学院外国军事研究部译,军事科学出版社,1983年。

45.《战后世界历史长编》第一至六分册,上海人民出版社。

46.王绳祖主编:《国际关系史》第一至十卷,世界知识出版社,1995年。

47.袁明主编:《国际关系史》,北京大学出版社,1994年。

48.刘德斌主编:《国际关系史》,高等教育出版社,2003年。

49.资中筠主编:《战后美国外交史》,世界知识出版社,1994年。

50.刘志功,何春超主编:《战后国际关系史手册》,广西人民出版社,1987年。

51. 俞正梁等编:《战后国际关系史纲》, 世界知识出版社, 1989年。

52.陈汉文编:《在国际舞台上》,四川人民出版社,1985年。

53.刘金质:《冷战史》,世界知识出版社,2003年。

54.徐天新等编著:《当代世界史(1945—1992)》,人民出版社,1993年。

55. 王家福:《世界六强国盛衰战略观》, 吉林人民出版社, 1998年。

56.沈志华:《毛泽东、斯大林与朝鲜战争》,广东人民出版社,2004年。

57.章百家,牛军主编:《冷战与中国》(文集),世界知识出版社,2002年。

58.谢显益主编:《中国外交史(中华人民共和国时期)》,河南人民出版社,1988年。

59. 李琮主编:《西欧经济与政治概论》, 高等教育出版社, 1988年。

60. 陈乐民:《战后西欧国际关系》, 中国社会科学出版社,

1987年。

61.刘靖华:《霸权的兴衰》,中国经济出版社,1997年。

62.周荣耀主编:《冷战后的东方与西方》(文集),中国社会科学出版社,1997年。

63.桂立:《苏美关系70年》,人民出版社,2005年。

64.王逸舟:《西方国际政治学:历史与理论》,上海人民出版社,1998年。

65.孔寒冰:《中苏关系及其对中国社会发展的影响》,中国国际广播出版社,2004年。

66.薛衔天:《中苏关系史(1945—1949)》,四川人民出版社,2003年。

67.*Foreign relations of the United States diplomatic papers*, 1933-1953.(美国外交文件,1933—1953年),来源见http://digicoll.library.wisc.edu/cgi-bin/FRUS/FRUS-idx?type=browse&scope=FRUS.FRUS1.

回忆录

1.[美]威廉·李海:《我在现场》,马登阁等译,华夏出版社,1988年。

2.[美]艾夫里尔·哈里曼,伊利·艾贝尔:《哈里曼回忆录》,吴世民等译,东方出版社,2007年。

3.[苏] 丘耶夫编著:《莫洛托夫访谈录——同莫洛托夫的140次谈话》,军事科学院外国军事研究部编译,吉林人民出版社,1992年。

4.[英]温斯顿·丘吉尔:《第二次世界大战回忆录》,吴万沈译,商务印书馆,1974年。

5.[英]安东尼·艾登:《艾登回忆录——清算》,瞿同祖,赵曾玖译,商务印书馆,1975年。

6.[美]哈里·杜鲁门:《杜鲁门回忆录》第一卷,李石译,世界知识出版社,1964年。

7.[美]哈里·杜鲁门:《杜鲁门回忆录》第二卷,李石译,生活·读书·新知三联书店,1974年。

8.《赫鲁晓夫回忆录》(全译本),鲍世绍等译,中国广播电视出版社,1988年。

9.《最后的遗言——赫鲁晓夫回忆录续集》,李文政等译,中国广播电视出版社,1988年。

10.[法]戴高乐:《希望回忆录》,上海人民出版社编译室法语组编译,上海人民出版社,1973年。

11.[法]让·莫内:《欧洲第一公民——让·莫内回忆录》,孙慧双译,成都出版社,1993年。

12.[德]康拉德·阿登纳:《阿登纳回忆录》,上海外国语学院德语组译,上海人民出版社,1973年。

13.[苏] 安·安·葛罗米柯:《永志不忘——葛罗米柯回忆录》,伊吾译,世界知识出版社,1989年。

14.[俄] 阿纳托利·多勃雷宁:《信赖——多勃雷宁回忆录》,肖敏等译,世界知识出版社,1997年。

15.[苏] 费奥多尔·布尔拉茨基:《一位高级顾问的回忆——赫鲁晓夫和他的时代》,赵敏善等译,中共中央党校出版社,1993年。

16.师哲:《在历史巨人身边——师哲回忆录》,中央文献出版社,1991年。

学术刊物与学术网站

1.《世界历史》

2.《历史研究》

3.《当代中国史研究》

4.《东欧中亚研究》

5.冷战中国网

写在后面

本书的立论源于作者多年的教学和研读心得，只在校内教学中作为一个专题简要讲授。此次成书，得到了本丛书主编张庆海教授的悉心关照和支持，特表感谢。同时，我的同事，也是好友张永春老师给予了很大的鼓励，在此也深表谢意。

作者　谢伟良

2009年 9 月 12 日